想象另一种可能

理
想
国
imaginist

东南亚:
多文明世界
的发现

除非特别说明，本书地图由原著地图翻译、修订而成
原著地图制作：SAKURA 工艺社、J-map

东方的蒙娜丽莎 女王宫里的女神 (devata) 浮雕。这座雕像被称为"东方的蒙娜丽莎"。10世纪后半叶。柬埔寨。安德烈·马尔罗（法国作家、文化部长）为这座雕像优美的身姿所折服，将其盗走，后被问罪

王朝末期的废佛事件 13 世纪中叶，柬埔寨大规模废佛。图片为复原图，佛陀在娜迦（蛇神）身上坐禅。大村次乡摄

讲谈社
兴亡的世界史 06▶09 WHAT
IS HUMAN HISTORY?

东南亚：
多文明世界
的发现

〔日〕石泽良昭—著

瞿亮—译 吴呈苓—校译

北京日报出版社

KOUBOU NO SEKAISHI 11 TOUNAN ASIA TABUNMEI SEKAI NO HAKKEN

© Yoshiaki Ishizawa 2009

All rights reserved.

Original Japanese edition published by KODANSHA LTD.

Publication rights for this Simplified Chinese character edition arranged with KODANSHA LTD.

through KODANSHA BEIJING CULTURE LTD. Beijing, China.

本书由日本讲谈社正式授权，版权所有，未经书面同意，不得以任何方式作全面或局部翻印、仿制或转载。

北京出版外国图书合同登记号：01-2019-5334

图书在版编目(CIP)数据

东南亚：多文明世界的发现 /（日）石泽良昭著；

瞿亮译；吴岺苓校译. —— 北京：北京日报出版社，

2019.11（2022.9 重印）

（讲谈社·兴亡的世界史）

ISBN 978-7-5477-3492-6

Ⅰ. ①东… Ⅱ. ①石… ②瞿… ③吴… Ⅲ. ①东南亚

–历史–研究 Ⅳ. ①K330.07

中国版本图书馆CIP数据核字(2019)第212815号

地图审图号：GS（2018）6159号

责任编辑：许庆元

特邀编辑：鲁兴刚

封面设计：艾 藤

内文排版：陈基胜

出版发行：北京日报出版社

地　　址：北京市东城区东单三条8–16号东方广场东配楼四层

邮　　编：100005

电　　话：发行部：（010）65255876

　　　　　总编室：（010）65252135

印　　刷：山东韵杰文化科技有限公司

经　　销：各地新华书店

版　　次：2019年11月第1版　2022年9月第3次印刷

开　　本：787毫米 × 1092毫米　1/32

印　　张：12.875

字　　数：255千字

图　　片：89幅

定　　价：88.00元

推荐序

东瀛之石　可以攻玉

　　2018 年的夏天，我正在大阪大学做研究，收到了理想国编辑马希哲先生的来信，询问我能否为即将出版的石泽良昭《东南亚：多文明世界的发现》（以下简称《东南亚》）的中译版作序。尽管我百事缠身、文债如山，但还是毫不犹豫就答应下来，原因是，从宏观上来讲，我历来主张文明需要交流，学术也需要交流；而从微观上来讲，我三十多年来一直对日本的东南亚研究兴趣浓厚，最近十年来经常前赴日本做研究，对日本的东南亚研究有比较深入的了解，深刻体会到日本学者的研究功底深厚、严谨认真，非常值得国内学者借鉴和模仿。

　　石泽于 1937 年出生于北海道，大学本科就读于上智大学的法语专业，而硕博期间专攻东洋史。毕业后，石泽受日本学术振兴会派遣，分别于 1974—1975 和 1978—1979 年前赴法國高等研究院第四系，在格罗利埃（B. Ph. Groslier）、拉丰（P. B.

Lafont)、克洛德·雅克（Claude Jacques）和萨瓦罗·博（Saveros Pou）诸位学者的指导下专门学习柬埔寨碑铭。这些系统的教育和学习机会为石泽打下了坚实的语言功底和深厚的学术基础，这些对研究外国史的学者来说非常重要。如果没有语言基础，研究外国史，尤其是古代碑铭，就是巧妇难为无米之炊了！从1971年起，石泽分别在圣玛丽安娜医科大学、鹿儿岛大学和上智大学任教，并于1992年担任日本东南亚学会会长、1997年担任上智大学外国语学院院长、2005—2011年间出任上智大学校长。此外，从20世纪末期开始，他还组建"上智大学亚洲人才教育研究中心"并担任主任，成立"吴哥遗迹国际调查团"并担任团长。

石泽学术生涯的一个显著特点就是身体力行、重视实践。他结缘吴哥遗迹已近六十年，将毕生献给了吴哥的研究和保护事业。但他绝非一头扎进柬埔寨碑铭堆里，只是纸上谈兵，而是理论结合实践，两条腿走路。他抱有柬埔寨文物必须要由柬埔寨人保护的坚定信念，于1996年在暹粒市成立"上智大学亚洲人才教育研究中心"，培养柬埔寨的文物保护和修复人才，最终使柬埔寨人能够独立自主保护吴哥遗迹的伟大遗产，恢复柬埔寨人的民族自信（By the Cambodians, for the Cambodians）。该中心多年来培养了大量人才，其中包括七名博士，十一名硕士。吴哥遗迹国际调查团多年来进行了广泛深入的调查，举行了多次调查报告会，出版了大量调查报告，包括 1995 年在吴哥东北的塔尼村发现的大型黑釉陶器窑址，证明了吴哥时代存在陶瓷业。最值得称道的是，石泽团队在 2001 年发现的 274 尊废弃佛像，系 19 世纪中叶年法国人重新发现吴哥以来的最重大考古成就，为吴哥王朝末期的废佛运动提供了有力的佐证，被称为"史无前例"的"世纪大发现"。

石泽带领的上智大学团队为吴哥遗迹群修复和保护做出了巨大贡献，也因此多年连续获得日本国内外的多项奖项，计有日本外务省嘉奖（1991）、柬埔寨王国友好勋章四枚（1998、2007、2018）、日本国际交流基金奖（2003）、日本天皇瑞宝重光勋章（2012）、日本外务省属下的大同生命国际文化基金的地区研究奖（2014）以及菲律宾的拉蒙·麦格塞塞奖（Ramon Magsaysay Award，2017）。后者以菲律宾前总统的名字命名，被称为亚洲的"诺贝尔奖"，奖励亚洲地区在政府工作、公共服务、社区领导、新闻、文学和创造性交流、和平与国际理解与新兴领袖各方面有杰出贡献的人士。麦格塞塞奖评奖委员会为石泽颁奖，就是为了表彰"其对柬埔寨人民做出的无私且持久的贡献，其在鼓励柬埔寨人民成为自己文化遗产的自豪守护人方面表现出的杰出领导才能以及其展现出来的智慧。从中我们得到了这样的启示：像吴哥窟这样的文化建筑是人类共同的遗产，保护它们是全世界的责任"。柬埔寨政府在 2018 年授予石泽先生友好勋章时这样说到："石泽教授自 1961 年开始的五十多年间，在吴哥遗迹的保存和修复、解释吴哥王朝历史、热情培养遗迹保护人员方面功勋卓著，柬埔寨王国对此深表感谢并授予友好勋章。"如此多殊荣，对石泽先生来说实在是实至名归，当之无愧！

而石泽的学术成就，用四个字来概括就是"著译等身"。这些著作和译著大都是有关吴哥遗迹的，也有少量关于整个东南亚地区。最能代表石泽先生水平的是其皇皇巨著《古代柬埔寨史研究》，初版于 1982 年，2013 年增订再版，篇幅几乎增加一倍，扩展到 766 页。已故东京大学教授、日本东南亚研究的元老级人物与东南亚学会首任会长山本达郎（1910—2001）称其"新见迭出"，"代表了高水平柬埔寨古代史研究"，是"研究柬埔寨古代史的最佳指南"。对古代东南亚史素有研究的桃山学院大学教授深见纯生盛赞新版"是日本国内东南亚史学界学术成就的一座丰碑，对开辟东南亚与其他地区的比较研究具有重大意义"。此外，日本研究蒙古史的著名学者杉山正明也发表一篇热情洋溢的书评，对该书不吝溢美之词，大加赞赏。由此可见，石泽是日本东南亚研究领域的重量级学者，是日本研究柬埔寨碑铭的第一人。

回到石泽的《东南亚》一书。首先这是一本通俗读物，而非学术研究专著，行文与语气也都是面向一般读者。书名虽然称为"东南亚：多文明世界的发现"，但实际上只是一部柬埔寨古代史，而且主要是9—15世纪吴哥王朝的历史，对东南亚其他国家和柬埔寨历史的其他时期或一带而过，或略而不详。但无论如何，本书最大的贡献就是把作者自己多年潜心研究吴哥历史的成果以通俗的形式展现给读者，向大众普及有关柬埔寨历史的知识。《东南亚》的另外一个特点就是，它不是通史类的著作，没有按照朝代、国王系统地论述柬埔寨的历史，而是突出柬埔寨历史的某些断面。这样安排也有一个好处，就是不被大量的史实所束缚，而能就作者感兴趣的方面进行详细描写和讨论。

本书的十二章中，石泽使用八章之多的篇幅来讨论吴哥王朝历史的方方面面，从作为吴哥繁荣之根基的各种各样的水利灌溉设施，到吴哥王朝的政治、社会、军事、法律、经济，以及宗教、精神价值体系和美术思想，都进行了详细全面的描述和讨论。吴哥社会中各种各样的职业和阶层，三教九流，五行八作，各司其职，各尽其责。在石泽的笔下，既有国王建寺征战的文治武功，也有升斗小民的喜怒哀乐；既有高棉占城军队血雨腥风的殊死鏖战，又有趁店主打瞌睡之际盗窃东西的顽童；既有婆罗门帝师对王子的谆谆教导，也有寺庙童僧的琅琅书声；既有王室选妃娶妻的庄重，也有村妇捣米煮饭的日常；既有首都集市上吆喝叫卖、讨价还价的男女老少，又有森林里上蹿下跳、追逐嬉戏的珍禽异兽；既有高棉人的杂耍摔跤，又有中国人主持的斗鸡赌博。阅读《东南亚》，仿佛是在观看一部黑白纪录片，时光倒流，人们回到了9—13世纪的吴哥，就像1296年访问柬埔寨的周达观那样，亲身体验高棉帝国的宏伟壮阔、繁荣富强，目睹那里的山山水水、一草一木。石泽论述吴哥遗址及其功能，娓娓道来，如数家珍，足见其深厚的功底。书中插图、地图和表格都让读者对吴哥帝国的宗教建筑、水利设施与贯穿全帝国的石桥、道路及其配套设施（例如医院和客栈等）等一目了然，大大便利了读者对本书内容的理解；以碑铭资料来还原法律机构和制度，对各种刑法进行介绍，其所举案例真实生动；对吴哥各种各样美术风格的观察细致入微，剖析深刻透彻：既有对雕像胖瘦、发型的有趣评论，又有对高棉宗教雕刻精辟独到的分析，证明作者多年研读碑铭、潜心调查的深厚功底，绝非东挪西抄、人云亦云。

　　研究东南亚历史的学者既强调外来文化对该地区的影响，

又不忽视本地文化的包容能力和地方特色。石泽在指出印度文明对柬埔寨深刻影响的同时，也非常强调吴哥文化的独特性。例如，有关吴哥王朝的法律，他指出，"柬埔寨虽然从印度引入了'死刑'的概念和用语，但实际上却似乎没有作为极刑的'斩''绞'等死刑"；谈及柬埔寨的美术时，他又强调其独创性："吴哥的雕像受到很多印度佛像的影响自然是既成的史实，然而从整体上看，它仍保持独特的倾向。例如，柬埔寨在佛像制作过程中，避开了印度教中恐怖、肉欲或令人害怕的方面，换成了柔和的表情。他们只选取与自己感性相吻合的题材制成雕像。"佛陀与娜迦组合的坐像也与印度雕像的风格迥然不同，表现出特有的高棉造型。石泽还引用法国美术收藏家在 1875 年对高棉艺术的评论，即"高棉人创造出的雕像是高水平的作品。他们对印度雕像再次塑造，最终转变为当地独特的平静优雅的美术样式。……这些雕刻作品明确展现出高棉人独特的感性，因此，我们不可能把柬埔寨古寺中放置的雕像与印度雕像混为一谈"，进一步强调高棉人的聪明才智和创新精神。正如石泽所说，受印度文化影响的柬埔寨创建了印度所没有的、别具一格的吴哥窟。的确，吴哥佛像那种宁静、深邃、睿智且神秘的微笑为高棉人所独具，令人倾倒叹服。

《东南亚》从一至八章，读来如清风徐来，水波不兴；似涓涓流水，缓缓流淌。而第九章《东南亚史视野下的吴哥王朝史》则是水到渠成，渐至高潮，读来引人入胜，妙趣横生。本章试图寻找吴哥王朝灭亡的真相，重新解释阇耶跋摩八世的毁佛运动，并将吴哥史和整个东南亚地区的历史联系起来。其中一个细节就是吴哥的青铜佛像和狮子雕像多方辗转，从高棉人到暹罗人，再到若开人和缅族人之手最后落户缅甸古都曼德勒的摩诃牟尼寺的传奇经历，彰显战争和宗教的关系以及与东南亚大陆地区之间的紧密联系。最后，石泽还试图以吴哥为例来揭示东南亚地区王权的统治艺术，即通过建造大规模寺庙和水利工程来提高国王的神圣色彩，"炫耀王权的力量"，弥补政权的脆弱和不稳定性。对吴哥王朝最后衰亡的原因，石泽也根据法、日学者的研究进行了总结，大致包括水利灌溉设施的破坏和废弃，宗教信仰的改弦易辙（上座部佛教代替印度教和大乘佛教），吴哥国王失去对土地权的控制，等等。

　　此外，在本章中石泽也对塞代斯和格罗利埃有关阇耶跋摩七世在位期间吴哥即开始衰落的论断提出质疑。两位法国学者指出阇耶跋摩七世大兴土木，建寺造庙，使得吴哥国力萎缩，元气大伤，高棉帝国也从此一蹶不振，国运不再。而石泽通过对阇耶跋摩八世井然有序的废佛运动的分析，结合周达观的文字记载，得出结论说："在阇耶跋摩八世的统治下，国王的权威和日常政治发挥了相应的作用，都城富丽堂皇，国内物品流通正常。日常的政治发挥作用，王命就得以传达到全国各地。这样一来，村落也发挥着相应功能。"因此，石泽认为，吴哥王朝衰退的迹象在 14 世纪后半叶才开始出现，这要晚于塞代斯和格罗利埃的推测，这也就是石泽提出的所谓对吴哥王朝末期历史的改写。这种观点不管对错，但勇于挑战权威、推陈出新的做法和精神是学术研究中最为宝贵的素质，而附和权威、因循守旧则会使学术缺乏生机、呆滞僵死。

石泽在第三章和第九章中对格罗利埃的"水利都市论"进行了较为详细的介绍，并提及日本和其他学者的有关研究，使得读者能够清晰了解这个对吴哥历史意义重大的问题。吴哥王朝的水利灌溉问题是一个非常重要的学术问题，格罗利埃在 20 世纪 70 年代指出，水利灌溉系统即是吴哥王朝兴旺发达的基础，但这些设施的毁坏也是其后来衰落灭亡的原因。这一论点一经提出，即影响巨大，虽然从者如云，但反对者也多（其观点是不存在国家统一组织起来的灌溉系统）。这场争论相当激烈，持续近三十年，孰是孰非，不分轩轾。但到了 21 世纪初，这场论战似乎已经落下帷幕，因为自2007年以来，越来越多的考古新发现支持格罗利埃的猜测。以澳大利亚、柬埔寨和法国三国为首的学者们（特别是Christophe Pottier、Roland Fletcher和Damian Evans）所主持的"大吴哥地区考古项目"（Greater Angkor Project）自1999年以来使用现代技术（特别是空中雷达遥感技术）证明在吴哥王朝的中心地区确实存在一个庞大而高效的水利灌溉系统。石泽《东南亚》一书初版于2009年，尚未能够来得及采纳考古新发现，希望将来补充进去，这样就可以更加支持、补充格罗利埃的开创性观点。

《东南亚》的最后三章并非对柬埔寨后吴哥时代历史的系统叙述，而是从三个不同侧面来反映柬埔寨的历史。第十章主要讨论16—20世纪天主教在柬埔寨的传播，而第十一章则是专门讨论1612—1632年日本商人在吴哥窟留下的墨迹，反映在17世纪德川幕府的锁国政策前日本与柬埔寨和东南亚频繁的商贸活动与人员往来。后一章尤其是为他国学者所不易撰写，所以读起来饶有趣味，丰富了柬埔寨对外交往的内容。本书最后一章即第十二章侧重二战以后日本与东南亚（尤其是柬埔寨）的关系，其中最大的亮点是石泽对战争以及对日本人对东南亚态度的评论。石泽对二战期间日军在亚洲所犯下的罪行毫不掩饰，并采取激烈的批判态度。

在日本人对东南亚地区的态度方面，石泽更是不惜笔墨，从重下笔，批判日本人自 20 世纪 60 年代以后，倚仗自己国家经济的起飞，单纯以金钱和财富为标准，对经济落后的东南亚地区表现傲慢、不屑一顾，因此被国际社会讥讽为"经济动物"。他还强调东南亚人"在物质上绝不丰富，但内心富有"，"没有电、没有自来水、没有冰箱，并不代表文化滞后、'智慧'水平低下"，奉劝日本年轻人不要狂妄自大、嫌贫爱富，而是要虚心诚恳地向东南亚人民学习，并引用大阪大学桃木至朗的话，"我们需要以谦虚的姿态向被认为是贫困、落后的文化和生活环境学习"，学习他们在严酷的自然环境下所创造的世界奇迹与文化遗产。这一点对中国的读者具有极大的现实意义。随着中国的崛起，国民到国外旅行的人数日渐增多。面对东南亚地区的发展中国家，中国人应该表现出谦虚尊重的态度和石泽式的人文情怀。柬埔寨自 15 世纪衰落之后，直到 20 世纪，国运多舛，屡蒙不幸，外国的频频入侵和国人的自相残杀（尤其是 20 世纪 70 年代的红色高棉时期的种族灭绝运动）使得这个曾经独步东南亚大陆地区、在世界历史上也占有一席之地的古国奄奄一息，千疮百孔；自 90 年代以来的和平进程，国家才开始发展建设，但仍然步履维艰，困难重重。但历史是一面镜子，可以帮助中国读者了解东南亚地区在历史上也有繁荣的过去和强大的帝国。元朝的周达观也称柬埔寨为"富贵真腊"；他出使吴哥期间，即使是在吴哥的鼎盛期之后，还对其赞不绝口。中国人切忌成为石泽所批判的"经济动物"，避免以势利的眼光看待世界，而是应该培养同情心和同理心，像石泽那样认真研究、诚恳帮助东南亚地区的国家和人民，使他们从内心里感动并感激。

本书译者在翻译方面下了很大功夫，值得肯定，但仍然存在一些问题。结合本书译文，此处举一个带有普遍性的问题。对古代柬埔寨扶南的著名港口 Oc-eo（Oc Eo），陈显泗在其《柬埔寨两千年史》中翻译为"俄亥"，姚楠在为其作序中则翻译为俄厄俄（"厄"应为"厄"之误）；贺圣达等翻译的《剑桥东南亚史》与梁志明等主编的《东南亚古代史》则翻译为"俄厄"，李庆新则翻译为"沃澳"，维基百科翻译为"喔呋"（本书译者即采用该译名*），另外也有一些其他译法。在我们翻译的《东南亚的贸易时代》第一版（2010）中将其翻译为"奥科奥"，三年后我们在修

---

* 经孙来臣教授指正，本书亦改用"澳盖"的译法。——编注

改过程中觉得"奥科奥"不妥,改为"奥胶"。真可谓百人百译、千差万别!在阅读石泽译稿的过程中,我觉得这些译法都没有刨根问底,即没有追溯其最原始的拼法和发音。该港口的名字最早是高棉语 អូរកែវ (O Keo),意思是"宝石河"。法国人将其拼写为 Oc-eo(Oc Eo),而据此衍生出来的中文译名都没有真实反映其正确发音。我请教了北外柬埔寨语专业的李轩志博士,他根据柬埔寨语发音将其翻译为"澳盖"。这样,该词的翻译以后就应该以此为准。由此类推,翻译地名、人名等等名称最好是追根溯源,不能望字生音。根据原音翻译出来的译名,就应该成为标准,否则则会造成百人百译的混乱。

因为中国到东南亚旅游者日众,民众对东南亚国家历史文化的兴趣越来越浓厚,石泽希望"激发学习吴哥王朝历史的乐趣"的初衷一定会实现。对国内普通读者来说,了解邻国柬埔寨的历史,理解古代高棉的繁荣辉煌及其近代的衰落与灾难,阅读《东南亚》一书都十分必要。对有志于从事历史学习和研究的读者来说,石泽的人生与学术生涯也提供了一种启发和选择:即使是像当代柬埔寨这样弱小贫穷的国家,像石泽这样的学者也能以研究其历史为使命,干出一番大事业,创造辉煌的人生。所谓三百六十行，行行出状元，石泽研究柬埔寨古代史就是一个绝好的例子。

对国内专门研究东南亚历史和文化的学者来说，《东南亚》的出版也有巨大意义。尽管多年来国内东南亚学术界对日本的东南亚研究有所了解，但都是一鳞半爪，浅尝辄止，全面深入的介绍尚付阙如。日本的东南亚研究起步早，学者素质高，语言基础扎实，研究成果质高量丰，此外还大量翻译东南亚各原文史书和史料，以及外国学术著作，等等，都值得中国学者学习借鉴。根据我近年在日本做研究的经验，深切感觉到如果中国学者能够掌握日语，深入了解日本的东南亚研究，并学习其研究方法与模式，必将对国内的东南亚研究产生重大影响。但国内精通日文的东南亚研究学者尚少，前赴日本学习东南亚研究的学者也十分有限，希望有志者前赴东瀛，采石攻玉，学成归国，推动中国的东南亚研究。

就国内的柬埔寨研究、尤其是柬埔寨历史研究来讲，真正精通高棉语言（以及梵语）、阅读吴哥王朝碑铭或通过考古发掘对柬埔寨历史进行研究的学者尚缺，这样真正以掌握第一手材料研究、撰写出的扎实厚重的中文著作也仍然是零。前虽有陈显泗《柬埔寨两千年史》这样的筚路蓝缕之作，后又有段立生新近出版的《柬埔寨通史》,但通观国际学术界,中国的东南亚研究仍然落差很大、任重道远,需要急起直追、学习引进。段立生虽然在其书中断言,"由中国学者来重新撰写和诠释柬埔寨古代史,无疑具有**更大的优势**"以及"中文古籍是研究东南亚各国历史的**主要依据**"(黑体为引者所加),但实际上则不尽然。中国东南亚研究者掌握汉语材料的优势固然存在,但写出东南亚研究的传世之作取决于多方面的因素。以研究吴哥王朝为例,除了熟练掌握国际通用学术语言英语外,高棉语、梵语和法语也不可或缺。金边皇家大学高棉语教授让-米歇尔·菲利皮(Jean-Michel Filippi)对此问题的看法,应该是比较中肯的:要构建柬埔寨古代史,中文资料虽然价值巨大,但碑铭材料更是举足轻重。此外,实地考古和调查以及深厚的学术素养和广阔的学术视野也不可或缺。据我了解,像石泽《东南亚》这样以掌握第一手材料进行研究、全面介绍吴哥王朝历史的著作在全世界范围内都是屈指可数,所以其价值也就不言而喻。

对东南亚专业学者来说,《东南亚》中文版的意义还在于,学者们可以通过这本书了解日本学者研究古代柬埔寨历史的深度,一窥日本东南亚研究的深度(除了石泽外,日本还有一批研究柬埔寨历史与考古的学者)。当然,石泽的巨著《新版古代柬埔寨史研究》更能反映其学术风采和深度,希望有一天国内的学者能将其译为中文。此外,日本研究东南亚的其他优秀著作尚多,值得系统介绍和翻译。商务印书馆即将出版的"海外东南亚研究译丛"也会陆续出版一些日语著作,同时我也希望国内的出版社重视出版东南亚研究方面的译著,但在选择著作、物色译者方面务必要谨慎小心、多方了解。理想国出版《东南亚》一书,嘉惠学林、功在千秋!

本着东瀛之石、可以攻玉的理念,借《东南亚》简体版出版之际忝草此序,以表达对中国东南亚研究通过与国际接轨而发展深化的殷切期盼。本序在写作过程中也得到大阪大学教授桃木至朗、石泽良昭两位先生的帮助,特此致谢。

孙来臣

加州州立大学富勒敦分校历史系教授

目　录

序章

"东南亚"再发现

多文明世界的智慧土壤

等待救援的石造大伽蓝吴哥窟

　　笔者自 1961 年开始到东南亚调查。属热带季风气候的东南亚，雨季时雨水众多，旱季时则有令草木都枯萎的干燥、灼热的太阳和高温。当地人似乎接受了这样的酷暑，因为这是一个无须担心衣食住行，只要没有战争便充满安心与安全的世界。

　　每次要去东南亚，我总会开始思索为什么这里会建立起吴哥窟。这是一个巨大的谜团。

　　1980 年 8 月柬埔寨内战正酣，我来到这里，开始调查被弃置了十一年的吴哥窟等遗址的破坏情况。当时，韩桑林政权的军队与波尔布特派军队的炮火在附近纷飞，与紧张感相伴的是如

伤痕累累的吴哥窟 在波尔布特时代的内战期间，正面塔门留下的枪击痕迹

何从战乱中拯救并保护这些无与伦比的巨大文化遗产的焦躁。无奈地暴露在大自然猛威之下的吴哥窟遗址群，为何会被破坏和损伤到如此地步？显露的遗址群继续沉默地矗立着，等待救援。

20世纪七八十年代，这些大寺院就这样被遗弃在热带丛林深处的大自然中，伤痕累累，让人怜惜。这里曾经被信徒围绕，是奔向来世、预示梦想与希望的神圣场所。轮回转世在这里被说明，诸多寺院暗示着通往极乐净土的入口。人们希望这座石寺永远地存续下去。

1980年的第一次遗址前期调查正值内战期间，进行了十天。现场调查发现，导致遗迹破坏的三大元凶是雨水、植物和地衣类（菌类）。它们侵入遗迹内部，使其倒塌、风化。在任何时代吴哥窟都能因其威容而自豪，但是谁也没有注意到，庄严的大殿与地基都被损伤得如此严重。而时光就这样流逝。

无法自言苦痛的大遗迹群。也许它们在期望人们注意到吧。过去的寺院吸引众人心灵，给予他们生存的喜悦，并暗含面对来世的某些精神特效药。时过境迁，世代交替，战争来袭，寺院的作用已经被人遗忘，但因为是石造建筑，所以它们残存于此。

哇扬 印度尼西亚著名的传统民族技艺

那之后，它们只是静默地矗立。

既非中国又非印度的东南亚世界

一听到"东南亚"这个词，人们就会联想到柬埔寨吴哥窟的剪影、印度尼西亚的哇扬（皮影偶戏）、巴厘岛的凯卡克猴舞及身穿黄色僧衣的缅甸僧侣。我们想象到某个充满异国情调的魅惑世界。

东南亚是指夹在中国和印度之间的既非中国又非印度的广大地域，由中南半岛的"大陆部分"和海域的"岛屿部分"组成。东南亚总面积约为日本的十二倍，地域辽阔，居住着许许多多的民族。大陆内部及山区有尚未开化的人类。他们大概是由于新民族的迁徙而被从原先居住的平原地区赶出的人吧。

在大陆部分，从中国云南省过来的大河及其细长的溪谷将雨水带向大海，并成为数千年间民族迁徙的一条通路，许多人经由此路奔赴大海。例如现在的孟族人、高棉人、越南人、马来人、缅甸人、泰人、老挝人、占族人。此外，中国人、印度人似乎很早就通过海路到达此地。

从时间上来看，自公元前后以来，一直有梦想一攫千金的人们从印度或中国来到这里。最初是附近的海民，或者是乘小船的岛民和冒险家。然后，有人带着自己的印度文化或中国文化到此定居。11世纪开始的信仰伊斯兰教的人们、16世纪开始的欧洲人紧随其后，17世纪前半叶日本朱印船也驶入，并在各地建立起日本人街。人们来这里的目的形形色色，例如为了交易或传教活动，或者从17世纪起也有人凭武力等抢占地盘。此后不久，东南亚被欧美控制，开始沦为殖民地。

今天的东南亚大约生活着五亿八千万人（2008），居住空间广布于村落和大都市。以另一种观点来看，东南亚有从少数民族到联合国家等各类集团、各种社会，创造出许许多多的政治制度，例如有王国、军事政权、共和国、社会主义国家等诸多国家制度，所有的社会组织、政治形态混杂于此。

从宗教方面看，伊斯兰教广泛流行于印度尼西亚、马来半岛到棉兰老岛的岛屿地区。大陆地区的人们大部分是上座部佛教徒（缅甸、泰国、老挝、柬埔寨），大乘佛教徒只在越南。菲律宾百分之九十的人都是基督教徒。在巴厘岛，过去由印度传来的印度教融入当地，变化并传承至今。但是，在村落的日常生活中，这些大宗教的衣袖之下也露出了人们一直笃信的泛灵信仰的面容。

虽然如此多样的民族和异文化社会在各地延续，但从生活样式到精神价值体系，各方面都隐藏着许多东南亚地区的共通性。例如稻作在各地随处可见，农耕文化甚至从史前时代起延续至今。尽管自然、人种、宗教、语言不同，但背后却可以看到共通的统一。

首先，风土气候的统一性。东南亚全境几乎都属于热带季风地区。这里有旱季和雨季，能看到相似的生活方式。人们在平原地带水源充沛的水田、从谷底延伸至天际的利用小山丘倾斜面开发的梯田里耕种。到处可以见到男子在两头牛或水牛身后掌犁、女子插秧的画面。

东南亚的田园风光　各地随处可见水牛和农民劳动的身影

东南亚世界夹在中国和印度两大世界当中，从这两大世界接受种种文化并借此促进地域社会的形成。也就是说，它们把外来文化看作"卤水"来选择性地吸收，按照对自身有用的原则改造各种文化，进而创造出固有的"文化"。这或许可以说是多重文化与"固有化"地域的结合吧。东南亚在历史的形成中有外部的影响。

东南亚的人们创造出立足于自然与人类和谐共生的生活文化。如果将这种多维度的集合体和共通的统一看作"东南亚式"的独特文化，那么与东亚世界、南亚世界不一样的"东南亚文明世界"也就成立了。

炫耀权力的巨大遗迹

从时间和空间方面把握东南亚各地的村落社会，首先要立足于这里处处都很复杂的生活环境。多达数千种语言、数百个民族部落都以自给自足的小村落形式在自然环境中存续下来。大大小小自营村落社会位于山区、河岸丘陵、平原三角洲等，各自的生活文化、生产形态连绵不断。在那里，固有的生活价值体系重合、凝聚，在村落的习俗中传承、深化，进而创造出某种社会纽带和统一体。

这些为数众多的民族社会上演着历史的兴亡。东南亚世界整体又有怎样的兴亡史呢？在漫长的历史形成过程中，东南亚的民族社会留有传统不断积蓄、深化的固有核心部分，在内核之外涂抹上外来精神价值体系。另一方面，它也将文化要素等纳入自己的脉络，基于独特的镶嵌拼接（patchwork），不断进行技术性改良，使得民族文化不断发展。

而且，在这种地域固有的社会中，随着时间流逝，独特的精神文化静默地深化，与之相适的充实的闲适生活体系也在延续。随着这种发展，各地区的历史画卷缓慢不断地向前展开。这样想下去，东南亚的历史形成中具有怎样独特的固有模式呢？

考察我的研究领域吴哥王朝大约六百年的历史，那么，大致在前吴哥王朝（约1—8世纪末）的6世纪前后或者更早，东南亚似乎从印度引入了畜力犁耕。同一时期，长粒的籼稻普及，当时采用的可能是撒播的种植方式。吴哥窟的浮雕中也刻有农具，被认为是印度风格的犁。

根据碑文，前吴哥时期各地似乎存在叫作"补罗"（城市，碑文中所载的部落单位）的组织，一般认为这是由防卫性的竹篱笆等围起来的村落。总之，这时大概形成了地域性的自给自足式的村落，而且有负责统筹的补罗长，由他收取税金。不过，到了吴哥时代（9—15 世纪），"补罗"扩大为"补罗曼"（郡、州），在中小河岸和湖岸周边形成了大村落。

大村和小村基于自然的生产形态而形成，村内进行某种程度的分工。地区的各个集团人口增加，为了扩大耕地而砍伐森林，并创立分支。大村在完善经济基础的同时，在村里各处搭建起一根梁柱的小型祠庙［泛灵信仰，即涅达神（Neak Ta）］。很久之后，国王集中财富与权力，建造石造的寺院，向平民炫耀自己的威严。

东南亚的国王被描述成神圣的君主。国王建造巨大的纪念建筑，大肆宣示权力，威慑众人，作为超人之王而君临天下——国王的统治力都很薄弱，所以要做神灵附体的虚伪表演。

政府在国王行幸的"王道"上架设石桥，连接全国各地，发生地方叛乱时，象军可以快速抵达镇压。通过这条"王道"，物流和精神价值体系的传播也很容易实施。王国内部，经济基础进一步扩大，频繁营造寺院也带来技术改革和人力资源集中，进而使大规模修建护国寺院成为可能。寺院装饰着展现精神价值体系的佛像和浮雕，成为绝世罕有的豪华伽蓝。在此之中新的美术样式不断出现并发展。国王的政治基础弱，所以要用非日常的建筑和豪华的祭祀礼仪来夺人耳目。

　　通常来说，历史立足的基础，例如地域经济如何发展，显示出发展的可能性或者限制性。东南亚各地的事例中反映的是一种总体上受惠于自然环境与气候条件的状况，尤其从粮食这一点来看，用最低限度的努力就可以收获，只要没有战争，就不会为食物困扰。在东南亚，适应这种自然环境的小规模村落自给自足，且多少带有独立性，一直存续。割据一方的首领们争夺地区霸权，不断上演着兴亡盛衰。

　　从 16 世纪起，欧洲为了寻求香料等物品，正式向该地区扩张，逐渐扩大其统治力。虽然日本因锁国而撤离东南亚，但 17 世纪前后，西欧的扩张，在所到各处与当地的传统社会产生冲突，并不断引起混乱。到了 19 世纪以后，东南亚开始了大规模排外运动，反对西欧帝国主义侵略。然而，当地的抵抗势力与西欧帝国主义的战斗力悬殊，个别的起义都被相继镇压。

　　最终，东南亚当地传统中的旧式落后技术和生产活动不再能发挥效力。地域的经济逐渐被殖民者有意纳入殖民地经济体制，最终变成了服务宗主国的经济形态。古老的村落社会崩溃，开始受到宗主国的政治、经济统治。

与自然同行的人们

自然环境与独特的生活文化

下面以自然环境为基轴进行叙述。

中南半岛虽然没有海拔高的山岳，但起伏十分巨大，形成了复杂的地形。许多大、中、小型河流都通过溪谷自北流向南海，途中留下许多被流水深深雕琢过的溪谷、湍急的瀑布和浅滩。海岸附近的平原地带被数个山脉分割开来，南北狭长的马来半岛则连接印度洋和太平洋。

紧邻的苏门答腊、爪哇、加里曼丹三大岛屿由浅海与中南半岛的大陆部分隔断。岛屿多为火山岛，不少火山现在还在活动。

东南亚各地海域辽阔，发挥了连接各地区的作用。受到这些近似内海的恩惠，东南亚基层文化相互交错，在日常生活中有着共通性。

人们利用风向交替的季风气候，用一侧或两侧带有木桨的独木舟往来两岸。随着时代的发展，人们乘坐帆船或戎克船（中国帆船），去往中国、印度、波斯湾和阿拉伯海等地从事贸易。不久，地域间的贸易活动活跃起来，进而在沿岸地区形成了港口城市，并发展成地区性小国家。

从历史上来看，柬埔寨的扶南国（约1—7世纪）就是由湄公河三角洲的港口城市发展起来的。它位于中南半岛南部，面朝南海，但腹地则是农业经营。三佛齐（约7—11世纪，苏门答腊

国名	独立年	首都	人口（百万人）	政治体制	语言	宗教（%）
文莱达鲁萨兰国	1984	斯里巴加湾	0.39	君主立宪制	马来语、英语、汉语等	伊斯兰教（67）、佛教（13）、基督教（10）
柬埔寨	1953	金边	14.44	君主立宪制	高棉语	佛教（95）、部分伊斯兰教
印度尼西亚	1945	雅加达	228	共和制（大总统制）	印尼语	伊斯兰教（88）、新教（6）、天主教（3）、印度教（2）、佛教（1）
老挝	1953	万象	5.8	人民民主共和制（人民革命党）	老挝语	佛教（65）、泛灵信仰（33）
马来西亚	1957	吉隆坡	27.17	君主立宪制（议会制民主主义）	马来语、汉语、泰米尔语、英语	伊斯兰教（60）、佛教（19）、基督教（9）、印度教（6）、儒教/道教（3）
缅甸	1948	内比都	57.29	军事体制（临时政府）	缅甸语	佛教（89）、基督教（5）、伊斯兰教（4）
菲律宾	1946	马尼拉	87.96	共和立宪制（大总统制）	菲律宾语（基于他加禄语）、英语	天主教（83）、新教（5）、伊斯兰教（5）
新加坡	1965	新加坡	4.68	共和立宪制	英语、汉语、马来语、泰米尔语	佛教/道教（51）、伊斯兰教（15）、基督教（15）、印度教（4）
泰国	1932（立宪革命）	曼谷	63.88	君主立宪制	泰语	佛教（95）、伊斯兰教（4.6）
越南	1945（1976年南北统一）	河内	87.38	社会主义共和制（共产党）	越南语	佛教（80）、天主教（7）、高台教（3）
东帝汶	2002	帝力	1.15	共和制（议院内阁制）	德顿语、葡萄牙语、印尼语、英语	天主教（99.1）、新教（0.1）、伊斯兰教（0.79）

东南亚各国的多样政体、语言、宗教

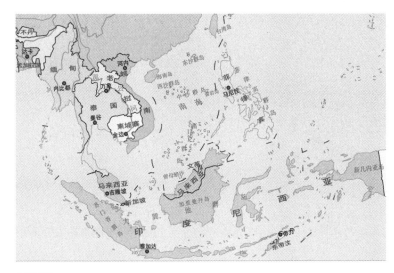

东盟诸国
根据中国自然资源部所供标准地图绘制而成

岛中部马六甲海峡附近，中文名为室利佛逝）、满者伯夷（1293—1527，爪哇岛东部）等各地成立的港口城市国家便以这种海洋交易为交流的契机。例如，驾着阿拉伯帆船（dhow）的穆斯林商人就由此开始驶入东方，唐代（618—907）后半叶至宋代（960—1279）之后的中国商人也驾驶戎克船出海远洋。

　　大陆部分由前文所述的拥有幽深溪谷的山岳、自北向南注入海洋的大型河流、注入大河的中小河流、河岸山丘、平原及广阔的三角洲地区等组成，给东南亚地区带来了丰富的土壤和矿物资源。因此，这一地域栽培着谷类、油料作物、甘蔗和橡胶树，并有石油、石灰、铁、铝、锡、钨等矿床。

海边成排的独木舟 带有船桨的独木舟曾被用作海上的交通工具。印度尼西亚巴厘岛

东南亚整体上温热湿润，最热月份的气温会超过四十度（摄氏度），但平均气温约二十八度；年度降雨量为一千四百至一千八百毫米，不过不同时期的降雨量变化巨大，尤其在雨季和旱季明显的地区，降雨量大多不规律。这里是稻作成为生活中心的地区，更一般的说法是农业中心，所以人们会称赞东南亚社会，有位地理学者甚至称这里是"植物文明"世界。农民以农作物为食物过活，住在由木头、竹子、稻草和土搭建的木质房屋中，除了越南，大多数房屋都是干栏式建筑。

在日常生活方面，可以看到男女之间紧密的协同合作。出于经济性的原因，女性主内，从事从生育到收割水稻等各种工作，实质上被赋予了更多的决定权和自由。

形成于河岸平原与平原地带的村落，构成了经济和社会的单位。村民同时有私有和公有的土地，形成了相互扶持、连带性等传统和习惯，至今依然在东南亚农村发挥着相应的作用。

同样，各宗教也有共通性。人们接受了佛教、伊斯兰教、基督教等大宗教，但在这些宗教的缝隙之中，还能隐隐见到自古以

东南亚：多文明世界的发现

干栏式住宅（左）与收获稻谷（右） 无论是在农地还是家庭中，人们都重视男女的共同劳作，从养育儿女到粮食收获，女性都拥有许多决定权。两幅图均为柬埔寨农村的风貌

来的泛灵信仰、祖先崇拜、土地精灵、地母神信仰以及山岳信仰的祭礼等。村人依照时节举行各项祭礼时，总能显露出这些信仰的面貌。特别是与农作相关的祭典，如祈祷雨季的到来或者农作物的丰收，一些村子的祭礼按照阴历时间举办。祭礼之中有板羽球、跳绳、男女对歌、对舞等活动。

东南亚的生活史物语　　学习东南亚历史到底有什么意义呢？

对于历史，例如对于现在的东南亚世界如何形成这一问题，我们想以史料为依据，辨明过去的历史发展及史实，考察这一地区、这一国家、这一民族经历了怎样的时空过程而发展至今。这就要求我们搜寻翔实的史料，并对其历史进行构筑。例如，思考东南亚人的生活史的形成，虽然是老生常谈，不过大致是以下认识：当地在漫长岁月中形成了传统，立足该传统的日常生活到现在也大体延续。在本土固有的基层文化形成时，外来文化进入了。简而言之，东南亚汲取外来文化的优良之处，拒绝不合理的部分，仔细考虑对于自身是否有利并取舍。

支撑生活的经济基础是农业。例如，6世纪左右，柬埔寨似乎引入印度风格的犁，也有了畜力耕作技术。像这样，他们从外部世界引进部分农具，改良成适合当地土地的犁，并一直沿用至今。东南亚基本上是靠雨水的自然灌溉以及贮水池灌溉的农业，不过也有烧垦农业。农业生产方式发生巨大变化要等到殖民地化后种植园农业的引进。

对比公元1000年时的世界人口状况（准确来说，这是历史人口学的成果）：中国在宋代已经有了印刷术、火药、指南针这三大发明，是首屈一指的先进国家。在西方，诞生于7世纪的伊斯兰教扩展到伊比利亚半岛，伊斯兰文化圈形成并扩大，学者和文人聚集在各个城市研究希腊的古典文化。当今世界"主角"欧洲当时还是落后地区，连过冬的家畜都不充足。日本是怎样的状态呢？在京都，世界上最早的小说《源氏物语》正在创作当中（11世纪初完成），成熟的宫廷文化繁盛。据推算，公元1000年前后的世界人口为两亿五千万（2000年1月3日《读卖新闻》），其中，最大都市科尔多瓦（西班牙）约四十五万人，开封（中国河南省，北宋都城）约四十万人，君士坦丁堡（今天土耳其的伊斯坦布尔）约三十万人，吴哥城（Angkor Thom）约二十万人，而京都约十八万人。

为何吴哥城附近会有如此庞大的人口呢？根据法国研究者贝尔纳·菲利普·格罗利埃博士的《西欧眼中的吴哥——水利都城吴哥的繁荣与没落》(1992)，吴哥

水利都城吴哥窟　除了大型贮水池巴莱，南北宽一千三百米、东西长一千四百米的环形水濠也蓄积了水

王朝最繁盛的时期，利用雨季储备在巴莱（人工大蓄水池）的水推行两季稻，可灌溉到的集约农业地带达到八万六千公顷，可以供应建设吴哥窟时（12世纪前半叶）的约五十万人口。从公元1000年开始，大约经历了一百四十年，这里的人口增长了一倍。这样的人力资源使建造寺院成为可能，其结果便是吴哥窟和吴哥城的建成。这些人被武装起来成为士兵，不断扩大领土。

东南亚史是一部自我肯定史吧？

以宏观的视角来考察历史的话，东南亚的历史未必是伴随着进步与发展的历史演变。我们下面要考察日常生活的地域历史的流变。至今为止的世界的历史，是在处理一个接一个直面而来的国内外诸问题，例如应对自然环境、解决国内外的政治经济文化等问题，通过改革——即便不彻底——促进了社会发展以及

历史的扩大。我们肯定这种历史的发展。不过，东南亚的历史和上述历史模式一样吗？

简单来说，日本奈良时代过后是平安时代、镰仓时代，某种意义上来说，这样的时代划分包含着发展史意味。换而言之，历史就是变化成各种形态并且不断进步和发展的历史，是改革和革新的历史。一般认为这就是普通的历史发展。

然而，东南亚的历史多少不同于上述历史发展方式。从这个角度概括东南亚史，就会产生疑问，东南亚历史是真正意义上的发展史吗？例如，至今为止，各地的口头传承故事发挥着一种历史故事的作用。《王朝年代记》（编年体王朝史）及地区历史被改编成故事，给农民内心以安慰。

以我个人在柬埔寨的体验故事为例，在遗迹附近村庄的小寺庙正殿里，烛火摇曳的薄暮之处，村里的老人用缓慢的语调开始讲述以"很久以前"开头的故事，非常引人入胜。其中有交织着幻想的创作，而邻近的森罗万象在此粉墨登场。故事中的人物或是村人或是动物，不一会工夫就过去了两三个小时。确切地说，对村民而言，与严谨地按照时间顺序来撰写的编年史相比，他们更加喜欢这种口述历史。那种感觉就像遵循时间顺序的历史不是真正的历史一样。

东南亚的历史基本上不是某种意义上的"进化论"的进步、发展史，要是定义的话，它是一部自我肯定（self-esteem）史，是一部精神文化深化史吧。在此意义上，它也不是一部按照时

双驾牛车　现在的农村，古已有之的牛车也还是与巴士、汽车并列的重要交通工具

间顺序发展的文化史，而是一部与自然环境共生共营的漫长生活史吧。虽然它绝非以勤勉和严守时间为基轴的生活文化，但舒适的生活史一直延续，甚至可以说，富有人情味的和谐生活和文化绵延在持续。

我从事吴哥王朝史的研究，发现大约一千年前刻在寺院浮雕中的部分农村风景，至今同样保留在农村。例如，带三角形遮布的双驾牛车如今还在村里使用。适应自然环境的粗放型农业仍然延续，此外，至少到今天还没有出现改变农村生活的大变革。无论从哪个角度看，这都不是发展性的社会史，也没有不断出现新的竞争性、战斗性的历史进程来适应全球规模或者临近地区变革。吴哥窟的建立，是自我肯定史发展过程中的一大成果。

将东南亚史放在世界史的发展脉络中来看，即换一个角度看，东南亚为了强化自我表现和自我文化，不断借用中国、印度的技术与思考方式。它将这些拼接连缀，以补充、强化自古以来的本土价值体系的形式吸收。这是东南亚式的本土文化的创造活动。因此，各地的巨大遗迹都包含了该民族独特的文化、信仰和技术，而这些创造出与印度迥然不同的文化遗产。结果，这些遗址变得一点都不像外来文化的东西了。此外，作为历史特征，东南亚自身没有反过来给外部世界带来巨大历史影响的行动。硬要说的话，东南亚并没有积极地向外部世界展示政治、社会、文化等方面的独特性。例如，东南亚历史不是通过海外远征等发挥巨大影响力的历史类型吧。樱井由躬雄氏在他最新的著述（《东南亚的历史》）中指出了这点，促使我们再次思考迄今为止的东南亚历史观。

若是选取至今为止的东南亚史中的若干史实再度考察，尽管有很多各地兴起的大、中型王朝消灭周围王朝的情形，但至少没有出现哪个王朝远征，谋求东南亚以外区域的霸权。

例如，南印度的朱罗国（约846—1279）在1017年攻占了当时位于苏门答腊岛的室利佛逝国（中文名又为三佛齐，港口城市联合国家），1025年，巨大舰队掠夺了大量财物并携带回国。此外，中国元朝的远征军曾于1282—1293年五次入侵东南亚各地（缅甸、爪哇、占婆、越南等），给存续至当时的当地王朝带来打击或者导致其灭亡。日本也曾有抗击元兵的战役[文永十一年（1274）、弘安四年（1281）]。

尽管东南亚各地确实蕴含了环境的多样性和文化的独特性、固有性，但是很少有机会向外部世界询问、传播。例如，东南亚并没有行使武力，向邻近的中国和印度传播、展示东南亚地区的固有特征。不过，通过特产进行的交流倒十分频繁。

东南亚：多文明世界的发现

从结果上来说，这就是东南亚地区没有被其他地域了解的一个理由。如果从原始时代开始考虑东南亚的形成过程，我想可以认为这里是一个自给自足式村落存续数千年，衣食住行受到自然恩惠的地域。

既无台风又无地震的"世外桃源"

这个地区是横跨赤道地区的热带季风气候区，受太阳、雨水、高温所惠，以最低限度的工作便可正常过活。以葱郁的热带雨林为代表的森林给当地提供了必要的食物、药草、水果、燃料等。

过去东南亚的入门书籍中有"热带的蚂蚁"（华人）"和"蟋蟀"（当地村民）的描写。东南亚的人们以最低限度的工作就可以生活下去。简而言之，只要有雨水就能栽培水稻，迄今为止除了战争时期等特殊情况以外，这里没有出现过饥荒和饿死的情况。此外，除了内陆山岳地带，人们无须准备用于防寒的特别衣服和房屋，甚至只需一件 T 恤、一条短裤和一条毛巾便可生活下去。

而且，从热带雨林里砍伐的木材可以建造干栏式房屋。墙壁由聂帕棕榈树的叶子组成，屋顶用稻草就可以。屋里铺上竹制的席子，在酷热的天气里还能通风，即便说不上惬意，但也生活得舒适。在粮食生产方面，东南亚地区无须费心苦力地劳作，无须除草也能收获一定的稻穗。

1961 年，我在调查遗迹的途中进入柬埔寨内地，看到水稻种植的光景后为之震惊。乘坐牛车穿行在延伸至地平线的广袤稻田中，两头水牛在水田里翻耕土块。用轭（横木）连接起来的两头水牛拉着犁。这是印度传来的农耕技术。手持竹篓的农家母女出现，竹篓里面装着稻种，播种的女子熟练地用手将稻谷撒在水田之中。现在想起来，那种做法就是完全依靠下雨的中耕播撒的种植方式。

这如同开花爷爷给枯木撒灰一般。听说东南亚也种植水稻，我以为和日本一样，有同样的育秧田，要一株一株地插秧，但实际上完全不是这样。因为进入雨季，水田都灌满了水。其后再去看水田时，虽然有部分杂草，但稻穗已经抽出来了。

我问同行的村民为什么不除去水田的草，却被反问"为什么要这样做"。田里蓄满水后，抑制了杂草的生长，而稻穗则从水里冒头。收割水稻的方法也不一样。同样是由母女组成的娘子军出动，只割稻穗并放到竹篓或竹筐中。我问了很多后，发觉当地人觉得只要收获满足一整年口粮和税金的分量就可以了。

有效人际关系中的平衡感

亲眼目睹与日本完全相异的水田风景，就会知道柬埔寨是受到大自然恩惠的桃花源。无须除草的柬埔寨人并非懒人，农民们清晨或拂晓就去田里辛勤劳作，到了收获之际则全家出动参与收割。尤其是女性，总在忙碌，家务、育儿、小买卖、农业生产等都是女性的工作。每当看到那些默默无闻辛勤劳作的农家主妇，我都会由衷钦佩。

这里过着传统的生活。村里有村长等富裕地主阶层，也有贫穷的农民。富裕的农民会照料贫穷的村民。穷人觉着这是理所当然，并没有心理上的负担。这虽然勉强也可以说是相互扶助，但不存在因金钱的授受而产生的上下级关系。在那里，人际关系的平衡感发挥着作用，形成让人觉得原来如此的制度。

20世纪60年代，我在柬埔寨当地考察。一个百户左右的村里有一家华人开设的店铺。这一家华人辛勤劳作，向村民们出售日用品和肥料，也可以赊账，有时在水稻还是青苗时就预先买下稻谷。这一家主导着村民的日常生活，用自己的生活展示着与柬埔寨人完全不同的勤劳与储蓄。他们还从事贸易，把村里的米卖给其他生意人。确实，这些华人身上拥有一种勤劳的文化。这是五十年前我在柬埔寨内地的体验，而今已经看不到这样的情形了。

柬埔寨既没有台风，也没有地震。它有雨季和旱季，大量的雨水也会引发洪水，日照则带来干旱，但这里仍是一块极受自然环境恩惠的适宜居住的土地。若能稍微忍耐暑热，这里的确就是世外桃源。广袤的田地与佛塔交织的风景随处可见，宜人的生活文化悠然自得地生长。这是与严守时间的思考方式和勤劳努力的文化相距甚远的柬埔寨村落风光，但是每一天都很幸福。

第一章

东南亚历史的形成与展开

东南亚的历史是"由北向南"的

来自西北的印度、东方的中国和日本

在东南亚世界，历史形成过程中与自然环境的联系尤其强烈。这里一直没有衣食住行方面的困扰，以最低限度的努力就可以生存。居民不需要依赖他人或其他区域也可维持生存和日常活动，除去战争等特殊情况之外，几乎没有饥荒，具有很强的地区自给自足倾向。正因为如此，当地的民族、语言、文化等传统能够延续下来，并在各地保持着文化的多样性。我想从这一视角再度审视东南亚的历史发展，通过实证研究概括大约两千年的发展历程。

约公元前500年以后，早期金属文化传播至整个东南亚。

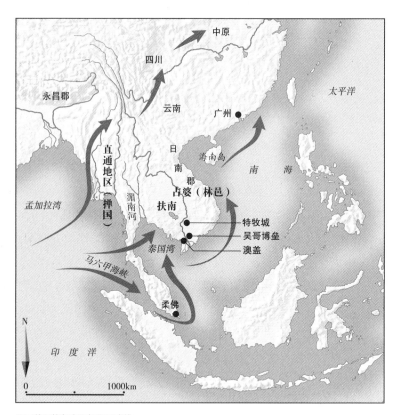

公元前后的东南亚与贸易路线

此后这里也有了铁器文化，多达数百个的大大小小族群在各地割据。立足于自然的生活条件允许这种情况的存在。这些族群各自生活圈的形成和发展构筑起东南亚世界的多样性，并被继承下来。

东南亚存在数百种语言和方言，多种多样的族群经营着各自

东南亚：多文明世界的发现

独特的文化。若列举共通的文化要素，则以农业为基础的植物文化、二元宇宙论、女性优势的社会制度、犁耕水稻以及使用金属工具等是该地域的特色。

东南亚世界四面临海，冒险者、航海家、渔民等从西北方向的印度和西亚等地、东方的中国和日本，以及东南方的南太平洋陆续到达这里。尤其是西北方面，印度人应该早在公元前后就到达东南亚。他们从大陆沿岸和岛屿等地获得当地特产，并运回印度销售。当时居住在大陆沿岸的孟族人、高棉人、占族人等长年与印度人交流，受到印度文化的影响，而岛屿地区的爪哇人等也同样受到影响。

东部方面，公元前2世纪中国人抵达华南地区和越南北部。其后，越南吸收、借鉴中国文化的框架建立了国家。

以下叙述公元前后航路与交流的概况。

通向印度与中国的航路

从印度出发的船只横渡孟加拉湾到达马来半岛，经陆路穿过马来半岛的中部或北部，或者从海路渡过马六甲海峡，这三条路线随着时代的变化而兴衰起伏。来自印度的船只从半岛各地的港口补给淡水和食物，之后再穿过泰国湾停靠在湄公河三角洲附近的扶南港口澳盖，此外也停靠在越南中部的占婆（日南郡、林邑），经过海南岛到达广州。

航路途中的各个港口成为各类货物的转运地，特别是岛屿

雕刻在婆罗浮屠上的船 这种刻在8—9世纪遗迹上的船只，被推断来往于遥远的非洲与印度尼西亚之间

地区出产世界需求的优质胡椒、丁香等香料。此外，焚香料和香木（龙脑、白檀、沉香等）被运往中国的宫廷和佛寺。印度人将以香料为首的商品，包括金银、珍珠、宝石、象牙、犀牛角、玳瑁（做龟甲用的海龟）等销到世界各地，从中国带回丝绸、工艺品等。

印度尼西亚人似乎很早就乘着带有舷外托架的船（Outrigger）出海到达非洲的马达加斯加岛。往来于印度与东南亚之间的船只与婆罗浮屠遗迹（约770—820）回廊浮雕上雕刻的船只属于相同类型。

4—5世纪，远洋航线的船只在波斯湾、南海利用季风扬帆航行。412年，中国求法僧法显（约339—420）乘坐定期来往印度、东南亚、中国的船只回到中国。该船大概载有两百人。2世纪中叶至4世纪，"海上丝绸之路"成立。东南亚就这样在本土社会之中消化外来文明，形成地域文化。

东南亚：多文明世界的发现

向中国朝贡与接受"天竺之法"

汉武帝的南征与来自印度的定期船只　在中国南部至越南北部，即现在的广东省附近，公元前3世纪时有一个地方政权叫南越国，公元前111年被汉武帝出兵征讨。

汉武帝的南征使中国与印度提早相遇，并开通了连接这两大地域的海上航路。

随着中国与印度交流通商的扩大，在海上贸易沿线上，具有等风地、转运地、物产集散地、淡水补给地等中转功能的港口城市出现在各地沿岸或河川港口。从港口城市的兴亡史来看，沿着航路往西，有缅甸南部孟族人建的国家、马来半岛西岸和东岸的中小港口城市、湄南河流域的港口城市、面朝泰国湾的扶南、中南半岛东岸的占婆（林邑）等。各地的港口城市和周边地域本来是自给自足的农耕社会，但通过海上丝绸之路传来了犁耕水稻、灌溉、宗教礼仪、王权思想、农具、文字、美术样式、武器等印度文化以及其他文化（越南地区则吸收中国文化）。当时东南亚各地本土的基层文化萌动，并发挥着作用。外来文化以传入的各宗教为代表，在漫长的岁月里与本土的宗教共存交融，进行着文化融合。

**中国与印度的使节在
"扶南"相遇**

据说柬埔寨的扶南国（国名载于中国史料）于1世纪初在湄公河的三角洲地带建国。澳盖遗迹（今越南南部安江省）中发现了2世纪的罗马钱币、青铜制的佛像和印度教神像、带有梵语刻纹的小锡板和戒指、玉串珠、伊朗和贵霜等受西方世界影响的工艺品、精致的宝石、凹雕、护身符以及中国风格的汉代夔凤纹铜镜等。229年，中国三国时代（1世纪90年代至280年）的吴国使节到达扶南。同时，贵霜（1世纪至3世纪左右）的使节也造访这里。

扶南国的兴盛从3世纪持续至6世纪中叶，国土从湄公河三角洲至湄公河中游，甚至达到湄南河流域以及马来半岛北部的东海岸地区。扶南的内陆地区通过排水造地、挖掘水渠等工程，将沼泽、湿地变为肥沃的耕地，中国史料记载的扶南向中国朝贡的记录达到了二十六次。4世纪末从印度而来的婆罗门㤭陈如即位，采取"天竺之法"改革扶南的诸项制度（《梁书》卷五十四《扶南传》）。"天竺之法"是什么仍是一个问题，但诸如宗教礼仪、王权观念、文字、美术样式、武器，以及农耕经济方面的犁耕方式和灌溉方式、农具等都被引进，最终都渗透到当地社会之中。

贸易立国的占婆王国

中南半岛东岸的南部居住着占婆人。其国土由安南山脉和垭口、隘路把守，易于防

　　　　　　东南亚：多文明世界的发现

御外敌，但腹地平原狭窄，国力和人力资源有限。然而，占族人是善于利用海洋的民族，他们在东南亚各地的沿海口岸以及内陆河畔建立了小型据点，收购、运输各地的特产。他们在连接印度、东南亚、中国的海上中转航线上负责印度经泰国湾至中

武景碑铭 东南亚最古老的梵语碑文。4 世纪后半叶，出土于越南南部

国的贸易与货运。三四世纪，占婆的地方政权中出现了能用梵语刻写碑文的当地势力。这是东南亚最古老的武景（Vo Canh）碑铭，制作时间据推断为 4 世纪后半叶。占婆持续北进，与当时中国的地方政府交战；并不断南进，与扶南进行了反复的斗争。此外，它也与中国保持通商关系，并进行朝贡（《晋书》《梁书》《隋书》等）。

　　印度文化在这里成为支配性力量，是自碑文中出现"占婆"一词的 7 世纪起，而其中文名依然是"林邑"（玄奘称为"摩诃瞻波国"）。到了 8 世纪后半叶至 9 世纪前半叶，中国又将林邑这一国名改为"环王"，877 年以后则称其为"占城"（占婆城的简称）。

**马来半岛至缅甸方面
的港口国家**

自 5 世纪左右起，东南亚和印度之间已经出现了定期往返的船只，开始与印度进行真正的交流。以连接东西世界的海上贸易为背景，利用季风气候的航海技术成熟，远洋船舶的造船技术也取得了进步。到了 7 世纪，中国唐朝的登场和西面伊斯兰帝国的出现加速了贸易的发展。在远洋航海的过程中，印度船舶（狮子船、天竺船）、东南亚船舶（昆仑船。或许是高棉船）等十分活跃，此外，伊斯兰商人所造的独桅三角帆船（波斯船）和大食船（阿拉伯船）也加入进来。这一时期亚洲贸易活跃，操纵独桅三角帆船的穆斯林商人进入东方，此后从唐代（618—907）后期至宋代（960—1279），中国商人驾驶戎克船进一步促进了贸易的兴盛。这种局面最终与 15 世纪之后的贸易时代连接起来。

在面朝马来半岛西岸孟加拉湾的下缅甸一带，孟族人很早以前就以直通地区为中心定居于此。骠人居住在沿着伊洛瓦底江流域的下缅甸至上缅甸的内陆部分。中心地区就在伊洛瓦底江中游流域的骠国（卑谬）附近。这就是达耶其达亚城（Thayekhittaya，梵语名 Sri Ksetra，即玄奘所说的"室利差呾罗国"），该国兴盛之际，遭到以云南大理为中心的南诏国进攻，于832 年灭亡。

7 世纪前后，缅族人自靠近中国的西北部开始南迁，至 9 世纪中叶开始定居在伊洛瓦底江与钦敦江合流的上缅甸。上缅甸原

东南亚：多文明世界的发现

东南亚古典世界的王国和都城 4—8 世纪

本广阔少雨的皎克西平原，自古就引水灌溉，种植水稻，成为缅族人生活的摇篮。

3—7 世纪，泰国的湄南河下游兴起了陀罗钵地王国（Dvaravati，玄奘称为"堕罗钵底"）。该国 6 世纪末至 8 世纪开展了繁盛的通商活动。中心区域所在的马来半岛的佛统府和乌通靠近出海口，该国也因贸易而繁荣(《旧唐书》卷一九七《南蛮传》)。

佛土三千世界的大遗迹与大型帆船

三佛齐与夏连特拉——7—9 世纪

印度与东南亚的海上贸易之路是地域间的物流通道，同时也是来自印度的精神价值体系的传播之路。笈多王朝时期，印度迎来古典文明的成熟，那烂陀寺带来了佛教教育的发展，在此背景下，传入东南亚的印度教和佛教在吸收了诸多本土信仰的同时，受统治阶层笃信。各地效仿印度寺院建立起庙宇，制作借用印度文字的碑文，地方作坊也生产神佛雕像。

东南亚各个港口城市被纳入连接印度、西方世界和中国的海上中转贸易路线当中，大量的物产运输因为大型帆船的建造、季风的运用、舾装技术及航海技术的发达而成为可能。这些港口组合成为连接印度、西方世界和中国的海上丝绸之路，海上交通呈现盛况并急速发展。新的东西通商发展的结果是，7 世纪中叶三佛齐在今天的巨港附近诞生，国土包括苏门答腊岛东岸至沿穆西河往上的内陆河岸地区。中国求法僧义净（635—713）于 671 年从中国乘船到达这里，所乘的船只就是波斯船。

同一时期，占婆王国在海上中转贸易中，通过采购及运输香料等获得收益，此外，他们还掠夺远洋航行的商船，从而获得巨额的利益（《岭外代答》卷二）。

三佛齐到底是个怎样的港口国家呢？在巨港，以国王为首的大多数居民都笃信佛教。根据最近关于三佛齐的研究（深见纯生），其发展大致经历了三个阶段：第一阶段（7世纪后半叶至8世纪中叶），以苏门答腊岛的巨港为中心；第二阶段（8世纪后半叶至9世纪），处于爪哇的夏连特拉王朝统治下，但它与爪哇主导贸易活动结合，并延续之前的交易；第三阶段（9世纪中叶至14世纪后半叶），随着夏连特拉王朝的急速衰落，再次以中国史料"三佛齐"的称呼登场。这一时期也有来自朱罗王朝的外敌入侵（1025）。

中国史料中所提及的诃陵国，即位于爪哇岛中部的夏连特拉王朝。

彰显王权的婆罗浮屠

在距日惹市内西北方向四十三千米的人工丘陵地带，矗立着"婆罗浮屠"（约770—820，一种说法认为婆罗浮屠是爪哇语"山丘上的僧房"的意思），这是一座具体表现佛土三千世界的寺院。一百二十米的四方基座上，矗立着五层的方形坛和三层的圆坛，最上层耸立着大型的佛塔，构成了壮观的石造寺院。回廊上的浮雕从入口往上长达五千米，一千四百六十个镶板浮雕以易懂的图画方式描绘了本生谭（佛陀的前世故事）、《华严经》等。造型和雕刻都具有

婆罗浮屠遗迹 边长一百二十米的基座上矗立着七十二座舍利塔和大佛塔

独特性。

婆罗浮屠寺院要表现什么呢？大致有以下几种说法：第一，表现大乘佛典《华严经》中菩萨修行的十个阶段；第二，大乘佛教提倡的三界之说（欲界、色界、无色界）；第三，因佛像整齐放置而提出立体曼荼罗说；第四，最近提出的 7 世纪末印度出现的《初会金刚顶经》（真言宗经典）的建立说。当时国王的统治力脆弱，因此要建造如此巨大的寺院。这是一座展示强大王权的佛教纪念建筑物。关于为什么建造巨大纪念建筑物，请参照后述的第九章。

7—9 世纪，东南亚在本土系统中消化来自印度的诸多思想，使其与当地固有的社会公共建设与独特的文化活动融会贯通，并形成东南亚型体系。这一时期也是建立具有独特理念的建筑、制作民族语言的碑刻、形成与印度风格相异的美术作品等的时代。这是一个通过碑文用本国语言记载历史、高度传颂的时代。此外，东南亚作为连接东西两世界中转贸易的要冲而被纳入其中，开始作为世界史中的重要节点而登场。

东南亚：多文明世界的发现

内陆型农业社会的发展——
9—11 世纪

9—11 世纪，东南亚诸王朝以农业为经济基础，开垦可耕地，确保人口资源，摸索建设新型国家。在文化领域，它们继续将从印度、中国吸收的精神价值体系置换到各地独特的文化结构当中，比如各居住点的独特建筑（王宫、寺院等）、反映地方特色的当地美术、佛像、工艺品，以及本国文学的创立、由民族语言写成的王朝编年史等。本土文化开始显现。

越南于 10 世纪赶走了此地的中国官员并取得独立，但各地豪强割据，日复一日地对抗。1009 年，越南李朝（1009—1225）建立，虽然这个时代的越南社会并非"中国式"的，但是国王们将自中国传入的佛教摆在人们面前，炫耀神圣的王权。中国式思想逐渐被以越南的方式理解，似乎固定下来。

马六甲海峡是连接印度、西方世界与中国的海上丝绸之路的要冲。9 世纪中期，中文名称叫作"三佛齐"的诸港口联合国家登场亮相。独占了连接印度与中国海上中转贸易的三佛齐在 10 世纪后半叶至 11 世纪初迎来了鼎盛时期。

南印度的朱罗王朝（9—13 世纪）于 1015 年首次向中国派遣朝贡使节，但盯上了途中处于繁荣时期的三佛齐的富裕，1025 年派遣大型舰队攻击三佛齐位于苏门答腊岛和马来半岛的主要港口，掠夺了巨额财物。朱罗王朝的侵袭使得三佛齐蒙受巨大打击，逐渐走向衰退。

另一方面，在以东爪哇为据点的谏义里朝时期，由于西面强敌三佛齐遭受朱罗的侵袭，贸易集散地转移到东爪哇的海港，各国船只往来于此，商业交易活跃。特别是丁香和肉豆蔻等香料的贸易。谏义里国的政治在远离海岸的首都谏义里盆地进行。在该国腹地肥沃的盆地中，灌溉水稻耕作发展，高人口密度的内陆型农业社会发达。其宫廷内盛行爪哇语的本国文化和艺术，在建筑和雕刻等方面，爪哇中部残留的浓厚的印度式理念及其原型被爪哇式理念取代。

在大陆地区，缅甸蒲甘王朝登场。蒲甘的都城建于伊洛瓦底江的中游东岸。蒲甘阿奴律陀王（1044—1077年在位）统一了许多区（kayain，大型村落）并四处征讨。这一远征的意义在于：第一，引入了上座部佛教；第二，将统治区域扩展到下缅甸地区；第三，在文化意义上，将孟族文化带入蒲甘，国家使用孟族文字书写缅甸语；第四，给蒲甘带来了砖造的佛塔。

根据记载国王活动的玛则迪（Myazedi）石柱碑文，我们可以清楚地知道缅甸语言的演变过程。在11世纪末的蒲甘，除缅甸语和巴利语之外，也有人说孟族语和骠族语；他们借用孟族字母来拼写缅甸语，巴利语则固定成为上座部佛教用语。

到了12世纪前半叶，蒲甘王国逐渐接受了从斯里兰卡传来的大寺派（摩诃毗诃罗住部）上座部佛教。大寺派在缅甸生根立足，并从这里通过陆海两路积极向暹罗（泰国）、柬埔寨和老挝传播，最终使上座部佛教成为王公贵族和高级官员的信仰，并渗透到各个村落。

蒲甘末期的诸国王皈依佛教，正可谓"佛寺成而国灭"。当时中国的元朝统一云南，曾四度要求蒲甘臣服并朝贡。由于遭到蒲甘国王的拒绝，元军于1287年攻占蒲甘，马可·波罗在《马可·波罗游记》中详细叙述了元军进入蒲甘时的状况。

蒲甘时代的遗迹 《马可·波罗游记》中所说的蒲甘是缅甸最早的统一王朝的所在地，图为从苏拉玛尼寺院眺望的风景

光荣的东南亚世界与新兴的傣泰族群

新旧势力交替的东南亚——12—13世纪

这一时期，东南亚的地方首领或诸小国在海上交易沿线或内陆河畔反复上演着兴亡盛衰。以经济基础来区分的话，可分为两种类型，一是以海上中转贸易与区域贸易为基础的三佛齐与占婆等国，另外一种是以内陆农耕及水利设施为基础的吴哥、蒲甘、谏义里、越南李朝等。各国取得各自的发展，铺展开了一幅华丽的王朝画卷。

另外，自公元伊始便逐渐浸入东南亚的外来印度式、中国式

东南亚古典世界的展开 9—13 世纪

诸文化被本土文化覆盖，漫长岁月消化的结果是，12 世纪各地
具有独特民族特色的内发型文化发展成熟。柬埔寨的吴哥王朝
以印度教和大乘佛教为媒介实现了自身的发展，缅甸的蒲甘王朝
笃信上座部佛教，越南的李朝信奉大乘佛教和儒教等，爪哇的
谏义里朝信仰印度教等，各国一起创造出了各具光芒的东南亚古

东南亚：多文明世界的发现

典世界。所有宗教都被重新安置在与本国宗教相异的东南亚式的文化结构之中。

此后的13—14世纪，是东南亚世界进入新旧势力更替的大变动时代。大陆地区的吴哥、蒲甘、占婆和孟族人所建立的哈里奔猜，岛屿地区的三佛齐、谏义里、信诃沙里等王国都衰弱并走向灭亡。取而代之的是越南的陈朝、侗台语的素可泰和清迈、下缅甸孟族人所建立的勃固、东部爪哇的满者伯夷等新兴王国的崛起与发展。

在此过程中，曾经作为立国思想的印度教、大乘佛教衰退，被上座部佛教和伊斯兰教取代，其背后则是经济、社会方面的变化。在大陆地区，上座部佛教在从孟族人到缅甸人，进而到泰国、柬埔寨、老挝的各个族群中传播。同时，伊斯兰教渗入岛屿地区的各个村落。

在外部，元朝的远征军攻入东南亚各地，缅甸的蒲甘王朝（1044—1299）和爪哇的信诃沙里王朝（1222—1292）由此灭亡，占婆也遭受到打击。越南的陈朝三次击退元军（1257、1258、1287—1288），通过抵抗唤起了民族的觉醒。陈朝将目前为止传来的中国文化重新放置在越南式的框架之中，并使其获得发展。例如，它任用儒教官僚（文绅）来促进中央集权化，由本国文字字喃产生本土文学，而且修建起广阔的农耕地轮中（用堤坝围起来的土地）。

傣泰族群的兴起与政治空白——13—14世纪

据说傣泰族群的故乡在云南一带。在傣泰族群中，泰（暹罗）人是其中的一支。

关于泰人的进驻，11世纪的古占语碑文、12世纪前半叶吴哥窟寺院第一回廊南面浮雕的图像和碑文都有所记载，据此可以得知泰人在12世纪前后来到湄南河一带。从东南亚史的角度来看，13世纪后半叶是元军给东南亚各地带来冲击的时代。

在这样的政治空隙下，傣泰族群于13—14世纪，作为小王国或者地方政治势力实现了各自的发展和扩张。北部的清迈王国（兰纳、兰纳泰）、中部的素可泰王国、湄公河上游的澜沧王国（琅勃拉邦）以及稍后于14世纪中叶在湄南河下游所兴起的大城王国、蒲甘灭亡之后的14世纪在上缅甸地区掌握霸权的掸人所建立的王国等，都属于广义上傣泰族群所建立的国度。13—14世纪可以说是傣泰族群的世纪。

素可泰的建国者、首领印拉弟王（Sri Inthrathit）在1220年建立起最早的泰人独立国家。首都素可泰是繁荣了两百余年的王都，由东西宽一千六百米、南北长一千八百米左右的环壕和三重城墙包围，四面都有城门，城内还残存王宫和寺院的遗迹。第三代国王兰甘亨（Ram Khamhaeng，1279—1298/1316年在位），将领域从湄南河流域向东北扩展到达琅勃拉邦，向西到达缅甸的马达班和勃固，向南则到达马来半岛的洛坤。通往勃固的道路经过来兴、美索、马达班，成为了通向印度、孟加拉湾的贸易之

东南亚：多文明世界的发现

路。国王从洛坤招募高僧，并笃信大寺派的上座部佛教，将上座部佛教定为立国的精神价值体系。1350 年，素可泰向大城王国的拉玛铁波底王（乌通王）投降，1438 年成为臣服于大城王国的地方政权。

华侨与伊斯兰势力的到来

走向多层化、多样化、复杂化的东南亚——13—14 世纪

13—14 世纪的东南亚，通过从事海上贸易的中国商人或当地华侨与中国世界接通起来，同时又以穆斯林商人为媒介同印度世界相连。旅行家伊本·白图泰（1304—1368？）也经由东南亚到达当时中国的元大都。

在位于岛屿地区的爪哇岛，信诃沙里王国建立。该王国从前代王朝那里继承了爪哇文化，并在建筑、文化艺术等领域发展出独特的文化。它在 13 世纪后半叶控制了印度尼西亚海域的贸易，达到了鼎盛。其后，爪哇文化的发展由满者伯夷王朝继承。

越南的陈朝（1220—1400）在红河三角洲开展治水事业，扩大了农业生产力，从而充实了国力。陈朝军队三次击退元兵，增强了民族团结，紧急之时全民皆兵。然而，元朝的军队也沉痛打击了陈朝。随后黎朝（1428—1789）进一步名副其实地推进"小中华"的国家体制，越南化的中国诸制度扎根，进而转变成越南风格并成熟繁盛。

黎朝 1428 年统一越南全境，在 1471 年再度进攻占婆王国，但这并没有导致占婆灭亡。占族人在中南半岛和马来半岛各地的沿岸以及内陆河畔地区有集聚物产的据点。通过这些据点和持续的贸易活动，占族人成为穆斯林。

黎朝实权掌握在再兴派的武将郑氏手中，后来阮氏脱离黎朝再兴派，将活动中心转移到越南中部的顺化。郑阮两氏南北分立，从 1627 年开始一直持续了近五十年的战争。即便在南北对立的时代，阮氏依然向南持续扩张。此次"南进"构建起越南历史的重大轮廓，其基本目标是为农民获得新田地。

上座部佛教的渗透——从缅甸到东南亚大陆各地

在大陆区域（除越南之外）诸国，上座部佛教没有破坏原来的各类信仰，不断得到国王的皈依，并渗透到村落当中。从 11 世纪起，属于傣泰族群的老挝人在湄公河沿岸的河谷平原以及许多山间盆地、山坡的缓坡等地建立起数个小国和地方政治势力（Muan）。1353 年，以琅勃拉邦为中心，老挝历史上最早的王国澜沧王国（意思是"一百万头大象"）兴起。进入 17 世纪后，英豪苏里亚旺萨（1637—1694 年在位）国王即位，给澜沧王国带来了安定与繁荣。

同时，进入上缅甸地区的傣泰族群掸族人控制了属于谷仓地带的皎克西地区，1346 年于曼德勒附近建立起阿瓦王国

（1346—1555）。在下缅甸地区以孟族人为中心成立了勃固王国，定期与印度、马来半岛、印度尼西亚海域和中国进行通商，塔班湾、勃固、勃生等港口城市繁荣起来。

其中，缅甸三个主要区域是掸族人控制的上缅甸、以孟族人为中心的下缅甸，以及蒲甘王国灭亡之后许多缅族人再度集结的位于东南部的东吁地区。国王莽瑞体于1538年攻陷孟族人的勃固王国，并平定了全缅甸。第三代国王莽应龙（1551—1581年在位）征服了再度实现国内统一的清迈王国、大城王国和万象王国，最大限度地扩展了缅甸的版图。其首都勃固达到了光辉灿烂的顶点，繁荣的景象被旅行家们传颂。

民族国家的原型世界形成

上座部佛教与伊斯兰教的本土化——14—16世纪

东南亚的历史形成受到印度和中国从政治、经济到文化诸多方面的影响。从印度传来了两种新的精神价值体系，即伊斯兰教与上座部佛教，在这一世纪都有新的发展。伊斯兰教在岛屿区域、上座部佛教在大陆区域扎根于民众心中。无论是哪种宗教，都没有打败当地遗留来的泛神论，只是代替了之前的大乘佛教、印度教等思想，快速渗透到当地社会并发展起来。

地区统治者和实力派为了确立新的权威，吸收各种信仰，将

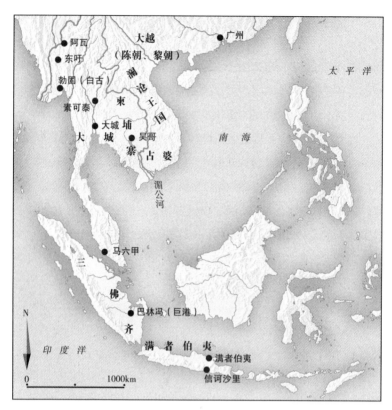

14 世纪的东南亚世界

其利用到政治上，并在村落里建设起新佛寺和清真寺。13—14 世纪前后在爪哇东部繁荣起来的海洋王国满者伯夷，围绕王位继承，内部出现对抗，由此走向衰退，势力范围急速缩小。到 14 世纪末，马六甲苏丹王国逐渐崛起。

进入 15 世纪，马六甲苏丹王国（后文详述）加入明朝的庇

东南亚：多文明世界的发现

护伞下，利用巧妙的外交政策，发挥了连接印度、爪哇、中国等地区的海上贸易中心的作用。在大陆沿海地区，缅族人建立的勃固王国作为连接马六甲海峡与波斯湾的中转贸易站而繁荣起来，向外出口大米等。首都勃固聚集了各地来的寻求佛法之人，上座部佛教取得了大发展。

大城（又名阿育陀耶）王国于1351年建国。位于三条河流汇集的三角洲地段的大城，既是河流港口又是王国的都城。大城是一个政治与经济结构性联系在一起的港口国家。从它的选址条件来看：第一，三角洲地带具有广阔的耕作地；第二，通过湄南河、帕萨河、华富里河三条河流，可与泰国中部、北部联系；第三，作为内陆的河港，通过河流与南海相连，陆路上也与孟加拉湾相连。

大城是沟通南海与孟加拉湾贸易路线上的要冲，是经由孟加拉湾与南海汇集起来的东西方物产的配送中心。作为港口国家，大城此时极为繁荣，国王因极其富裕而被称作商人之王。17世纪前半叶，大城都城内的日本人街有一千五百多名日本人居住，山田长政（？—1630）得到颂昙王的信任，身居高职，但被杀身亡。

当时的大城国王行使着绝对的权力，一切都来自国王，也归国王所有。居民要服六个月的赋役，可通过支付货物豁免。国王投资孟加拉湾至南海的贸易，并垄断用于出口的货物，即实行王室管理的贸易。

山田长政　他受到大城国王颂昙王的重用。静冈市浅间神社藏

18 世纪的大城对外国逐渐加强警戒，同时向着锁国的方向发展。此时，缅族贡榜王国的创立者雍籍牙率领远征军包围了大城。1767 年，大城陷落。缅族人的进攻致使大城被彻底地破坏，王国繁荣之处化为堆积成山的瓦砾。该国后来被郑信（1767—1782 年在位）将军所救，由拉玛一世（1735—1809）迁都至曼谷。

柬埔寨的后吴哥时代

建国不久，大城就在 1352 年左右攻击了柬埔寨所属的东北泰地区。1371 年，那里再度遭到大城的攻击，吴哥城沦陷。1431 年，在经历了七个月的围攻之后，吴哥城再度被攻陷。

虽然缺乏有关吴哥城陷落的史料，不清楚其详情，但大城之后再次执拗地出兵柬埔寨。1470 年以后，柬埔寨承认了泰国的宗主权，一直持续到 1863 年。

吴哥城陷落之后，吴哥王国还陆续迁都至金边、柴桢、洛韦、乌栋。大城王国于 1794 年合并了马德望、暹粒、诗梳风三州。

　　　　　　　　　　　东南亚：多文明世界的发现

在柬埔寨东部地区，越南人逐渐移居到湄公河三角洲地带。越南黎朝也于 1623 年进入柬埔寨所属的普利安哥（现在的胡志明市附近）。结果，从 18 世纪后半叶起，柬埔寨处于越南和泰国两方统治的状态，1841 年最终被越南的阮朝合并。柬埔寨的后吴哥时代处于泰国和越南的双重宗主权下，连存续都岌岌可危。

在越南统治下的柬埔寨在 1845 年因不满而发动起义。此次起义总算成为柬埔寨再兴的契机。其间，从曼谷回国的王位继承者安东向两国提出议和，于 1847 年在两国的承认下即位也就承认了两国的共同宗主权。

马六甲苏丹王国的繁荣——亚洲的大航海时代

在岛屿区域，从 13 世纪开始，爪哇化的印度教（湿婆派）与大乘佛教成为爪哇东部的信诃沙里王朝及后续的满者伯夷王朝立国的精神基础。满者伯夷在 15 世纪初发生的王位继承战争（1401—1406）中初现衰退的征兆，一些附属的地方势力也开始脱离。

16 世纪初期，被爪哇北岸新兴的伊斯兰国淡目国所征服，残存于都城谏义里的势力也于 1527 年灭亡。12—13 世纪，海上贸易的主导权主要由华人团体掌握，印度裔的伊斯兰商人也开始在海上贸易活动中具备实力。15 世纪初，马六甲苏丹王国趁着满者伯夷的衰弱，在马来半岛马六甲海峡附近建国。

马六甲苏丹王国起初从属于大城王国，郑和七下西洋远航时

（1405—1433），它也提供补给基地。此外它赶上了香料需求扩大的时代浪潮，作为连接欧洲、印度和中国的国际贸易港口而繁荣起来。马六甲苏丹王国也提供了伊斯兰教在东南亚的传播基地。苏菲（神秘主义者）信徒们进入穆斯林商人到达的地方，当地社会不久信仰起了伊斯兰教。1511年，作为要冲的马六甲苏丹王国被葡萄牙人占领。

伊斯兰教在岛屿区域、上座部佛教在大陆区域都扎根在民众当中。无论哪种宗教，都没有打败过去存续下来的诸信仰，而是与之混合并被替换。伊斯兰苏菲主义的长老们（指导者）和上座部佛教禁欲主义的僧侣，在各地提倡救赎灵魂并在许多民众眼前修行。地区统治者们积极吸收这两个带有明确理论的新宗教，为保持自身地位所需的权威而引进，并将其作为后盾。

值得注意的是，自15世纪前后开始，各地都以自己的民族语言编修法典、记录历史等。例如，较早的有宫廷编年史《爪哇史颂》（1365）、古马来语的《马来纪年》以及马来古典文学《亚齐志》（*Hikayat Aceh*）系列的传承文本、越南的《大越史记全书》（1479），后来出现的柬埔寨《王朝年代记》（1796），泰国的《三印法典》（1805）以及与之相连的传统法集成及王国史等的《纪年》（*Phongsawadan*，帝王史）、《丹南》（*Tamnan*，古文书），缅族人的王朝史《琉璃宫史》（18世纪前半叶）系列著作等。这些著作不胜枚举，促进了各地民族的觉醒，宣告新时代的到来。15世纪以后的贸易网中，东南亚被裹挟到中央，以中转的方式成为连接中国南部到印度南部各个港口的东西贸易的主干道。

中世东南亚的大商人国王 对于到此为止的东南亚世界的历史发展，我通过那些瞩目的王朝、民族、地域等分别描述。这些是片断性的概论，或许属于囫囵吞枣式的描述。不过，至关重要的是，超越时间和空间的农村、渔村等依旧存续，在任何地方都亘古未变，名字不为人知的普通民众在此生活。至此为止的历史叙述中，这样的居民并没有出现。

接下来，我想立足于东南亚式的历史基础，在世界史的脉络中解读，从 15 世纪开始，这里形成并发展了什么样的东南亚式的时代特色，呈现其大体的趋势。从古至今，东南亚诸国的经济基础都是农业。概括来说，拥有一定广阔统治领域和居民的区域王国，大致都诞生于三角洲的河岸周边，其腹地的耕地带来了人口的增加，带来繁荣，进而上演王国的盛衰兴亡。

在东南亚的农业生产中，形成高人口密度状况的是水稻耕作。建设灌溉设施就是借助地区居民的力量修建堰堤、运河、蓄水池和堤围地等。这些设施显示出跨越地区范围的统合力以及民众集团的力量等，同时，灌溉工事的惠及效果最终使地区的王权基础得以确立，并带来王国的发展。

王国的发展，意味着无论如何负担还是会重重地压在居民身上，他们要承担所有的租税和徭役。针对王国过于苛刻的负担，居民们以起义对抗，但并没有获得胜利。

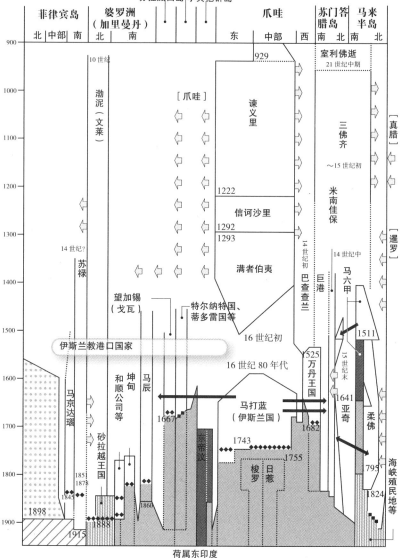

东南亚诸国的兴亡 (900—1945) 据桃木至朗等编《新版了解东南事典》(平凡社, 2008 年) 增改。原图由富田晓、冈田雅志制作

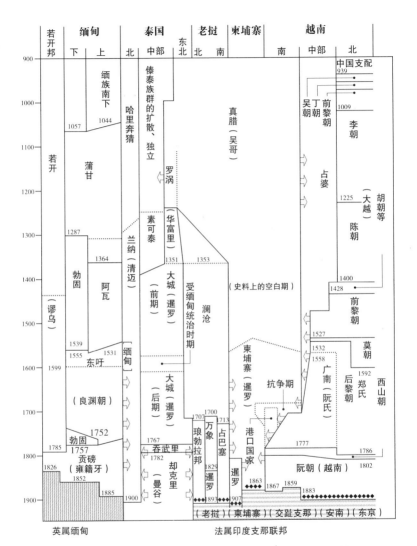

| 若开邦 | 缅甸 | | 泰国 | | 老挝 | 柬埔寨 | | 越南 | |
| | 下 | 上 | 北 | 中部 | 东北 | 北 南 | | 南 | 中部 | 北 |

900
1000
1100
1200
1300
1400
1500
1600
1700
1800
1900

缅甸方面

若开 — 谬乌 — 1826 / 1852 / 1885 / 1900

缅族南下 1057 / 1044
哈里奔猜
蒲甘 1287
勃固 — 兰纳（清迈）
阿瓦 1364
1539 / 1555 / 1531
东吁 — 缅甸
（良渊朝） 1599
勃固 1752 / 1757 / 1785
贡榜（雍籍牙）

泰国方面

傣泰族群的扩散、独立
罗涡
素可泰 — 华富里
大城（前期） 1351
大城（后期）
吞武里 1767 / 1782
却克里（曼谷）

老挝方面

1353 受缅甸统治时期
澜沧
（史料上的空白期）
琅勃拉邦 1700
万象 1707 / 1829
暹罗 713
占巴塞 1893

柬埔寨方面

真腊（吴哥）
柬埔寨（暹罗）
抗争期
港口国家
暹罗 1863 / 1867 / 907

越南方面

中国支配 939
吴朝 丁朝 前黎朝 1009
占婆 李朝
胡朝等（大越） 1225
陈朝 1400 / 1428
前黎朝 1527
莫朝 1532 / 1558
广南（阮氏） 后黎朝 郑氏 西山朝 1592
1777
阮朝（越南） 1786 / 1802
1859 / 1883

（老挝）（柬埔寨）（交趾支那）（安南）（东京）

英属缅甸　　　　　　　　法属印度支那联邦

殖民地（保护国、保护领、直辖领）　◆◆◆ 从属化、成为应保护国的年份　⇨ 表示宗主权等影响力

葡萄牙　西班牙　荷兰　英国　法国　美国

15—17世纪，新王国在东南亚各地逐个兴起，崛起的背景是经济基础的扩大，以及迎接大航海时代的更加广阔的贸易网络的形成。比如，在大城国王手下负责贸易的人们未能形成中产阶层，部分原因在于：第一，相比货币经济，自然经济处于更加优势的位置；第二，资本积累不充足；第三，国王掌握所有的财富和军事力量；第四，庶民出身的官员负责商业，只能发挥有限的作用，作为商人也不具有独立性，一直位于社会的下层；第五，通过商业贸易而获得的巨大财富，用于满足国王、王公贵族奢侈的日常生活，建设华丽的王宫、涂有金箔的大型寺院。东南亚没能做到资本的积累。

此外，第六，王权强化所带来的各种约束和限制妨碍了通商自由；第七，国王出台针对特殊商品的专卖制度，提高租税和关税，甚至垄断原料的出口权。

从世界史的脉络思考，15世纪以前的欧洲是怎样的呢？确实，相比亚洲世界来说，欧洲在物质生产上远远落后。但是，大约在17—18世纪，欧洲积累面向产业革命的技术，成功实现棉纺织品的机械化，并取得爆发性的经济增长。这些是从印度等国掠夺的结果。

与之相比，东南亚如何呢？这里依然处于旧有专制的保守主义之下，技术开发和新思潮发展方面受到限制而停滞，原因大概是他们沿袭了低端技术和思考方式吧。此外，人口的增加以及开垦用地已经达到极限也是原因之一。17—19世纪，欧洲以武力等控制亚洲诸国，谋取利益，不断进行血流成河的争夺战，试图实行彻底的掠夺。在经历了被殖民地化之后，东南亚人明白了历史绝不是等来的。

欧洲的进入

寻求市场——17—19 世纪

17 世纪中叶，欧洲在东南亚岛屿区域谋求的主要物产是胡椒、肉豆蔻和丁香。荷兰东印度公司（VOC）等以强权与当地酋长（苏丹）们缔结垄断契约，确保在稳定的价格下进行廉价贸易。用这种方式从东南亚获得的香料等物品被交换成印度的平纹细布和棉布、中国的瓷器和丝绸。荷兰东印度公司能够赶走欧洲的其他竞争者，在 18 世纪后半叶开始取得强势发展，就是因为实施了这种掠夺性的垄断契约。

荷兰加强对马来西亚的新山、马六甲、巨港等地的控制权，并把雅加达改名为巴达维亚，作为亚洲活动据点的中心。17 世纪 80 年代，荷兰在东印度尼西亚、爪哇岛以及西部岛屿也建立了贸易垄断体制。荷兰东印度公司在领土方面似乎也拥有了实权，1777 年，它确立了包括爪哇东部在内的爪哇全岛的统治权。

从结果来看，美国的独立战争给荷兰东印度公司带来了打击。与美国合作的荷兰，海军遭受到毁灭性的打击，船舶航行和通商活动都不复往日。从此以后，英国获得了制海权。

最终，产业革命从根本上改变了欧洲与亚洲的关系，创造了与上个世纪之前完全相反的现象。英国投入大规模生产所得的工业制品以及从印度等国获得利益，确保对亚洲各个市场的占有。

英国、法国发展了产业革命，开始在巨大的中国市场寻求商品销路。这两大势力在中南半岛构筑起各自的地盘，在此迎来了帝国主义时代的开幕。

英国出于战略上的权益（取得对印度东北边境的控制）立场，将目标锁定在缅甸，在第二次英缅战争（1852）中吞并了下缅甸区域，夺取了从内陆的宫廷到海洋的出口。结果，英国增加了向泰国的压力。1855 年，英国通过《鲍林条约》在泰国获得治外法权。由此之后，泰国被卷入以近代国际秩序为前提的世界贸易体制之中。法国关心的则是越南。由于苏伊士运河的开通（1869），这时人们开辟了更近的重要航线，不通过巽他海峡而是经由马六甲海峡抵达中国、日本。

19 世纪末期，美国这一新兴帝国主义国家也在东南亚舞台登场。美国从西班牙获得菲律宾诸岛。为了完全征服诸岛，美国耗费了七万士兵和四年时间。

20 世纪初期，东南亚被英国、美国、法国、荷兰各国分割。此地区诸国中只有泰国勉强保持了独立。

**反外国运动展开——
19—20 世纪**

欧洲等帝国主义的侵略促使原先王国的高官们奋起反抗。这些高官获得了当地人民的支持，在各自的爱国热情下，开展了广泛的反外国运动。然而，这些反对欧美的抵抗势力与欧美帝国之间的战斗力相差悬殊，高级官员和指导者阶层的抵抗运动没有发动起民族全体，个别进行的起义渐次被镇压。

到 20 世纪初，欧美坚固的殖民地统治基于"平定"无数起义和反抗的武力背景及举措。欧美帝国主义在确保享有行政权的同时，又开始投资开发，旨在更进一步地掠夺。各国都开始采取措施，谋求这种政治稳定及可获利的殖民地开发。

尤其是资本投入和商品作物的开发，催生了当地此前从未有过的新社会阶层：从事商业或家族作坊等的人、作为殖民地官员候补的小官吏及教员、技术人员以及种植园或矿山的劳动者阶层。这些社会阶层的人不久就成为反欧美运动的先锋，继之发动民族性的反抗斗争。民族运动的先驱们意识到，为了毅然决然地对抗欧美，必须学习并运用欧美的理论和技术。

亚洲民族运动的先驱们开始热心研究欧美科学。"近代化"这一精神拒绝回顾过去的时代。日本在 1905 年取得了日俄战争的胜利，中国的康有为、梁启超等发起变法自强运动，而且 1911 年爆发的辛亥革命、孙中山的三民主义等影响渗透全中国。在印度，国民会议派强力推进自治（Swarāj，独立）运动。这些新兴社会阶层悄悄地研究欧美伟大思想家的作品。他们都醉心于美国的独立宣言、1789 年法国大革命的精神、承认民族自治权，以及很靠后的马克思列宁主义等。

当地人这种理智的动向，与刚刚诞生不久的当地阶层的愿望相呼应。随着贸易的发展，过去低端技术的生产活动失去作用，东南亚被埋没在欧美的市场中。

第一次世界大战致使西欧列强衰退，东欧诸民族国家的登场，1917 年 10 月的俄国革命使民族主义政党大幅出现，1930 年，亚洲也爆发了大规模经济危机。

第二章

吴哥王朝发现史

回看约一百五十年的王朝研究史

**吴哥窟的历史是
如何阐明的?**
无论谁站在吴哥窟的面前,脑海中都会
情不自禁地涌出种种疑问:谁建造的?什
么时候?为何而建?这是自然而然的事情。
要解答以上这些问题,必须要从记载吴哥窟时代的史料是如何
形成开始说起。

第一,当时的柬埔寨没有纸。代替纸充当记载工具的是糖
棕叶制成的"贝叶"。这是从印度传来的方式,经典及国王的命
令等需要记录的东西都写在贝叶上。现在的上座部佛教的经典
也还是记在贝叶上。然而,贝叶属于棕榈的叶,缺点是容易被小
虫啃食。因此,当时的记录者们认真地重复书写,传承写本。这

些记载由于战火和积年累月的虫害全部消失了。因此，历史记录缺失，我们无法知道那个时代的历史了。

第二，许多人在当时惨烈的战斗中战死，致使这段历史完全被遗忘。东南亚大陆区域的战争是"实力即正义"的激烈消耗战，涉及王朝与民族存亡，以国王为首的高官、官吏和宗教事务官等全部战死。村民也被征召为士兵，加入战斗中，但多战死沙场。幸存的人们被作为俘虏带走。当时的人力资源十分珍贵，俘虏被作为修建寺院、开凿运河等的劳力，成了回不去的人。尤其是大城和吴哥自1353年左右发动战争以来，进行了数次大规模的交锋。1431年左右，大城的军队包围了吴哥的都城（现在的吴哥城），战斗可谓是肉搏战，在杀与被杀的消耗战后，吴哥的都城成为灰烬。但是，吴哥窟在都城外一千七百米以南的地方，因此并没有被战火破坏。

第三，虽然当时传世的碑刻文字史料并不充分，但它们依然握有解读这段被遗忘的历史的钥匙。碑刻文，如字面意思一样，是雕刻于寺院或小庙的厚石板、石柱、侧壁等表面的一种碑文，是由过去国王和高官们书写的一种供奉记录，都是以梵语和古高棉语书写成的。

那么，碑文记载了什么样的史实呢？大体概括起来，其内容首先是关于皈依、供奉神佛，接着是对国王的赞辞等，文末最后则以咒语结束，具有强烈的宗教色彩。通过解读这些内容，从中抽出当时一般社会的概念，帮助解读历史，但碑文大多都没有言及当时的社会。此外，碑文是片断式的特殊文书，十分难懂，加上雕刻表面剥落，解读更加困难。

第四，不过，中国文献中对吴哥窟的记录，可以对吴哥窟历史做部分补充。汉文史料提到古代和中世柬埔寨，有助于解读历史。中国自古称东南亚为"南蛮"，正史记载了大量的当地见闻和传闻信息。其中，对柬埔寨前吴哥王朝时代的"扶南"和"真腊"的记载尤其多，中国人从自己的视角出发，描绘了当时的日常生活，作为第三方的史料，可信度颇高。中国人虽然对南蛮有偏见，但也有从外国人视角对其历史的客观评价，以及对认可的内容的叙述。尤其是 13 世纪末，随元朝使节访问吴哥王朝都城的周达观所写的实地史料《真腊风土记》，是了解当时柬埔寨社会的一手史料，本书也多次引用，用来说明历史。

西欧最早的发现

大城攻陷了吴哥都城之后，仍数度出兵柬埔寨，1470 年柬埔寨被迫承认大城王国的宗主权。

16 世纪末，葡萄牙人迭戈·德·科托有如下记载：

> 大约在 1550 年或 1551 年的时候，柬埔寨的国王为狩猎大象而进入茂密的森林。（中略）国王（的随从们）在热带低矮的树林中劈开一条路前行，前面突然出现了巨大的建筑物。建筑的内部树木繁密，以致即便想进入也不可能。

[格罗利埃（B. P. Groslier），《西欧眼中的吴哥——水利都城吴哥的繁荣与没落》，联合出版，1997年]

　　高棉人由此初次发现了自己祖先活动的遗址。

　　关于此次"发现"的史实，当时的西班牙人、葡萄牙人都更是详细地报告："令人惊讶的是，当地的居民谁都没在这个都城内待过，里面住着的只有野兽和猛兽。"

　　根据当地中世碑文，1546—1564年，安赞一世下令在尚未完成的吴哥窟的北回廊和东回廊（北侧部分）雕刻浅浮雕。此时的高棉雕塑工明显受到大城王国暹罗美术的影响。

　　这个时期恰值缅甸东吁王朝国王莽应龙攻占大城都城的（1569—1584）十五年。对于柬埔寨来说，这一时期对暹罗的战争暂时停止，享受了短暂的和平。

　　安赞一世之孙萨塔王（1579—1595）移居至旧吴哥都城，并时常在吴哥遗迹驻留。中世的碑文中记载国王"将这些'寺院'按照往日风貌修复"。但是，如今看来，那些修复作业粗糙，不过尔尔。

　　然而，为恢复吴哥地区昔日的繁荣，萨塔王似乎命令修筑水利网络。科托认为，当时吴哥城内的小运河可以使用。

　　如何从大城的压力下逃脱是他们的重要课题。后吴哥时代的国王们数次迁都至以金边为首的几个地方，使都城逐渐缩小。可以说他们连思考夺回并重建伟大的吴哥帝国的时间都没有。然而，

亨利·穆奥（左）与吴哥窟（右） 亨利·穆奥向世界介绍吴哥窟遗迹，被称为"吴哥窟的再发现者"。右图为 1863 年所作

从 16 世纪开始，似乎作为灵验、神圣的上座部佛教的圣地和巡礼之地，吴哥窟受到国内外的高度赞誉。不知何时，朱印船贸易时代的日本航海者中开始流传吴哥窟就是传说中的祇园精舍的说法，遥远的日本也知道了它。祇园精舍是印度拘萨罗国（Kosala，公元前 6 世纪左右在恒河中游兴起的王国）的僧庙，传说佛陀曾在此讲法布道。当时的日本人超越时空，认为它就是祇园精舍的遗址。

除此之外，吴哥窟被发现的故事也很令人感动。

事实上，19 世纪中叶，当时在马德望的法国神父布意孚在旅行日记中提到了吴哥遗迹的存在。然而，神父虽然知道遗迹真正所处的地方，但并没有向世界公布，也不知道吴哥遗迹的历史价值。

同为法国人的博物学者亨利·穆奥，从泰国的尖竹汶府乘舢板（小舟）到达贡布，经由金边到达吴哥。他于 1860 年 1 月 22

日到达暹粒市并驻留了三周，实地造访了附近的遗迹，特别是由尖形佛塔、回廊、阶梯组合而成的威武的吴哥窟。他从这些遗迹精美的楣石和山墙、秀丽的浮雕和雕刻等推测，直观地意识到当时的文化十分发达。于是，他的卓越见识认清了吴哥遗迹的重要性，并向世界介绍这一壮丽的石造建筑群及其美术。因此，穆奥也被称为"吴哥的再发现者"。对此，布意孚提出抗议，认为自己才是向西欧介绍吴哥的最早发现者。

被吴哥魅力折服的男人们——碑刻学开端

接着，四年后，德国学者阿道夫·巴斯蒂安在穆奥之后造访吴哥。他迅速判断出吴哥遗迹乃是古代柬埔寨帝国的重要王都，并对墙壁上雕刻的碑文特别关心，认为它们传递着当时的史实。他尝试着对碑文进行解读和翻译，但并未成功。然而，巴斯蒂安依然是将碑文作为解读当时历史史料对待的第一人。

当时，法国对柬埔寨抱有的帝国主义野心之一，是为了更彻底地统治法属领地"交趾支那"（现越南南部）而要控制其腹地。法国派遣军舰至湄公河，对柬埔寨施压，并于1863年缔结了保护条约。

同时，法国还想通过湄公河开拓去往云南的通商道路。1866—1868 年，法国任命杜达尔·德·拉格雷（Doudart de Lagrée）海军大尉为队长，对湄公河流域进行了大规模的调查。结果，因为存在瀑布和浅滩等，沿着湄公河上溯而行的通商之路

德·拉格雷调查团描绘的巴戎寺 德拉波特《柬埔寨调查》（*Voyages au Cambodge*），1880 年

的方案被放弃。然而，此次调查成为日后建立法属"印度支那"的发端，在获取大量资料这一点上也意义重大。该调查团中有涉及之后"加尔尼埃事件"（1873）的弗里西斯·加尔尼埃大尉以及路易·德拉波特大尉。

这一调查团首次将柬埔寨的碑文制作成黑铅拓本并带回国。德·拉格雷大尉猝死之后，调查报告由加尔尼埃进行整理，其中就包含了五份碑文拓本。这些是第一次向世界介绍的柬埔寨碑文，包括了从吴哥窟、巴戎寺、罗莱寺、圣剑寺等地采拓的碑文。德拉波特在回忆他第一次与吴哥相遇时提到吴哥正是"比最华丽的梦境还美好的地方"，自己被绝妙而高雅的吴哥艺术魅力折服。

碑文中写了什么

碑文几乎都刻在厚重的石板、石柱或建筑入口的侧壁、门柱上。碑刻石板、石柱基本上都放置在寺院的塔门或入口处，同一建筑的门梁石、铺石、壁面、柱子、回廊、再次使用的石材、雕像背面及台座上也有雕刻。这些雕刻的厚石板、石柱大体上有一米到三米高，半米到一米宽。

碑文自左上角起横向书写。被称作柬埔寨碑文的碑刻，是用

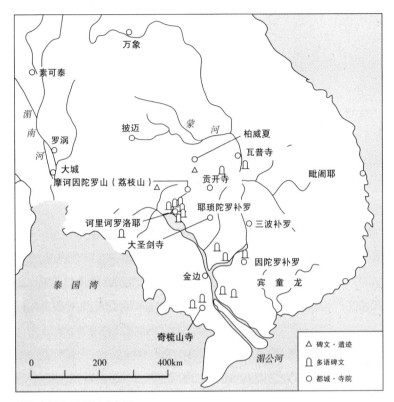

万象

素可泰

湄南河

罗涡

披迈

蒙河

柏威夏

瓦普寺

大城

摩诃因陀罗山（荔枝山）

贡开寺

毗阇耶

诃里诃罗洛耶

耶琐陀罗补罗

三波补罗

大圣剑寺

因陀罗补罗

金边

宾童龙

泰国湾

奇梳山寺

湄公河

△	碑文·遗迹
⩁	多语碑文
○	都城·寺院

0　　　　200　　　　400km

吴哥王国碑文及遗迹的分布图

古高棉语、梵语、巴利语、近世高棉语、孟族语书写。在 1970
年收录的一千零五十个碑刻中，几乎半数是古高棉语碑文，其次
是梵语和梵语高棉语并记的碑文。短碑文只有一行文字，而长碑
文超过五十行，最长的碑文是比粒寺碑文（梵语，K806），达到
了二百九十八节。碑文涵盖了 6—19 世纪左右的漫长时代，不过

大部分都属于吴哥时代鼎盛的9—12世纪。

这些柬埔寨碑文，在语言系统上属于孟－高棉语族。下令刻写碑文的人员包括国王、王族、高官、婆罗门、掌权者和地方长官等。碑文大多是对诸神及佛祖的皈依、所做的事迹、捐赠供奉等内容，同时还有对祖先的敬仰以及对国王的赞词。梵语碑文大多是向诸神众佛的祈愿、国王（王族）和贵族的系谱及德行，并以咒文结尾，总之宗教色彩十分强烈。

古高棉语碑文记载了国王的命令、捐赠财物的目录、被称作库纽姆（供奉者）的人士名单、土地边界、田地交换以及共有及专有权利的公证等，主要是日常生活的各种事情。然而，它所记载的内容在多数情况下没有前后文，属于个别的片段记载。除此之外，由于石碑表面剥离和破损，许多地方无法解读，按照碑刻的数量来看，言及当时社会的部分也很少。大多数的碑文都涉及宗教、布施和王权，记录了位处权力顶端的国王等一小拨统治者的活动，关于一般人社会的记录很少。因此，在古代柬埔寨史的系统中，难免有描述国王以及与国王政务直接相关人物的历史的倾向。

柬埔寨碑文研究发展至今有一百六十余年了。在此期间，历史、语言、考古、美术、建筑等各个领域的专家进行了各种各样的研究，提出假说，为把握更真实的历史样貌积累了诸多研究成果。这些研究成果从碑文的内容出发，不免会偏向王朝史、美术、宗教等方向。

法国研究者乔治·赛代斯是开辟精确解读柬埔寨碑文先河

的泰斗，他于1966年完成了对当时发现的约一千块碑文的解读和整理工作。三十八年后的2002年8月，"柬埔寨碑刻文会议"在暹粒市的法国远东学院举办。会议上他带来了此后发现的拓本原本，法国（法国远东学院）、柬埔寨（文化部和吴哥地区遗迹保护管理机构）、日本（上智大学）和泰国（艺术大学）的约二十位有关人员出席。2002年，会议同意新发现的碑文和以前的碑文一样，都以K打头编号，约有二百五十块新碑文被公开，总之，编号追加到了K1250。最近，法国远东学院大概会出版追加的新碑文名单以及导读。从柬埔寨碑文发现数量的变动来看，1890年有三百八十块，1937年增加到八百七十六块，1970年则达到一千零五十块。

发现吴哥

砍伐密林、除去土砂和马夏尔的献身

1898年，"印度支那考古学调查委员会"在法属印度支那总督府成立。从名称来看，它并不仅仅以考古学为研究对象，而是有关遗迹遗址以及文物的广泛调查研究。不过，吴哥遗址群通常是重要的研究对象。1900年1月后，该机构改名为"法国远东学院"。创立学院，在某种意义上说，也是创立了专门研究吴哥王朝的组织机构。

吴哥遗迹隐藏在柬埔寨的丛林深处，许多石造寺院崩塌并埋在土中。这些寺院无一例外是在郁郁葱葱的繁密丛林下发现的。而且，根据法国方面的资料，遗迹调查与保存修复活动的预算少，人员也有限，生活工作条件绝非奢侈。

根据 1907 年 3 月 23 日缔结的《法国暹罗条约》，

巴戎寺的四面佛尊颜塔　首任遗址保护官戈迈耶做了去除沙土、防止石材崩落的加强工作。松浦史明摄

马德望、诗梳风、暹粒三州划归法属柬埔寨。1908 年 7 月 14 日，简·戈迈耶被任命为第一任吴哥遗迹保存官。戈迈耶是殖民地政府的正式职员，也是地方行政官，自 1907 年到达吴哥窟以后就开始着手遗迹保护的必要工作（清理遗址中的草木）。

戈迈耶最初的工作就是负责吴哥窟。当时，吴哥窟寺院内还有数户农家，并开垦了农田，回廊的旁边也有牛棚。的确，当时的吴哥窟相比其他遗迹来说，保存状况良好。这一壮阔的寺庙八百五十年以前就已建造，来访者和参拜者从未断绝。穿过吴哥窟的第一塔门后，在通向正殿的参道途中刚好建有两座上座部佛教寺院。戈迈耶先搬走了这座寺院，再砍伐掉围绕在寺院周围的椰树林，创造出可以看全景的空间。接着，必须清理堆积在寺院内的大量沙土。现在的参道和"十"字形平台，都被与之等高的沙土淹没。

戈迈耶的办公室兼住所，就是参道旁一座单立的高棉式房屋。戈迈耶夫妇用稻草修葺屋顶，用聂帕棕榈的叶子制成墙壁，就在那里生活。据说到了晚上，他们点上燃烧树浆的灯，夫人弹奏的钢琴声飘向四周。周边的村民感到新奇，听得入神。戈迈耶也试图寻找建造吴哥窟的国王是谁、又是为了什么目的。

戈迈耶之后还参与保护吴哥遗迹的巴戎寺遗址，在那里，最初的工作自然是清除寺院周边大量的沙土。另外，他还修补了多处刚崩落的四面佛塔，以防止石材滑落。

1916 年 4 月 29 日，戈迈耶在去往暹粒市内的途中被一伙强盗杀害。他如今长眠于巴戎寺的旁边，人们筑起的小型纪念碑，刻着对他的怀念。

亨利·马夏尔接替戈迈耶被任命为保护官。十七年间，他作为保护官，真正地尽心尽责献身遗迹的调查、保存、修复、研究，不懈努力。马夏尔对该地区的所有遗迹进行了调查，他不畏热带特有的酷暑，恰如职位名称所示，是一位毕生致力于吴哥遗址保护的泰斗。即便同夫人离婚，没有得到家庭方面的眷顾，马夏尔积极的贡献也让任何人都给予他"有马夏尔才有吴哥遗址"的赞赏。不过，1923 年，年轻作家安德烈·马尔罗（1901—1976）在女王宫盗掘了女神像。从 1931 年开始，马夏尔花费了

六年时间修复女王
宫。正因为如此，今
天我们才能够参观
被称为华丽的吴哥
至宝的寺院。1930
年，他在爪哇从荷兰
的遗迹修复官那里学
到了"原物重建法"
(Anastylosis，在两石

女王宫　接替戈迈耶的第二任吴哥遗迹保护官马夏尔竭尽全力复原此处

材的断裂面上用铁丝将其连接起来的技术)，并运用到女王宫的修复上，获得了巨大的成功。

　　第二次世界大战后的1948年，不再有吴哥遗迹负责人了。为再度修复吴哥窟，经过数月的计划，马夏尔接受了吴哥遗迹保护官的任务，此时的马夏尔已经七十二岁。当时暹粒地区治安恶劣，无人接手保护官的工作。之后马夏尔一直留在柬埔寨，在吴哥遗迹附近修建了房屋，并与一位柬埔寨女子再婚。我在1961年造访吴哥遗迹时，八十五岁的马夏尔依然健在，并带领我参观了班蒂色玛寺，谈到许多辛苦的历程。1970年4月，马夏尔去世，时年九十四岁。

碑文解读与保存修复作业

1907年被划归的暹粒等西北部三州,是古代柬埔寨王国的中心区域。这三州的划归对弄清吴哥时代历史的调查和研究带来了飞跃式的进展。另外,19世纪末学界不断累积梵语碑文的解读成果。法国远东学院开始着手对当地遗迹进行调查、发掘和修复,工作人员达到了数百人。

随着遗迹调查、挖掘和修复工作的进展,碑文的发现数量增加,遗迹建立的年代及该王治世时期得以确定,对建立年代不明的遗迹则通过美术样式理论的研究来推定其相对年代。

碑文数量的增加,加之现场的挖掘、调查,使学者在古地理、历史、宗教等各个领域构建起数种假说,谜团众多的历史实像渐渐露出真面目。最终,吴哥王朝的灿烂繁荣被认为是史实。

1901年创刊的《法国远东学院学报》(简称*BEFEO*)刊载了柬埔寨碑文研究的诸多论考,关于柬埔寨古代史的诸多成果通过这本杂志公开。首先,杂志连载了奥古斯特·巴托尔对梵语碑文的考察,以及法国远东学院院长路易·菲诺的碑文注释研究。而柬埔寨碑刻学集大成者赛代斯,当时还是刚刚结束法国中学毕业会考(Baccalaureat,大学入学资格考试)的少年,年仅十九岁,却已经将首篇论文《拔婆跋摩二世(Bhavavarman Ⅱ)的碑文(佛历561年)》寄稿给学报,初露锋芒。

赛代斯努力翻译当时仅解读出一部分的古高棉语碑文,此后通过将近六十年碑刻研究的成果，成为对重构古柬埔寨历史做出巨大贡献的第一人。

相关碑文史料被刊载于19世纪末的阿贝尔·贝尔盖涅和巴托尔所撰《占婆、柬埔寨梵语碑文集》，以及其后的《柬埔寨碑文集》（影印版汇编，全六册）。赛代斯著有全八卷的《柬埔寨碑文》（1937—1964），其中的第一、二、三卷是对上述全集六册碑文的介绍，以及罗马字母转写文本和法语译文，第四至七卷收录了之后发现的碑文，第八卷则是索引及碑文列表。

从马尔罗的"盗掘"到"王道"的研究

若问到柬埔寨研究进展到哪一步，答案是它还是相对年轻的学问领域，刚迎来一百五十周年。相比于作为研究史来说已经有一千多年历史的佛学研究和中国学研究，它有着很大的区别。柬埔寨和吴哥研究始于从遗迹现场进行调查、研究的1866年。

自1866年起，德·拉格雷海军大尉耗时三年在湄公河实施调查，如前文所述，该调查团带回了柬埔寨碑文的黑铅拓本。其后，对主要遗迹的保护修复工作逐年切实推进，从现场得到的"新发现"也渐次被发表，一些假说相继被提出。同时，对碑文的解读工作也在进行，遗迹的建立年代被不断修正。除此之外，资料集成、调查报告、学术研究、出版物等被发表出版、讨论和汇总。法国远东学院积累了众多从遗址上得到的新发现，一些

女神像（左）和马尔罗（右） 作为"东方的蒙娜丽莎"而闻名的女王宫的女神像，以及因盗掘而被问罪的法国作家安德烈·马尔罗

严密的研究成果成为定说，从结果来看，它对于百余年来吴哥王朝史的解读和建构做出了巨大的学术贡献，值得高度评价。再加上一些假说，便构成了现在的研究状况。

　　以前面提到的法国作家、曾担任文化部长的安德烈·马尔罗的事件为例来说明。马尔罗在 1923 年盗掘了吴哥遗迹中女王宫寺院的女神塑像（笔者 1981 年将其命名为"东方的蒙娜丽莎"），被判处监禁，上诉后改为缓期执行。1930 年他发表了描写自己盗掘经历的小说《王家大道》（*La voie royale*）。在小说中，马尔罗描述了吴哥王朝时代的主干道"王道"在茂密的丛林里纵横延伸，村民们来来往往。这毕竟是小说中所述的内容。然而，1993年签署《巴黎协定》之后，柬埔寨国内的调查、研究进一步发展，昔日的王道被逐渐发现，并判明它们通向东南亚大陆各地。在王朝最繁盛的 12—13 世纪这一时间里，东南亚大陆形成了"条条道路通吴哥都城"的局面。虽然马尔罗的小说是虚构作品，但是他的慧眼仍让人佩服不已。

　　不过，关于连接王道的石桥则在很早就被提到。1880 年

J. 阿尔曼说，"那里有古代的巨大建筑……那个时代一直保有连接各富强城市之间的交通道路"，谈到了存在王道这一道路。马尔罗帮助出版社做过编辑工作，所以大概从某处得到了关于石桥、主干道的知识。这种石桥到现在已经发现了六十五处。

七种假说的修正与科学的证实

以吴哥窟为首的石造寺院群独树一帜，规模巨大，范围广泛，许多寺院、小庙、蓄水池等密布于吴哥地区。自19世纪中叶吴哥遗迹群再度被发现并广为人知之后，所有人都猜测这一巨大寺庙建筑到底是何物，并开始着手解释。大家开始一起尝试揭开遗迹的谜团。接二连三的新传说、假说、臆测等从一家之言上升到社会舆论。而且，遗迹中的优美雕像、细腻的浮雕和装饰作为美术鉴赏对象，吸引了许多人，似乎也增加了个人的思考。此外，盗窃事件也增加了。

总之，有关吴哥王朝的研究可以说忙于批判以前的异端邪说、修正谬误，以及周旋于寺院建立年代的谬误与修订之间。经过了迂回曲折，到20世纪30年代，碑文史料齐备，终于开始了对吴哥王朝真正的科学性研究。

随着碑文的解读，在此之前的臆断和假说逐个被修正，以下列举几处主要的修正以及新学说。

一、明确扶南的衰亡与高棉真腊兴起（路易·菲诺的发现）

在古高棉语碑文中，最早刻有年代的碑文为611年吴哥博垒村（Angkor Borei）碑文（K600）。该碑在柬埔寨南部茶胶省的吴哥博垒村遗迹被发现，是横长的长方体，碑文刻在第三面。碑文中的7世纪初期，柬埔寨南部的扶南势力和北部的高棉"真腊"势力之间攻防不断。真腊第三代国王伊奢那跋摩一世即位被确认，时间为616年，都城是中南半岛的伊奢那城，即三波坡雷古。此后，伊奢那跋摩一世继续征讨扶南。1911年，菲诺研究磅同省附近的三波坡雷古遗迹发现的碑文，确定该遗迹就是7世纪前半叶伊奢那跋摩一世所居的都城，也就是《隋书·真腊传》（卷八十二）记载的"伊奢那城"。

二、发现吴哥时期以前（前吴哥）的美术（亨利·帕门蒂尔的眼力）

基于菲诺的论文，亨利·帕门蒂尔对三波坡雷古遗迹的美术样式进行了精细的分析，从而注意到它与吴哥遗迹群的不同，发表了创新观点，认为该样式是吴哥时代以前的美术样式，即"前吴哥时期"美术。在尚未确定遗迹建立年代的20世纪10年代至20年代前半期，帕门蒂尔的美术样式论作为确定年代的标记使用，其慧眼得到学界的一致认同。

三、碑文的解读纠正塔堂建筑样式考察中的错误（赛代斯的碑文解读）

罗洛遗迹是因陀罗跋摩一世（877—889年在位）的都城诃里诃罗洛耶。帕门蒂尔于1919年考察了这一遗迹群的塔堂建筑样式，将东湄本寺（正确的建立年代为952年）、比粒寺（967）、

女王宫（967）等归为
因陀罗跋摩一世时代
所造的建筑，理由是
这些遗迹酷似因陀罗
跋摩时代在基坛或方
形金字塔底座上建造
塔堂形式小寺的巴孔
寺遗址，而后者是因
陀罗跋摩一世时代的

巴肯寺寺院　被确认为第一次耶输陀罗补罗的中心寺院。
松浦史明摄

建筑。但是，这完全是错误的，这些遗迹的正确建立年代之后
通过解读碑文得以明确。

四、吴哥城这一都城建设年代的变化——9 世纪→ 11 世纪
→ 12 世纪或 13 世纪初（赛代斯的碑文解读）

吉美亚洲艺术博物馆的菲利普·斯特恩在 1927 年提出新的
美术样式分类。在这之前，以巴戎寺为中心寺院的吴哥城被认
为是耶输跋摩一世（889—910 年左右在位）修建的王都耶输陀
罗补罗。帕门蒂尔也将吴哥城划分为紧接在因陀罗跋摩时代美术
样式之后的新形式。斯特恩否定了这一说法，将巴戎寺和吴哥城
的建设归于苏利耶跋摩一世（1011—1050 年在位）时期，而这
比吴哥窟的建立更早。这一新美术样式论在当时是崭新而独特
的学说，理论上虽然成立，但仍只是从遗迹的类型学方面类推，
缺乏确定年代的绝对证据。然而，赛代斯解读了青戎塔遗迹碑

文（K597），确认巴戎寺及其建筑样式是阇耶跋摩七世（1181—1219 年左右在位）时代的遗迹。

五、巴肯寺遗迹是第一次耶输陀罗补罗的中心寺院（戈路波的眼力）

戈路波发掘了巴肯寺，证明这是耶输跋摩时代的中心寺院，也是第一次耶输陀罗补罗。斯特恩当年指出，现在吴哥城的中心寺院巴戎寺并非耶输跋摩国王的遗迹，可谓准确。

六、瑰宝女王宫为吴哥王朝末期建立（根据赛代斯的碑文解说，准确时间是 967 年）

根据帕门蒂尔的研究，女王宫被归为因陀罗跋摩一世的美术样式。但 1926 年，经过帕门蒂尔、菲诺、戈路波三人的共同研究，将其重新归入吴哥王朝末期。然而，这一说法也存在错误，三年后，赛代斯解读该寺院壁面所刻的碑文，确定寺院的建立年代为 967 年。

七、巴普昂寺在优陀耶迭多跋摩二世时期建立（赛代斯的碑文解读）

与巴戎寺邻接的巴普昂寺遗址先前年代不明，后来被考证出是优陀耶迭多跋摩二世（1050—1066 年在位）时代所建造，而这一发现也是赛代斯碑文研究的成果之一。

20 世纪二三十年代可谓古代柬埔寨史再发现的时代。就像在关于巴戎寺、女王宫等遗迹建立年代和归属的论争中所见那样，在反复摸索和失败的同时，研究者进行成体系的遗迹整理、碑文解读和美术样式研究，逐步获得对吴哥时代的新认识。其后，基于这些碑文的缜密研究成果也相继发表。

1953年，柬埔寨取得独立，西哈努克国王率先实行政治改革，引起世界注目。不久，柬埔寨被卷入冷战之中，而后进入波尔布特的恐怖政治和内战时代。

另一方面，这一期间的高棉研究在海外取得更快发展，碑文的正确解读、汉籍史料的再探讨、考古挖掘、保护修复等专门研究切实积累。但是，持续约三十年的内战导致研究活动出现了空白期，因红色高棉政权而失去缅甸出身的年轻研究者则是一件令人无比痛惜的事情。

1993年，柬埔寨重新回到和平，从零出发。曾经能够建设巨大石桥的吴哥王朝，到底是一个什么样的国家，其迸发能量的实体到底是什么？柬埔寨版的印度教和佛教创造出了什么样的新精神价值体系，对村民们又宣扬什么？能够使建造巨大建筑成为可能的根本思想及其行动价值，其基准是什么？现在不知道的问题依旧很多。

我希望在本书中回答上述诸多疑问，同时，举出一些能够加深历史理解的史实，并逐个细致地说明。其中，我也想加上一些对现有诸说的史料批判，以及取而代之的新假说及回答。

再啰唆一点，我希望本书能够激发读者学习吴哥王朝历史的乐趣，即用解谜的方法，将读者卷入令人兴奋的讨论之中。从残存的浮雕、碑文记述以及汉籍简洁的记载中，发现过去人们生活状态的端倪，描述出让人有实感的当时社会。我想，最关键的是要将读者诸贤的兴趣引导到与最新的研究成果以及由此派生出来的种种问题点上。

东南亚：多文明世界的发现

第三章

吴哥王朝的宇宙观与都市计划

自然、寺院、巴莱与王道

吴哥都城所象征的宇宙观　　　　公元元年前后，柬埔寨接受了印度的文化、思想、农具等各类文化，其中一项就是印度的宇宙观。传说在印度大陆中央矗立着须弥山（Meru）。若问起此山在何处，据说在喜马拉雅山脉深处的深处，山麓之下有恒河流淌，这条圣河沿岸的圣地就有都城。

　　柬埔寨在漫长岁月中理解了印度的宇宙观，在吴哥地区套搬了柬埔寨版本的圣山、圣河、圣都。结果，大约六百年的时间（有段时期迁都贡开）政府在吴哥地区持续建造神圣的都城。他们把吴哥都城北部三十五千米的荔枝山当作湿婆神话中神仙所在的"须弥山"，把暹粒河当作恒河。当时，在高丘上修行

柬埔寨和吴哥窟遗迹的位置

毗湿奴神像 雕刻在荔枝山高丘的暹粒河一侧石面上的毗湿奴神像。松浦史明摄

的许多印度教苦行僧在河岸的岩石上雕刻了毗湿奴像。瀑布从两条支流倾泻而下，暹粒河从那里流向吴哥平原。这一带被称为"桥头"（kbal spean），现在能够到达。瀑布岸边刻有11世纪的梵语碑文，记载着此河是"楼陀罗之神的急流，湿婆神的河川，滔滔不绝流淌的恒河女神"。这些河床下还雕刻了一千多具林迦（男性生殖器的象征），附近河岸的岩壁上刻有毗湿奴横卧像的浮雕。其中阿南塔（蛇神）漂浮在大海上，毗湿奴横卧在阿南塔上，更增加了圣河的意义。桥头附近万籁俱静，森林广阔，没有一丝响动，非常安静。近处还有岩窟，曾是苦行僧修行的场所。

"吴哥城"（Angkor）是由字面意义上的梵语"Nagara"（都市）讹变而成。它位于荔枝山和洞里萨湖之间，暹粒河从北部水源荔枝山纵贯而下，向南注入洞里萨湖。此外，暹粒河西有布沃克河、东有罗洛河，它们如同两翼，并且常年不会干涸。正如这样，自北向南流经平原地区的三条河流给沿岸地区带来经济发展，同时也被附加上了圣山、圣河和圣都的象征意义。

宗教都城吴哥城在此地形成。

都城的形成与自然环境

吴哥都城周围广阔的平原呈扇形，略微向西南方倾斜。南部边境线位于随雨季和旱季变动的洞里萨湖北边，枯水期作为耕地使用。在这五百平方千米的领域内，明显的地形是三大残丘以及流经中部的暹

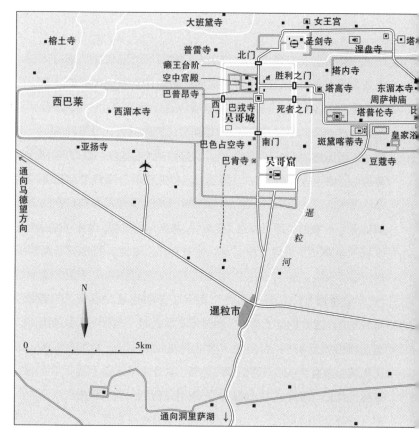

吴哥遗址和暹粒周边地图

粒河。迁都吴哥地区之后，在大约六百年的时间里，虔诚的国王
们毕恭毕敬地实施都市计划。根据都城规划，他们挖掘运河或
变更河流的走向，开发自然地形，力图建造出神圣的都城。土木

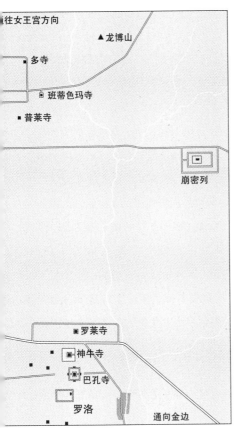

往女王宫方向

▲龙博山

■多寺

⊞班蒂色玛寺

■普莱寺

崩密列

⊞罗莱寺

■神牛寺

巴孔寺

罗洛

通向金边

工程改变了以往的自然环境，都城的营造则持续进行。

耶输陀罗补罗的中央有巴肯山、东北部有博克山以及俯瞰洞里萨湖的科荣山，这些都是古代火山活动留下的残丘，每个山顶上都建造了各自的寺院。随着时常的新都城建设，人们进行了大规模的土木工程。例如许多环形壕沟、蓄水池的堤坝，随庙山型护国寺院的建造而对周围地区的建设，吴哥城以及吴哥窟的环形壕沟及其四周的墙壁，大大小小附属寺庙等的建设都属于这一工程。

吴哥地区有九十九处遗址被联合国教科文组织整体认定为世界遗产。这九十九处遗迹没有按照年代的顺序排列，很难理解它们之间的关系，只能通过形状、样式和碑文等进行判断。而且，过去木造建筑的王宫、都城干道、高官的宅邸、都城外的街区、小巷等已经全部湮灭。吴哥城内只残存了主干道和两侧水路的痕迹。

吴哥护国寺院的变迁 　在王朝发祥地荔枝山上，发现了中小寺院的遗迹和苦行僧的修行场所，但平坦土地很少，不适合建设像记载圣"须弥山"的碑文中描述的那般熠熠生辉的都市。阇耶跋摩二世聘请婆罗门祭司希瓦卡瓦亚，建设了护国寺院龙镇寺（Krus Aram Rang Chen），并同本土的泛灵信仰相结合，在那里举行了"守护灵的王中之王"的仪式。

这一神灵在古高棉语中被称为"Kamaraten Jagat Ta Raja"，在梵语碑文中则被称为"Devaraja"（神圣王，王即神）。然而，后世的碑文中称国王在都城诃里诃罗洛耶去世。龙镇寺就建造在被视为"须弥山"的荔枝山最高处附近。这座高坡的岩石表面已经剥露，大石块遍地皆是，大概确实就是圣山。但这也是一个日常生活非常不便的地方，当时的粮食和日用品等应该都是从平原地区运送上去的。

国王将如此不便的场所作为祭祀圣地保留下来，并开始把平原地区湖岸附近的诃里诃罗洛耶修建成都城。一般认为，下一任国王阇耶跋摩三世也以此城为基地。阇耶跋摩三世是怎样一位君主，尚有许多不明之处，但他的后盾是因陀罗跋摩一世。

到了雨季，吴哥地区几乎所有的田地和道路都会被雨水覆盖。而到了旱季,滴雨不降,连饮水都成了困难,也会出现旱灾。因陀罗跋摩一世为了防范雨季的洪水、贮水和保障饮用水,修建了人工蓄水池"因陀罗塔塔卡"(意为"因陀罗跋摩一世之池")。

这个巴莱(人工蓄水池)使土地变为丰收的沃野,让许多人能够安心定居并在此勤劳地耕种水稻。于是,国王终于开始着手建造护国寺院巴孔寺。巴孔寺于881年竣工,建筑用地东西长八百米,南北宽六百米,为典型的庙山型寺庙,寺院最上层是中央大殿,安置着神圣王因陀罗首罗(因陀罗跋摩王与湿婆合体而成的特别神)。

国王的都市建设计划,最先付诸实施的是建造确保旱季生活用水和稻作用水的巴莱,并建造按照惯例祭祀祖先的神牛寺(Preah Ko)。在此寺院的后方建造了木制的王宫,进而建造了体现至高无上王权起源的巴孔寺。从诃里诃罗洛耶到耶输陀罗补罗的迁都,并没有放弃旧都城。

现在能够确认的旧堤道,是一条由罗洛地区通往下一个都城巴肯的交通干道,许多村民至今依然往来于此。此外,仅在这一地区,就可以确认有以巴孔寺为首,包括吴哥窟、巴戎寺在内的八座护国寺院。

这些寺院被环形沟壕包围,位于象征性的都城中心,是仿照世界中心须弥山而建的。尤其是吴哥地区,是一马平川的平原地带。因此需要仿建人工山地,并在寺院中心地区耸立起塔尖,使护国寺院作为神灵显现般的存在而格外引人注目。在都城的中

现在的名称	建立的国王	（建成的）年代	备注
巴孔寺 （罗洛）	因陀罗跋摩一世	881 年	开工是在阇耶跋摩二世或阇耶跋摩三世。12 世纪初期再次修建中央塔堂 湿婆派
巴肯寺	耶输跋摩一世	893 年	地基的开工大约是在因陀罗跋摩一世时代 湿婆派
普兰寺·大塔寺 （贡开）	阇耶跋摩四世	930 年左右	四十二米高的大塔寺 湿婆派
比粒寺	罗贞陀罗跋摩二世	961 年	湿婆派
茶胶寺	阇耶跋摩五世	978 年以后	未完成 湿婆派
巴普昂寺	优陀耶迭多跋摩二世	1066 年以前	开工大约是在苏利耶跋摩一世时代 湿婆派
吴哥窟	苏利耶跋摩二世	12 世纪 30 年代到 50 年代	毗湿奴派
巴戎寺	阇耶跋摩七世	12 世纪末	佛教
※ 亚扬寺 （Ak Yom）	不明	8 世纪末	大概属于湿婆派
※ 空中宫殿	不明	8 世纪末	10 世纪阇耶跋摩五世进行了改建
※ 龙镇寺（波列昂通寺）（荔枝山）	阇耶跋摩二世	9 世纪初？	大概属于湿婆派
※ 巴云寺	曷利沙跋摩一世	920 年	伊奢那跋摩二世完成装饰 湿婆派
※ 东湄本寺	罗贞陀罗跋摩二世	952 年	湿婆教派的祖寺

护国寺院（ ※ 指属于庙山型寺庙范畴的寺院）

央营造圣山也有必要。国王们作为冠压世界的王，有义务建造配套的新都城、庙山型的护国寺院和豪华宫殿。

碑文中留有名字的国王有二十六位，每一任国王都为建造上述三套一组的建筑而竭尽全力。但是从物理上来说，这是与时间的较量。换句话说，这一事业需要在长时间内拥有强大的统治力。因此，吴哥地区的国王们激烈竞争，精心营造新一组设施。

从结论来看，国王们在大约长达六百年的时间里，以建造都城和寺院为目标，因此有九十九处世界遗产挤在吴哥地区。对旅游观光者们而言，其时间顺序复杂，样式众多，的确难以理解。

四大巴莱的建造与农业生产的发展

吴哥地区相继建造了四处人工的贮水池巴莱（加上苏利耶跋摩二世未完成的巴莱，一共有五处）。关于吴哥地区的都市规划，据贝尔纳·菲利普·格罗利埃的研究，相继建造水利设施都是因为前代的巴莱和水路网丧失了功能。他证明了各个巴莱在多次修缮后最终被弃用，然后再挖掘新的巴莱。

格罗利埃推算吴哥城内重建了四次巴莱。最早是在耶输跋摩一世从罗洛迁都吴哥的时期，修建东巴莱替代罗莱寺的人工湖。第二次是 11 世纪初，建成了西巴莱（Baray Teuk Thla，意为"清澈的水池"，水源是布沃克河）。第三次可以追溯到苏利耶跋摩二世建立吴哥窟的时代，当时苏利耶跋摩二世除在寺院周围增设

从飞机上看到的西巴莱 位于吴哥城西侧的大贮水池,可以储存一亿五千万吨水。笔者摄

环形沟壕外,又着手在吴哥东南面建造新的巴莱,然而并没有完成(航拍照片上能辨认出痕迹)。最后的第四次则是吴哥城。不仅仅是都城的环形沟壕,而且阇耶塔塔卡(Jayatataka,人工蓄水湖)也作为新水利设施的一环纳入其中。

格罗利埃在1979年发表了"水利都城论",认为吴哥王朝的繁荣与兴盛是因为管理水源而能够以集约化的方式耕种水稻,因此他将吴哥王朝时代的都城定位为"水利都城"。

在吴哥地区,东巴莱和西巴莱作为水利系统中心发挥着作用。巴莱储存了暹粒河和雨季大量的雨水。暹粒河旱季也不干涸,汛期水量最高可达到每秒四百立方米。广大的荔枝山一带的降水量相当大(年降水量两千零五十毫米),巴莱能够存蓄很多雨水,因此与之相连的暹粒河即便在旱季流量也很充裕。

巴莱并不是挖掘地表建造,而是在平地堆积砂土建筑起堤防,进而蓄水,并通过斜坡供水。即便在旱季,这里似乎也能一年种植一次以上(最多可达三次)的水稻。巴莱使得人们可以种植早稻,从而供养密度非常高的人口。

吴哥时代的富裕与农业生产基础密不可分,使之成为可能的

东南亚:多文明世界的发现

是卓越的灌溉技术。但是，希望读者注意的是，吴哥地区能够实现灌溉化的土地极为有限。格罗利埃估计吴哥能够实现灌溉化的田地为七万公顷（七百平方千米）。从长期稳定地供给建造大寺院所需的劳动人口来考虑，这是一个十分严峻的数字。

主要的吴哥遗迹中，必然会配有大大小小的池塘或设置在庭院内的水池。在 10 世纪中叶的碑文（K266）中，有记载"在作为大洋的圣池耶输陀罗塔塔卡的正中央之上，（由王）建造的山上有好似须弥山的顶峰，在那里……有寺院"。这个大池是模仿大洋建造的圣池，可以说是体现国王伟大的纪念建筑之一。

吴哥的诸位国王数次改修了王都，虽然仍在印度式的框架之中，但致力于在地上再现出吴哥王朝独自的宇宙观。位于都城中心的庙山型寺庙堆砌数层，宛如世界中心的须弥山，城墙象征着连绵雄伟的喜马拉雅山脉，而壕沟和大地则代表深邃无垠的海洋。

吴哥王都的基本结构中，有中心寺院、城墙、池、沟壕、王宫和诸寺院，在表现神佛显世的同时，又充分地表现出神格化、普遍化的王权，即转轮圣王（Cakravartin，拥有正义、统治世界之王）的临在。这些大池（塔塔卡、巴莱）是当时柬埔寨人世界观的具体化，同时也构成了吴哥王都的基本要素之一。巴莱与沟壕可以说是演示具象世界观的神圣王权的大型道具。

这些巴莱和沟壕都是从流经附近的暹粒河引水。从这一事实来看，我们必须进一步研究吴哥时代的灌溉和水利问题。诚然，作为大型道具，它们大概具有抽象的意义。然而，巴莱在旱季通过越丘灌溉扩大了水田，并增加了作为经济基础的农作物产量，从这一点来看，我们很容易理解开发国土和建造大寺院的背景。在都城中建造大型蓄水池和水路网的技术也被运用到村落的土地开垦中，扩大了耕地面积。结果是农业生产发展，人口增加，而这又使得建造更多寺院成为可能。

"雨水"的管理与灼热的太阳

吴哥水利都城论——格罗利埃博士的提案

吴哥是一座宗教色彩浓厚的旧都。在这座王都和在此建立起来的各座伽蓝、寺院中，必然有环形沟壕或水池与之呼应。时至今日，这些水池和壕沟中都蓄满了水，当人们眺望荷花对面那崩落的寺庙和巨大的四面佛像时，总会在心头泛起来到崇高世界的感动。

吴哥地区最早的都城是耶输陀罗补罗（吴哥以东十三千米的罗洛遗迹）。因陀罗跋摩一世命令住在城（Vijaya，毗阇耶）中的人们建造水池（塔塔卡）。这一水池被命名为"因陀罗塔塔卡"（K853）。

因陀罗塔塔卡是东西长三千七百米，南北宽七百八十米的矩形大池，池的中央是罗莱寺（耶输跋摩一世建造）。这些土木工程是由当时居民承担赋役而建造的（K682）。

下一代国王耶输跋摩一世建造了以巴肯寺为中心的方形环濠城。国王命令从流经附近的暹粒河引水，建造了耶输陀罗塔塔卡（耶输跋摩一世之池，即东巴莱），东西长七千米，南北宽两千米，深三米，并在水池中央建造了湄本寺。

之后，吴哥王朝陷入混乱，阇耶跋摩四世（928—942年在位）在吴哥以北八十千米的贡开建立新都，并在城内建造了大型水池（Rahal，拉哈尔）。

再度迁都到吴哥的罗贞陀罗跋摩二世（944—968年在位），重建了之前的耶输陀罗塔塔卡，并在水池中央重建了湄本寺。现在水池虽然已经干涸，但湄本寺依然是往日的风貌。11世纪后半叶修建的人工水池西巴莱位于旧都吴哥城的西面，是一个东西长八千米、南北宽两千米的大规模水池，中央也建造了湄本寺。现在水池的西半部分依然有水，这也是吴哥遗址中最大的水池。

11世纪末至12世纪前半叶建立起来的崩密列寺（Beng Mealea，意为"荷花池"），位于吴哥以东四十千米处。寺院的东侧有大型巴莱，池岸用砂岩石镶边。此外，同时代的位于磅斯外（Kompong Svay）的大圣剑寺（吴哥以北八十千米），是一座边长五千米的方形环濠寺院，大小与吴哥城的规模相匹敌，也有盛名。矩形的巴莱·崩·普利亚·斯通（长三千米，宽七百五十米）一部分呈串状伸入寺院境内，巴莱的中心还建造有与前文同名的湄本寺。

皇家浴池 毗邻斑蒂喀黛寺的大水池。设有娜迦形状的栏杆、狮子像镇守的露台伸向水池

现在的吴哥城是阇耶跋摩七世营造的环濠都城。阇耶跋摩七世国王建造了许多寺院，斑蒂喀黛寺东侧还有皇家浴池（Srah Srang，意为"水浴之池"）。该池东西长七百米，南北宽三百米，池中央还建造有小寺。池子周围用砂岩镶边，池底为红土石，西岸雕刻有娜迦（大蛇，即水神）栏杆的露台伸向水池中央，从这里可以进入水池。这个露台似乎是为了进行某些与"水"相关的仪式，相传是国王的浴场。

吴哥城的正北方是祭祀国王父亲的圣剑寺（1191），该寺院的东侧是以涅盘寺（Neak Pean，意为"盘蛇"）为中心的阇耶塔塔卡。

此外，在吴哥西北一百二十千米处建立的班迭奇马寺（Banteay Chhmar）东侧也有巴莱（长一千六百五十米，宽八百米），湖的中央也建有湄本寺。

以上，笔者选取概括了吴哥遗址中，尤其是配有水池的诸座寺院。这些水池规模与遗址配套，形状皆为矩形。水池中央有用土石构建的小岛，岛上建有小寺或寺院，多数都被称作湄本。水池的堤防似乎是用开凿的土砂修筑，其中一部分用砂岩或红土（laterite）镶边。

东南亚：多文明世界的发现

**地形图证明的
大型越丘灌溉**

接着，我们来研究表现池水的语句。"因陀罗塔塔卡"中的梵语"塔塔卡"意思为"圣池"。贡开的水池"拉哈尔"，词源是巴利语"拉哈达"（池、湖），意为"神圣之池"。巴莱是从梵语中的"巴莱亚纳"（"堤、横穿"之义）派生而来，位于巴莱中心的寺院"湄本"，意思是"充满恩惠的母亲"。因此，为了到达湄本寺而渡过圣池，洗净俗世的污秽，通过巴莱和湄本二者的组合表达出宗教性的沐浴净身之义。

各地在扩大水稻种植和耕地的过程中，使用了这样的建造巴莱的引水技术。碑文（K341）记有意为堤防、灌溉水渠、河流、河洲等语句。尽管用水池灌溉规模不大，但可以推断出已经运用到了农耕上。

一言以蔽之，吴哥王朝的发展就是随着管理水资源的消长而兴衰。吴哥地区属于干燥的热带性气候，降雨量在一千五百毫米左右。因此，对当地居民来说，蓄"水"自古以来就是生活的根本。同时，吴哥时代的人们也忙于如何能够在短时间将过剩的雨水排放，如何蓄水以备旱季之需。

从结论上来看，高棉人挑战了自由调节二级河流的流水和雨水这一困难的事业，可以说，这也成为支撑吴哥文明的经济基础。吴哥所在的大地是广阔扇形平原，由从荔枝山顺流而下的暹粒河冲积而成，完全可以说是稍倾斜的平坦地形，简要来说，每一千米就有一米的倾斜。

一年当中进行多次种植，需要对蓄水池的水源进行严格的管理。1998年，在日本政府的技术协助下，制成了吴哥地区五千分之一地形图，仔细观察就会发现在西巴莱的东侧有几乎同样大小的东巴莱。这次制图也另外确认了两处大型巴莱。如果吴哥地区四个蓄水池贮满水，灌溉面积可达到三万公顷。

从这一地形图中，可以确认许多新的事实。十五米间隔的等高线中，微地形的痕迹很明朗。在五千分之一的地形图中，可以看出数条东西走向的土堤或堤坝。相对于东北向西南的自然倾斜，这些堤坝在直角的方向堆筑。也就是说，在现存的西巴莱南堤下方，可以看到平行的其他堤坝或稍高地形。与上游的蓄水池对应，水穿过堤坝流向下游，连下游的堤坝都被没过。这样一来，种植水稻等就成为可能了。

可以推断，人们掘开堤坝，一部分一部分地灌溉农田。历代国王都建造巨大的蓄水池，对其管理，滋润干涸的大地。稻穗饱满，大地如波浪般起伏。耸立在中央的吴哥窟，正是"水"帝国的象征。

此外，我们用计算机制图对地形图进行了确认分析。根据宇都宫大学农学部后藤章教授的分析，如果用立体地形图的等高线数据将都城的全境立体化，就会知道这里几乎没有高低起伏的平缓地形。为了寻找吴哥时代灌溉的痕迹，将微地形图的高低差放大四十倍再次呈现，就会发现与蓄水池堤坝平行的细线几乎以等间隔排列，而这正是在地面上堆建的人工堤坝的痕迹。

通过这个地形图，我们初次明确了古代的堤坝和田间小道。从水平方向来看，吴哥地区的地形自北向南略微倾斜，其倾斜度是一千五百分之一。柬埔寨地区的人们，正是利用了这种略微自然倾斜的地形，修建大型水池，让水遍及各处。

到了干旱的季节，人们则将蓄水池的堤坝决口，水沿着倾斜的地形缓缓流出。再将下游的堤坝决口，水就会流向地势更低的地方。被堤坝包围的大块区域作为田地进行耕种，一旦水稻扎根就留下最小限度的水，让水再流到下游的一个围起来的大块田地里。这正是大型的越丘灌溉。他们发明了世界上绝无仅有的灌溉方法，成功地克服了干燥地区的恶劣条件。

名称	地点	建设年	长度（m）	宽度（m）
因陀罗塔塔卡	罗洛：距离吴哥 13 千米	880	3800	800
东巴莱	吴哥地区	890	7000	1800
拉哈尔	贡开：距离吴哥 105 千米	935	1200	560
崩密列	崩密列：距离吴哥 40 千米	1075	1450	680
西巴莱	吴哥地区	1020	8000	2000
东南巴莱（未完成）	吴哥地区	1120	4000	3000
巴莱·崩·普利亚·斯托	大圣剑寺（磅斯外）：距离吴哥 105 千米	1170	3000	750
班迭奇马	距离吴哥 150 千米	1180	1650	800
迦亚塔塔卡	吴哥地区	1190	3500	900

吴哥王朝时代的大型巴莱（贮水池）

在吴哥王朝的时代，人们根据国王的指令，挖开蓄水池的堤坝，开始同时在绵延数千米的田地里插秧。插秧结束之后，则等待收获，并一齐收割水稻。这种耕种一年重复三次，成为维持吴哥王朝繁荣的原动力。正如目前为止的研究所见，碑文中并没有言及大型巴莱与农业的关系。为什么没有言及依然是一个疑问，然而，不能因为碑文中没有记载就否定这一大型越丘灌溉的存在。

地方聚居区中的巴莱 在柬埔寨地区广大耕地中有许多大大小小的蓄水池，其中代表的蓄水池便是巴莱，在各个地方（崩密列、磅斯外的大圣剑寺、班迭奇马等）都可见到，据说是很久以前模仿爪哇而建造的。

它们都是四周有堤防围绕的蓄水池，各蓄水池中都出现了堤防。与前文中在平地上堆土而建并蓄水的巴莱相比，这些巴莱属于不同的方式。而且，其中还有内侧建有阶梯状山石布景的小型蓄水池苏拉（Srah）。苏拉设置在各地寺院（例如义诊机构的附属寺院）的周边。蓄水池的另外一种形式则是围绕寺院而建造起来的环形沟壕，以吴哥窟的大规模环形沟壕为代表，还有吴哥城、磅斯外的大圣剑寺，以及靠近缅甸国境的满欣寺等。这些都市建造环形沟壕的目的，不只是作为神明临在的象征，其真正的意义还在于保障农业用水。

除此之外还有一种方法，那就是在阇耶跋摩七世时代建造的石桥水坝。这种水坝是在石桥的桥墩处插入木板，用来堵截水流，以此提高水位，为旱地供水。此外，这也形成了船只运输物资的运河或大型水道。从吴哥以东约四十千米的崩密列地区到洞里萨湖，有运输建材砂岩的水道痕迹，船或木筏沿着暹粒河逆流而上，将砂岩运送到吴哥地区。

如果调查吴哥王朝的历史，就可以得知他们投入了大量的社会资本。其中，最引人注目的基础设施便是这些人工蓄水池，它们以东南西北为基轴，在平地之上展开。这是在平地堆积长方形堤坝并储存雨水的水池。在堤坝的内外挖掘出两条沟壕，从恰好与堤坝同等高度的水道引入水源。

这种蓄水方式（从爪哇的蓄水方式中得到启发）先是在 8 世纪末试用于今天老挝南部的瓦普寺遗址，到 9 世纪初出现在吴哥地区。之后，它又慢慢改善，与前述面积有别的巨大蓄水池巴莱出现在吴哥都城的中心位置。除了吴哥以外，引人注目的还有大圣剑寺的巴莱。此处的巴莱与非常广阔的环形壕沟组合，但从与地形的关系来看，它与东西基轴无关。

柬埔寨南部的洞里巴蒂（Tonle Bati）和奇梳山也采用了同样方式建造巴莱。一般认为，使用水路网络的灌溉方式充分发挥了作用。而且，高棉国王们征服的区域，例如现在泰国东北部的帕侬蓝附近以及披迈、孟占，都有巴莱。孟占的巴莱属于尊重基轴的传统高棉式蓄水池，但孟族人之前曾在此地居住，修建了圆形都城的环形沟壕，新的巴莱似乎直接在此基础上建造而成。

吴哥地区大规模蓄水池的中央都建造有人工岛，有配备测定水位的湄本寺。用存蓄的雨水流经并滋润田地，这种行为似乎是要将灌溉上升为神明之事，举行祭祀水神娜迦的仪式。在吴哥窟地区，雨水自上而下的流动也作为一种对毗湿奴神的祭祀活动。

科学管理水的集约型农业　　1020 年左右完成的西巴莱，通过从暹粒河取水以及雨季的雨水，现在依然保持着丰富的水量。1050 年左右，该蓄水池的周围又进行了建造高达十米的堤坝工程。堤坝全长达到二十千米，耗费了四五年时间。

在西巴莱中央，有一座名为湄本的小人工岛，建有寺庙。根据古代的碑文，国王经常去这个岛。该岛的寺庙有一个洞穴，类似于用石材搭建起来的水井。虽然井穴已经崩塌了一半，但可以知道其结构分为三段：底部为圆形，其上为八角形，最顶部为四方形。

雅克·德马尔教授于 1961 年挖掘了湄本寺，发现在与水井相连接的地下有一根长长的铜管。铜制水管从石砌的井底横向延伸至地下，顶端与小岛外部的蓄水池相连。蓄水池的水通过铜管注入水井，德马尔教授认为水井的石砌面分成圆形、八角形、四方形三类是作为水位计的刻度。根据他的计算，如果水井的水位降低到石砌的圆形部分，那么水池就会干涸；相反，如果水

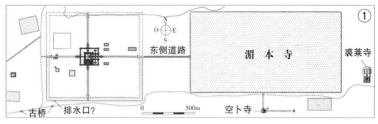

柬埔寨各地巴莱的形状图
① 崩密列
② 磅斯外的大圣剑寺
③ 班迭奇马
④ 贡开

引自《法国远东学院学报》

井的水位达到四方形以上，那么水池的水位将溢出堤坝。吴哥的国王之所以不时造访小岛，就是为了确认蓄水池的水位，据说国王们依据水位计来决定开始插秧的时间。

如果一年要种植三次水稻，就需要对蓄水池里的水进行严格的管理。德马尔教授认为该水井就是支撑吴哥王朝繁荣的重要水位计。然而，在其他遗迹里的巴莱中并没有埋藏铜管的痕迹。

在碑文中，基于与王权的关联，相应地提及了巴莱的宗教和政治的侧面。然而，碑文并没有涉及巴莱在经济、农业方面的事项。原因到底是什么呢？

第一，关于巴莱用途和功能的记载属于碑文的主题范畴之外，因此碑文中没有提到。

第二，关于巴莱的湄本寺院，碑文中虽然提及宗教方面的内容，但除此之外就没有了。因为西巴莱的湄本设置了水位计，所以国王到此访问。国王的访问始终是宗教礼仪上的参拜，而除此之外的所作所为，即便碑文作者知道，也不会写在碑文上。

第三，由于当时雨水的增减和蓄水、排水事项被视为神明所为，因此作为对自然的敬畏，人们原封不动地接受，反而没有刻在碑文上。

碑文史料终归是在言及宗教事项的范围内收录了水利相关的用语，记载其中的核心词汇。这种事实反而证实了水利设施和水道发挥着相应作用。

东南亚：多文明世界的发现

吴哥王朝的统治领域——验证王道

12世纪末至13世纪初，阇耶跋摩七世的统治领域，在东边吞并占婆到达了南海，向西扩大到如今属于泰国领地的缅甸国境（满欣寺），向北则扩大到老挝的万象。

11世纪中叶以后，高棉人开始移居到泰国东北部的呵叻高原。他们建造了大量与柬埔寨巴莱类型完全相同的巴莱，并居住在附近。各地自古以来的小水池、蓄水池（例如孟占）和高棉式蓄水池并存。披迈寺是一座修建于11世纪的寺院，阇耶跋摩七世对其进行了扩建。这座寺庙位于广阔的都城中央。它的周边有数个单独的小寺院，其中还有阇耶跋摩七世建造的义诊机构。

很可能是为了让高棉人迁移到占领的土地，他们建造了巴莱。此种倾向在泰国的华富里（11世纪初合并形成的地区）及素可泰等地区尤其显著，这些地区周围的氛围与高棉的地方都市都很相似。西面有满欣寺，装饰寺院的塑像和周围的墙壁都是高棉地方都市的风格。阇耶跋摩七世之后（1218年左右），吴哥人民被迫从这些地方撤离。

吴哥时代的地方行政

关于吴哥时代的行政，一时难以明确。大概是罗贞陀罗跋摩一世时代开始着手确立地方的行政单位。例如，碑文中首先使用了"Visyaa"（州或者直辖地区），具有同样意义的"Pramarn"（州）则记载在古高棉语

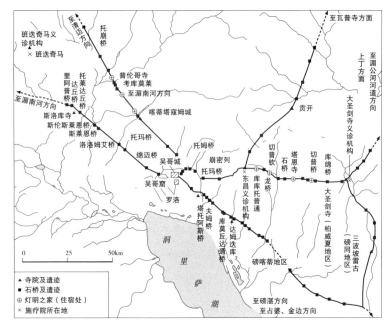

王道与寺院、石桥、灯明之家、义诊机构的分布

的碑文中。此处的"Pramarn"，指的是比"Visyaa"更加广阔的
地区，有时也是高官权贵从国王那里得到作为恩赐的封邑。

可以明确的州、直辖地有"Marijan"（马德望地区）、
"Shrestapura"（老挝南部的占巴塞地区）、"Lavaux"（泰国的华
富里地区）、"Vhimai"（现在的披迈，泰国东北地区）等。更小
的地方行政单位是"郡"，而一些郡聚集起来就形成了"州"。根
据周达观的记载，"每一村或有寺或有塔。人家稍密，亦自有镇
守之官"。在塔普伦寺碑文中，与寺院相关的村落有 3140 座，

东南亚：多文明世界的发现

居民有 79365 人（平均一个村落有 25 人）。在同一碑文中，与义诊机构相关的村落达 838 座，村民 81640 人（平均一个村落有 97 人）。除此之外，圣剑寺碑文（1191）中，与建立该寺院相关的村落达到 13500 座，居民达 306372 人（平均一个村落有 22 人）。

**"灯明之家"和
"义诊机构"**

圣剑寺的碑文中明确记载了国内存在 121 处"灯明之家"（碑文为"阿尔亚"及"达尔玛莎拉"，意为"佛法之家"）。这些"灯明之家"似乎是沿着国内的主干道路有规律地分布，类似于驿站。"灯明之家"是用砂岩建造的小寺庙。其中 15 处的遗迹如今已被发现（布里格斯的《古代高棉帝国》）。周达观的《真腊风土记》中，有记载"大路上自有歇息，如邮亭之类，其名为森木"（"森木"是有休息之意的柬埔寨语"Samnak"的音译——和田译注）。像这样有灯火的寺庙大概是源于苏利耶跋摩一世时期。灯明关系到高棉寺院内重要的仪式，配有守护的值班人员。从吴哥都城到东边相隔 105 千米的大圣剑寺（磅斯外）都建有"灯明之家"。向西则经由距离 150 千米的班迭奇马越过扁担山脉一直通到披迈。实际上，大圣剑寺和班迭奇马两处遗迹里建有称作达尔玛莎拉（Dharmasala）的小石寺，笔者曾多次对此进行过勘察（2000 年 12 月）。

根据塔普伦寺的碑文（1186），国内建有 102 处"义诊机构"，其字面意思为"无病之家"。这类建筑似乎从耶输跋摩一世时期开始存在，阇耶跋摩七世再次将其组织化，以发挥效果。

义诊机构碑文由长篇梵语撰写，内容很规范。至今为止，已经发现了20处义诊机构。义诊机构到底是真正的医院，还是只是小诊疗所，尚无法判明。这样的机构在距离都城城门不远处发现了四所，根据碑文记载，当时各机构平常大约有200人在工作。远处的义诊机构似乎在披迈，有98人工作。碑文中还谈到国王照料病人的内容，一年三次给病人提供一定数量的药剂。

"灯明之家"和义诊机构虽然开设的目的有别，但二者都属于全国规模，在各地都有设置。为了使这些发挥功能，政府用道路和桥梁把它们同吴哥都城连接起来，彼此往来频繁。这是连接中央和地方的道路网，也是"物品"和人员流动的道路。

这一主干道就是现在通往占婆方向的国道六号线、越过扁担山脉去往披迈方向的道路、经过班迭奇马（距首都150千米）横穿亚兰（Aranyaprathet）附近到达大城和华富里的湄南河方向道路、通往柬埔寨南部的奇梳山（旧扶南方面）的长距离干线道路。除此之外，还有抄近道的干道，东面以崩密列（40千米）为起点，向东北通向贡开（100千米）及老挝南部瓦普寺，向东通向大圣剑寺（105千米）并通往更东方的旧都三波坡雷古（125千米）。这四个地方都有据点（遗迹）。

基于王道带来国内流通兴盛的"条条大路通吴哥"论，从国内经济活动的视角重新探讨历史，得到了重视。周达观指出从中国出发的许多船只抵达这里，这一事实说明当时的柬埔寨连接了洞里萨湖与湄公河，并将南海和泰国湾连接到一起。

实地调查密林中的巨大遗迹——探寻吴哥王朝的国内道路

上智大学的吴哥遗迹国际调查团对柬埔寨国内五处巨大遗迹进行了为期两周的调查。在柬埔寨密林地带深处，比吴哥窟规模大四倍的五处巨大遗迹就这么被弃置着。7世纪作为王朝都城的三波坡雷古（磅同省）、10世纪前半叶有十六年作为都城的贡开（班迭棉吉省）、被称为"东吴哥窟"的建立于11世纪末期的崩密列（暹粒省）、13世纪初建立的东部据点磅斯外大圣剑寺（磅同省）以及靠近泰国边境附近的班迭奇马寺（班迭棉吉省），这五大遗迹至今依然埋藏在茂密的丛林之中。

法国作家、曾担任文化部长的安德烈·马尔罗在二十三岁时造访了吴哥遗迹，根据自身的体验写成小说《王家大道》。在小说中，他虚构了荒废并被掩埋的王道如迷宫般贯穿于丛林之中。

最近的调查可以清楚判断，这些王道组成的道路网不仅存在于小说中，而且实际存在。在吴哥王朝最繁荣的12世纪，王道从现在泰国中部的素可泰起，延伸至老挝的万象、越南中部的岘港、马来半岛北部，而这也是当时吴哥王朝的版图范围。这些王道全部通向吴哥都城。作为王道的主干道，它在雨季也不会被水淹没，河流上则架起石桥，近邻的村人们往来于此，运送特产和香料。当地方发动叛乱时，军队也会通过王道前往镇压。埋没在密林中的五大遗迹，之前就是通过王道相互连接。

从1997年起，随着柬埔寨迎来了和平，地方开发调查推进，研究者逐渐新发现了吴哥时代的道路、石造桥梁、蓄水池遗迹、环濠遗迹、遗址等（见下文）。根据这些调查，人们判断出了大帝国吴哥王朝的轮廓。从建造巨大寺院吴哥窟的土木建筑技术来考虑的话，完善道路网也是自然而然的事情。

一、从吴哥向东，通过崩密列，前往磅斯外大圣剑寺的道路。

二、从崩密列到贡开、柏威夏寺及瓦普寺的准道路。

三、从吴哥向东南到三波坡雷古和"占婆首都"（一般以为那或许是毗阇耶的首都平定，但其实是更偏南的宾童龙占婆的首都潘兰）的道路，途中经过罗洛、磅格岱、三波坡雷古、诺哥庙的道路（有桥梁、堆土道、圣剑寺碑文中提到的五十七处驿站等）。

四、从吴哥向西北，通向玛穴寺、帕侬蓝寺的街道（有桥梁、堆土道、十七处驿站——据圣剑寺碑文，已确认了其中的八处）。

五、从吴哥向西，前往普农宿（Phnom Srok）及其前方的大道（通到斯多加通、马德望地区？）（有桥梁、堆土道，圣剑寺碑文并没有提及）。

六、未确认的大道。以耶输陀罗补罗（吴哥附近）为起点，经过阇耶瓦提，再回到耶输陀罗补罗（圣剑寺碑文记载有四十四处驿站）。

七、最后，根据圣剑寺的碑文，在室利佛逝迪提亚普拉的奇梳山驿站，有卡鲁亚纳斯蒂卡（？）。虽然在同碑文中没有言及其他，但在圣剑寺、塔普伦寺以及班迭奇马寺的碑文中有记载。

第四章

碑文中的王朝政治与社会

碑文讲述的吴哥王朝的实像

讲述王朝成立的斯多加通碑文

国王即位后，为增加其超越常人的神秘性，都会举行隆重的祭祀仪式。可以说，这是因为国王的权威尚未确立、作为统治者的力量尚未确定，所以要举行过于夸张的仪式，宣示自己是拥有众人支持的王者。

具有宗教性权威的婆罗门祭司或帝师，为了帮助国王确立神秘性、权威性的侧面形象，组合创造了各种仪式为其助势。他们对当权者充满信仰之心，通过靠近权威和财富，保持自身的地位和身份。本章就政治权力与宗教权威之间的依存关系和相互联系，对碑文史料进行调查验证。

吴哥王朝的首位国王阇耶跋摩二世在荔枝山上作为"转轮圣王"即位，成为"守护灵的王中之王"这一新的"神圣王"，创立古高棉语称为"Kamaraten Jagat Ta Raja"的信仰。这一信仰包括认为国王是保护王国的新神灵，在都城的护国寺院中拜祭国王与神合体的特殊林迦等。据说只有被特别任命的婆罗门世袭家族才享有执行祭祀仪式的特权。笔者接下来考察详述国王与圣职宗教事务世袭家族关系的斯多加通碑文（K235）。

这一石碑现藏曼谷国家博物馆。1052 年所刻的斯多加通碑位于诗梳风东北 25 千米的巴真府，刚好在泰柬国境线到泰国一侧的区域有同名遗迹。该遗址外周东西长 126 米，南北宽 120 米，中央塔用红土和红色砂岩建造，东边有正面的开口部位。寺院境内有 60 米的中庭，被两重回廊环绕。

碑文就是在遗迹内发现的，雕刻于石柱的四周。石柱为高 1.5 米的长方体（底面长 0.42 米，宽 0.32 米）。A 面有 66 行文字（梵语），B 面有 77 行（梵语），C 面上部 55 行（梵语）、下部 29 行（古高棉语），D 面上部两行文字（梵语）、下部 117 行（古高棉语）。

碑文由世袭的圣职者家族族长萨达希瓦在 1052 年刻写。这一家族一直专门负责王室的神圣王祭祀仪式，主持即位仪式等。碑文中记载，从大约二百五十年前开始，该圣职者家族就垄断性地主持镇护国家的祭祀活动。萨达希瓦在 1002 年主持了统治吴哥都城的阇耶毗罗跋摩国王的即位仪式。阇耶毗罗跋摩与之后的苏利耶跋摩一世处于敌对关系。这两位国王在柬埔寨的西北部展开战争，阇耶毗罗跋摩王在战争中失败。苏利耶跋摩一世无法豁免萨达希瓦，因为他主持过承认敌对国王为正统国王的即位仪式。苏利耶跋摩一世命令同属于世袭家族的旁系家族掌管司仪，1011 年顺利完成了即位仪式。

获得胜利的苏利耶跋摩一世在前往京城的途中，打败了附近的敌对势力，于 1010 年进入吴哥都城。这一世袭家族的长者拥有负责历代国王即位仪式的特权，而该仪式是使国王的即位在全国范围内正当化的程序。萨达希瓦最终犯了错误，让敌对的国王即位。

于是，新国王打算将这位担任正统世袭家族族长的萨达希瓦从高位的圣职者宗教事务中开除，调为一个闲职，使其随时间流逝而销声匿迹。萨达希瓦觉察到这些，立刻申明自己家族才是崇高的世袭家族，试图辩解。然而，面对拥有绝对权力的现任国王，他无法从正面申诉。

萨达希瓦想用 346 行碑文详细陈述该世袭家族从 250 年前的 802 年起就开始侍奉国王，共经历了 13 代国君的历史吧。这些碑文有等待苏利耶跋摩一世国王过世（1050）的意思。在国王过世两年后的 1052 年，伟大的世袭家族的申辩书终于得以实现。

萨达希瓦说，自己家族最早在阇耶跋摩二世（802—834 年在位）的准许下负责执行国王正统的王权仪式，是有历史传统的门第。碑文里详细记载了其家族的来历，以及同历代国王一同走过的光辉历史。对于苏利耶跋摩一世的决定，他曾想方设法请求国王重新考虑，但并没有得到这种机会。实际上，他真正的想法是等待国王去世。

该碑文正是在这样的政治意图下制作而成，因此我们从中可以了解到过去的王位继承及年代、高官权贵的职位、政治权力的结构等经过何种历史过程而被传承下来，弄清楚了许多之前不明确的史实。从该碑文中也可以明确判断，镇护国家的主神是国王和湿婆神合体的特别神圣王，并随新国王即位而被迁置到新建立的护国寺院。

**"王乃宇宙之主"——
王权与宗教权威的共生**

关于阇耶跋摩二世的政治活动，斯多加通碑文中有详细的记述。由于该碑文是阇耶跋摩二世即位二百五十年之后的作品，笔者将在对一些史料进行批判的基础上进行考察。如果以此为前提来继续讨论的话，就成了"（阇耶跋摩二世）从爪哇（大概是马来地区）归来，成为因陀罗补罗之王"，阇耶跋摩二世以因陀罗补罗为起点，向三波城、库底、诃里诃罗洛耶、阿玛莲特补罗（Amarendrapura）北进，征讨各地并使其臣服。然后，阇耶跋摩二世又回到将吴哥都城尽收眼底的阿耶陀拉帕尔塔（现在的荔枝山），并于802年发表建立新政权的宣言。这是关于王国创建的固定而强有力的宣言，但如果说当真如此，则不免会有疑问。

阇耶跋摩二世数次转移住处，包括大量士兵、官吏、家族等相关人员一同随行。这样的移动可以看作一种征伐作战，是针对在各地割据的地方豪杰而采取的具体军事行动、示威行动。国王运用军事和婚姻两大作战方式，不断征讨各地。为了整合归顺的各地势力，需要将地方补罗（相当于村落）祭拜的泛灵信仰与阇耶跋摩二世创立的特别神圣王信仰相结合。实际上，我们无法得知阇耶跋摩二世统治期间到底拜祭了怎样的神圣王，不过据推测是高约八十厘米的普通林迦。

创设"王的林迦"的另外一个理由是，8世纪"爪哇"（马来地区）势力占领了柬埔寨南部的水真腊（中国史料中记载的从真腊分裂出来的政权）的一些小国、地区，一直主张对这些地区享有宗主权，将其纳入自己的领土。因此，国王要切断爪哇地区的宗主权，确立唯一的绝对君王权威，即成为转轮圣王。

象征着王和湿婆神的林迦吸收合并了自古以来地方首领和居民信奉的当地风俗中的泛灵。这种信仰的理念在于，创立优先于各地信仰的国家信仰。反过来说，因为处于不安定的政治状况之下，国王的权威并没有那么强地在制度上确立。正因为如此，必须要增加表现出神秘性的高级仪式。无论从宗教上，还是国内统一的角度来看，这都可以说是从地方分立的趋势向中央集权体制转变的一项具体的祭祀仪式。

国王命令婆罗门祭司比兰亚达玛编撰新的四经典［怛特罗（Tantra）系的经典，即密续，崇拜印度教湿婆神沙克提（性力）

的圣典〕并制定仪式体系。

　　具有祭祀经验且很熟练的婆罗门，谨慎细致地抄录论
（sastra）中的精髓，祈愿国家兴隆繁盛，创设了以神圣王为名
的秘法仪式。（K235）

梵语碑文如上记载，该祭祀仪式于802年在建有都城的阿
耶陀拉帕尔塔（现在的荔枝山）举行。按照埃蒂安·艾莫尼尔
（Etienne Aymonier）的研究，神圣土的林迦被放置在护国寺院龙
镇寺，并在此举行祭祀，不过详细内容无法确认。

　　然而，该祭祀仪式却并没有由婆罗门比兰亚达玛负责执行。

　　比兰亚达玛（婆罗门）完成了关于神圣王的祭祀仪式，并
传授给了斯特·安·希瓦卡瓦亚（shivakaivalya）。阇耶跋摩二
世和婆罗门比兰亚达玛进行了祝福和巫咒，严命希瓦卡瓦亚一
族负责执行关于神圣王的祭祀仪式，禁止其他人执行该祭祀仪
式。祭司（purohita）希瓦卡瓦亚指示家族全员举办祭祀仪式。
（K235）

**世袭家族护持神圣的
仪式和神王信仰**

作为这次重要祭祀的祭司并就任帝师的希
瓦卡瓦亚，似乎早在阇耶跋摩二世以因陀
罗补罗为根据地的时期，就被任命为祭祀

仪式的负责人。从此以后，在数次迁都中，希瓦卡瓦亚必定跟随同行。他深得国王信赖，连学识渊博的婆罗门比兰亚达玛都无法取代他的位置。

通过担任祭司发挥帝师作用的希瓦卡瓦亚，从国王那里得到了以下特权：其家族与子孙世袭从事神圣王的宗教事务；禁止其他人员负责该祭祀；因此，在他的指挥之下，该家族全员负责祭祀的举办和管理寺院等全部

林迦 神圣王是男性生殖器的形状。金边国立博物馆藏

宗教祭祀事务。希瓦卡瓦亚之后，经历了两个半世纪，到萨达希瓦时已有八代祭司、帝师世袭了此圣职，并继承了传统的宗教事务职位。世袭家族的历代族长负责安排国王的即位仪式，努力维护并扩大神圣王信仰，并劝谏国王推进寺院的建设。政府在护国寺院中安置"国王的林迦或国王的神像"，并举行盛大的神圣王祭祀典礼。

神圣王的林迦，既是湿婆神通过婆罗门授予国王的王国守护神，同时也是包含了土地泛灵的神明，据说林迦中住着"肉眼无

法见到的细小灵魂"。因此，国王已经不单单是人类，也是湿婆神的分身。此外，国王即位的同时也拥有了自己的谥号。

根据碑文，帝师希瓦卡瓦亚举办的祭祀仪式中，将阇耶跋摩二世和湿婆的林迦合并的仪式在象征须弥山的阿耶陀拉帕尔塔举办。这一祭祀由萨达希瓦和他的亲族继承。如果从这种神王合一的想法来考虑的话，国王、特殊林迦和帝师三者之间形成了无法割裂的祭政一体的鼎足之势。

"神圣王为了守护永续的诸王王权，跟随国王建造的都城，变更住地。"由此可知，主神神圣王一般都是被放置在国王建造的护国寺院里。

这个世袭圣职者的家族参与包括即位仪式在内的国王和国家全部的宗教活动。他们为了巩固神圣而不可侵犯的王位神授的背景，通过神秘的祭祀仪式，彰显强大稳固的王权，让国王建造炫耀威仪的大型寺庙，吸引人心。与此同时，他们行使着这种特权、祭祀权，也亲自担任高级官职操纵政治。

还俗帝师的遗憾　　　现在的金边王宫中还有主持特别祭祀仪式的祭司官"巴库"，被称为婆罗门的这群执行祭礼的团体依然延续。例如，他们至今还负责始耕祭等祭祀活动。

苏利耶跋摩一世授予萨达希瓦"Purohita Raja"（国王的祭司长）称号，采取明升暗贬的做法。现在柬埔寨政府也仍然采取升官但就任闲职的人事方式。于是，萨达希瓦不再担任传统的神圣王祭祀事务的职位了。国王令他还俗，并同苏利耶跋摩一世王妃的妹妹结婚，改名为阇伊恩陀罗班智达。

那么世袭家族族长萨达希瓦为什么在1052年要制作这块碑文呢？这是因为他所侍奉的苏利耶跋摩一世在1050年去世，同年新王优陀耶迭多跋摩二世即位。萨达希瓦将整个世袭家族伟大的历史一口气写下来，特意刻在永久留存的碑文上。希瓦卡瓦亚家族最后的帝师萨达希瓦，在身份、地位变更之际，在自己家族菩提寺所在的斯多加通寺院，将经过、事实记载并保留在碑文上。

实际上是怎么一回事呢？苏利耶跋摩一世从萨达希瓦手中剥夺了自希瓦卡瓦亚以来一直享有的举办即位仪式的特权。然后，他从外戚的宗教事务家族中选用了夏卡拉班智达，代替萨达希瓦担任王室祭祀仪式一职。即便是拥有两百五十多年传统和宗教权威的圣职者宗教事务家族，也不得不屈从于政治上掌握主导权的王权。柬埔寨版的印度教，已经渗入柬埔寨以国王为顶端的统治阶层。

该碑刻石柱具有很高的史料价值：它补充完善了吴哥王朝史研究中所缺失的关于国王统治年代的内容；国王和祭祀执行者合作，展现王权的宗教神秘性及王权背景；人们了解到王权的宗教神秘性如何通过祭礼负责人增加、扩大表现出来；碑文中清晰显示，特殊的世袭家族的延续及服务朝廷、被神格化的王权的实际情况及政治背景等。

**从碑文中积累社会的
一般观念**

吴哥王朝并用梵语和古高棉语，斯多加通碑文就是用这两种语言并行记载的恰当例证。该碑文用古高棉语和梵语记载了同一内容，相互补正，具有很高的史料性。在吴哥王朝初期单独使用梵语文字的情况很多，但那只是因为高棉语作为书面语言尚不熟练。到了阇耶跋摩七世时代的碑文，由于王国已经扩大到邻近的地区，所以梵语被作为当时东南亚的通用语言使用。

婆罗门自不必说，国王及高级侍从也有梵语名字。同时，他们还有高棉语的俗姓，例如自称乌莱·加隆的高官，10世纪时妹妹嫁给了国王，进而得到国王授予的官阶，其梵语名字便是纳拉帕特因陀罗跋摩（Narapatindravarman，持铠甲的诸王之王）。总之，当时的社会继续并用两种语言，梵语成为当时政治和宗教上的权威语言也是事实。然而，梵语也同时广泛地渗透到高棉人的社会当中。

现存的碑文是少数著文篆刻者敬奉的特殊文书，但是其中所记载的内容是通过他们的思考方式和价值判断而最直接地反映当时社会的重要记录。从这个意义上来说，碑文内容尽管是片断化，并且偏向特定事情的记事，但它仍然是了解当时社会的重要史料，是一种线索。我们从中可以部分地了解到创造碑文的人们所处时代的精神和思维方式。

这些碑文只是寥寥无几地描述了一般社会的样貌或提供了相关的暗示，要从多个碑文中精心收集这些信息，并积聚一些共通的一般观念，然后，我们必须从中发现一般社会的原则性部分和概念。这种研究碑文的方法是碑刻学中的铁律。然而，事实上我们在解读碑文时，也不仅限于简单地寻找一般社会的原则和价值体系，还需要花费时间读透大量的碑文，并且确实能够熟练掌握，然后看透一个观点或一项一般原则。

尽管叙述碑刻学的处理方法很容易，但是区分哪个是一般性的原则和概念则是一项十分困难的工作，需要长年积累的直觉、熟练以及磨砺而成的敏锐洞察力。

依据碑文史料，可以判断当时柬埔寨社会到底存在着哪些人呢？梵语的普及和浸透，是印度文化最终以柬埔寨的方式彻底融入当地的最好证据。由此，印度文化大范围地渗透到高棉文化之中，但是将外来的梵语完全变成自身之物的还只是很少的一部分高棉高官。

导演国王权威的幕后人物——国王、王族和帝师、婆罗门、高官

身份地位仅次于国王的是婆罗门。婆罗门是什么样的人呢？他们有许多在地位上比贵族、王子、大臣的地位都高。婆罗门作为"帝师"（古尔）在所有的领域均发挥着影响力。

其中具有代表性的帝师是迪瓦卡拉班智达，11—12 世纪，他侍奉了五代国王，在幕后任意操纵。他也是执行苏利耶跋摩二世即位仪式的铁腕式人物。迪瓦卡拉班智达被封予"敬爱之师多福多金"的头衔，而且得到了高位王族的待遇，即可使用金轿子、金柄扇子、大象、马匹等，彰显作为高官的权势。

那么，婆罗门应该具备什么样的能力呢？在 889 年耶输跋摩一世所制定的僧房（Asrama）规则中，作为婆罗门首先要有身为伟大信仰的实践者的行动力，其次要具备高资质，而且要通晓吠陀。大多数婆罗门在钻研吠陀的同时，还有必要深谙论、往世书（Purana）、叙事诗等。再有一个判断标准在于是否是印度出身。帝师、婆罗门通过和贵族联手，开拓了通向高官的发迹之路。正如斯多加通碑义所述，与王公贵族通婚，加上担任高级官职，使婆罗门顺理成章地成为世袭的宗教事务官家族。帝师"婆罗门"除了负责祭祀仪式的事务之外，还担任着极其多样的职务。

此外，7 世纪，婆罗门的两个儿子各自担任"太仆"（马哈休瓦帕提）和"舵手长官"（塔里特拉巴鲁塔姆·帕提）的职务。最受尊崇的职务是从事神圣王祭祀仪式的宗教事务官，他们被授予"皇家婆罗门"的头衔。

主持国王即位仪式的祭司称为瓦拉·古尔（伟大的帝师），举行仪式时有许多婆罗门和高官列席，场面十分肃穆。

曷利沙跋摩三世（1066—1080 年在位）的即位仪式实际是由具备帝师资格的夏卡拉班智达同大臣和高官协议举办。在即位当天，还举行了灌顶的仪式，并洒了圣水。这样一来，国王的即位仪式就是国家最重要的仪式，从君权神授的意义上来看，这也是正式承认国王统治的典礼。

登上宝座的国王拥有了"圣足之尘"的称号，也被称为"柬埔寨大地之神"。国王手持白色遮阳伞，而它是"一国之主的象征"，是体现王权源泉的随身之物。而且，圣剑也是国王的特别象征。国王被认为是"世界的万能守护者"，是因陀罗神（雷霆神，即帝释天）的化身。国王是臣民的保护者，同时也是护持达摩（Dharma，法）之人。国王惩罚恶人、罪人，保护国家，违反命令者会受到国王的杖刑处罚。同样，国王也要承诺使臣民能够生活，并创造出经济的繁荣。

国王的名字往往以"跋摩"二字结尾（意为拥有某某铠甲者），正如伊奢那跋摩一世（Isnavarman Ⅰ，616—637年在位）的名字那样，名字开头是指湿婆神［伊舍那天（Isana）、摩辛陀罗（Mahendra）、拉金德拉（Rajendra）等］或其他神［苏利耶（Surya，太阳神）、因陀罗神等］的词语，此外，有时也会是诸如"胜利"（Jaya，阇耶）、"欢喜"（Harsha）等抽象名词。

王的圣名成为护国寺院中林迦的称呼（因陀罗跋摩一世建立了叫作"因陀罗首罗"，即"因陀罗跋摩一世与湿婆神合体的神王"的林迦），耶输跋摩一世（即位之前称为耶输跋摩达纳）修建了耶输陀罗补罗（"耶输跋摩一世的都城"），又建成了耶输塔塔卡，还在国内创建了称为耶输达纳希尔玛（"耶输跋摩一世之僧院"）的僧院。

国王去世之后与皈依的神灵在天上合体，拥有谥号并被神化，之后人们就以谥号来称呼他。阇耶跋摩二世逝世成为帕拉摩修瓦拉帕达［奔赴帕拉摩修瓦拉（Paranesvara，最高的湿婆神）世界之人］，苏利耶跋摩二世去世之后被称为帕拉摩毗湿奴罗卡（奔赴至上的毗湿奴之人），阇耶跋摩七世则被称为玛哈帕拉玛萨乌迦达帕塔（奔赴伟大至上的佛陀之人）。

跨越神、人两大世界的王

以婆罗门为中心的宗教祭礼负责人围绕在国王身边，向古代柬埔寨的诸位国王鼓吹"王的神格化"，并将其编成脚本表演出来。他们将印度教诸神替换成柬埔寨版印度教的神，并将王权的来源与这些神的神谕结合，将国王与神明合体，导演夸张的祭祀仪式，以发挥国王作为现世神的功能。祭拜国王与神明（湿婆神）合体的林迦，早在前吴哥时代就已经存在。将国王视为现世神的思想从639年即位的拔婆跋摩二世时代就存在，那时用谥号记载国王的名字，认为国王是跨越人、神两大世界的权威人物。

国王的神格化趋势中，最初国王被认为是湿婆神的化身，是地上的伊夏或伊修瓦拉（Isa、Isvara，一种湿婆神）。庙山型护国寺院坐落在都城的中央，安放着金色的林迦，据说林迦里住着国王的灵魂。

苏利耶跋摩二世时常被视为与毗湿奴神一体。阇耶跋摩七世在巴戎寺安置了大佛像，该像被认为是与国王合体的"佛王"。另外，当时还将般若波罗蜜多像作为国王母亲的雕像来祭祀，将观世音菩萨像作为国王父亲的雕像崇拜。

王室的谱系可以上溯到建国传说，谱系中强调"月亮"和"太阳"两大家系。月亮家系是婆罗门侨陈如（Kaundinya）与纳吉苏麻的子孙，可以追溯至扶南国。太阳家系则把柬埔加（意为"出生于柬埔"，即柬埔寨）人祖先柬埔（Kambu）与阿普萨拉丝（Apsaras，天女、飞天）奉为祖先。

总而言之，国王通过即位仪式，得到"世界之王"的地位（转轮圣王）。即位仪式加入了与神合体的仪式，庄严肃穆地按照流程举行。12 世纪的碑文中记载了仪式进行的顺序。据碑文记载，"伟大的帝师"具有重要的作用，以超越单单是仪式祭祀官的身份活动。瓦拉·古尔平日里是国王的政治顾问，在即位时则成为王位正统继承权的保证人，真正发挥了"拥立王位者"（kingmaker）的角色。

前文已经提到的知名帝师迪瓦卡拉班智达侍奉前朝的国王，并身居要职，但在 11 世纪末又加入了新的摩悉陀罗补罗王朝（Mahidharapura），全权负责阇耶跋摩六世的即位仪式。而且，他也是关系到之后两代继承者［陀罗尼因陀罗跋摩一世和苏利耶跋摩二世（Suryavarman Ⅱ）］即位的精干人物。

大臣们有时也会参与甚至干涉国王的即位。至于在这种权力结构中何为王权、国王如何掌握权力、主张正统性的背后都有些什么人，则都不清楚。在位期间的国王可以说处于权谋术数的政治旋涡当中，但他也是各项仪礼的中心人物，是最高祭祀仪式的执行者。同时，他也与护国寺院里冠以国王名字的神圣王信仰直接相关。

国王授予臣下头衔、职位、官阶，而且正如 10 世纪的碑文所记载，也负责瓦尔纳（Varna，种姓、职能集团）的创设、维护和管理。为了进行健康管理，他为居民们提供了义诊机构、驿站以及类似的设施；为了开展教育，国王建立了僧房。国王作为整个王国的最高法官，被看作阎摩神（阎罗）。国王自然也是军队的最高司令官，还负责监视对众神明的信仰是否基于正义而实施。基于这样的原因，国王也是建筑物或既存建筑的直接管理者和代理人。因为身为国王，所以需要守护法（dharma）。

推动王朝的国王与实力派

英姿勃发的国王阇耶跋摩二世

斯多加通碑文从国王与执行祭祀仪式的世袭家族的联系，详细记述了自阇耶跋摩二世起的十三代国王的事迹。

关于王即神的"神圣王信仰"体系到底如何形成，碑文中的历史叙述应该存在偏向世袭家族一方的夸大其词的信息操作，对此我们必须批判选择。但是，碑文记载大概还是属于正确的史实。

一般认为阇耶跋摩二世于 802 年继承了新王朝耀眼的王位，

但对于他之前的经历还不是很清楚。他应该和中国史料提及的"水真腊"王族有关系，因为"爪哇"对该国享有宗主权，因此，作为王族成员的阇耶跋摩二世，年幼时被带到那里做人质，成年后才返回柬埔寨。

根据对许多碑文的考察，阇耶跋摩二世于770年回到因陀罗补罗（K103），781年将统治地区扩大到北部三波城，宣布柬埔寨从"爪哇"的统治下解放。其后，他又征服了吴哥地区的安因迪塔补罗（Aninditapura）王国。国王相继征服了各地主要的据点，在诃里诃罗洛耶，即罗洛建立据点，到800年左右他又重新迁移到了阿耶陀拉帕尔塔（荔枝山）地区。802年，他在荔枝山宣称自己是转轮圣王。国王每次举行祭祀仪式时都要去荔枝山，但那里平地稀少，岩石裸露，日常生活不便。其后，国王回到罗洛，在那里至少一直统治到834年，但为了宗教活动和祭祀仪式也会去荔枝山。阇耶跋摩二世的儿子阇耶跋摩三世（834—877年在位）据说特别擅长猎象（K521），但由于缺少史料，其治世方面并不清楚。

开始建设吴哥都城的因陀罗跋摩一世

因陀罗跋摩一世（877—889年在位）出生于地方，具体地点尚不清楚，大概与三波城家族（位于湄公河流域的松博，即桔井省）有关系。婆罗门祭司、帝师希瓦索玛（Sivasoma）为世袭家族的第三代家长，跟随国王出巡各地。西瓦索玛是一位艺术家，实际上，神牛寺的三殿也是他参与建造的。因陀罗跋摩一世于877年即位，当时已是高龄。据碑文记载，"国王的命令（ajna）飞越中国、占婆和爪哇岛君主们的头顶，如同茉莉的花冠遍及全世界，又宛若洁白纯净的花环，保持平衡而无微不至"。

因陀罗跋摩一世的统治地区几乎与现在柬埔寨的国土范围一致。887年，国王着手修建罗莱寺的巴莱，并用自己的名字将它命名为因陀罗塔塔卡。他在879年建造了祭祀祖先的神牛寺，之后又建造了第一座护国寺院巴孔寺，881年，他又祭拜源于他名字的"因陀罗首罗"这一神圣王之神的林迦。据传，因陀罗跋摩一世着手动工的土木工程还有东巴莱以及初期的巴肯寺。碑文最后的记载是886年。到继承者耶输跋摩一世即位之前的数年空白期，大概发生了王位继承战争。因陀罗跋摩一世在耶输跋摩一世即位的889年之前似乎就已经去世了。

具有国境意识的耶输跋摩一世

数人争夺王位，最终在洞里萨湖船战中获胜的耶输跋摩一世即位（889—910年左右在位）。他原名为耶输跋摩达纳。这时担任帝师的是跋玛希瓦，属于世袭家族的婆罗门。耶输跋摩一世身体强壮，碑文强调说，他"一击铁剑使其碎成三段"。据记载，此时王国的国境到达缅甸、泰国湾、占婆和中国。笔者认为上述范围是吴哥王朝的通商圈。国王和高官们已经意识到物产流通、贸易的势力圈。据说，往日的都城耶输陀罗补罗被从国内外

巴孔寺　因陀罗跋摩一世建立的最早的
护国寺院

神牛寺　因陀罗跋摩一世为双亲亡灵祈福而修建

带来的宝物和豪华装饰品点缀，可以说是物流发挥了作用。他在国内外建造了千余所印度教和佛教的僧房，这些僧房也是表明统治范围的标志之一，在越南南部至老挝南部、泰国东北部，发现了数十所僧房遗址。耶输跋摩一世即位之后在罗洛都城度过数年，其后修建最早的吴哥都城耶输陀罗补罗，在都城中央的小山丘上建造了巴肯寺（护国寺院），并继续修建东巴莱。然后，他在东巴莱的堤坝附近建造了上述僧房。这些僧房有细致的规则，僧侣们也实施了严格的教育。从这些规则可以弄清当时一般社会的部分规则。耶输跋摩一世于 910 年前后过世，继承者是他的儿子曷利沙跋摩一世（910—922 年左右在位），此后继承王位的伊奢那跋摩二世（约 922—928 年在位）也是他的儿子。而此后篡夺王位的阇耶跋摩四世则是国王耶输跋摩一世的结拜兄弟。

伯父阇耶跋摩四世篡夺王位

阇耶跋摩四世是耶输跋摩一世的妹夫，据说921年，他把首都和"神圣王（王即神）林迦"一起移到贡开，伊奢那跋摩二世也随此前往。阇耶跋摩四世于921年在贡开即位，但柬埔寨南部的碑文上记载其即位时间为928年（伊奢那跋摩二世死后）。

在这场王位篡夺导致的王室分裂之际，斯多加通碑文是怎样记载的呢? 以往的世袭家族都没有参与阇耶跋摩四世的即位仪式。负责祭祀的是世袭家族分往地方的旁系，似乎是帝师、婆罗门伊奢那穆裰。在耶输跋摩一世的统治下，由正统世袭家族的帝师摩玛西瓦发号施令，这时这一家系从本家分开，来到斯多库兰莱村。阇耶跋摩四世在贡开这一新都城安置了主神的湿婆林迦，建造了巨大的王宫，之外还修建了许多寺院和小庙。据说，在安置巨大林迦的小庙还点起明灯。此外，他还建造了巴莱。阇耶跋摩四世于942年去世，他的儿子曷利沙跋摩二世（942—944年左右在位）成为继承者，但两年后也去世。贡开的时代由此结束了。

再度迁都吴哥的罗贞陀罗跋摩

罗贞陀罗跋摩（944—968年在位）将神圣王林迦重新安置回吴哥，并于944年即位。当时，他很年轻，向帝师婆罗门希瓦恰利亚学习帝王之术，也接受了来自印度的婆罗门迪瓦卡拉巴塔的教育。据说，这位婆罗门是精通"十四种学问"的大权威。

罗贞陀罗跋摩对东巴莱进行了大规模的改修，之后在其中央建立了祭祀祖先的东湄本寺（952），并在东巴莱附近建造了镇护国家的中心寺院比粒寺（961），将此地作为新的都城。作为建筑家的高官卡毗陀罗利玛塔那于952年在巴琼寺供奉佛像。罗贞陀罗跋摩于968年去世，其子阇耶跋摩五世成为继承者。

教育负责人、帝师 耶输纳瓦拉哈

阇耶跋摩五世（969—1000年左右在位）成为了继承人，不过婆罗门耶输纳瓦拉哈（Yainavaraha）是帝师。阇耶跋摩五世是罗贞陀罗跋摩一世的儿子，即位时年幼，跟随婆罗门耶输纳瓦拉哈学习帝王之术。在阇耶跋摩五世的执政时期，耶输纳瓦拉哈起到了摄政的作用。国家这时开始在东巴莱的西岸建造茶胶寺（别名"金先锋之山"）。据说寺院在施工过程中遭到雷击，导致建设中断，就此搁置，而国王也于1000年去世。

身为高官、帝师的耶输纳瓦拉哈、卡毗陀罗利玛塔那等人修建了多处私人寺院。前者于967年开始建造女王宫，大约耗费三十年才完成。后者则于952年在巴琼寺供奉佛像，还接受国王任命，负责东湄本和王宫（大概位于东池的南部）的建造。阇耶跋摩五世在位时期与占婆的战争一直持续，并于950年向占婆派兵。

阇耶跋摩五世外甥优陀耶迭多跋摩一世（1001—1002年在

位）继承了王位，但由于事故过世，阇耶毗罗跋摩继而成为国王，统治吴哥都城。但他与之后的苏利耶跋摩一世打了九年的内战，最终于1010年败北。

要求宣誓效忠的苏利耶跋摩一世　　国王苏利耶跋摩一世（1011—1050年在位）出生于扁担山脉地区，在内战之后的1011年即位。他在重新选用前任国王的官吏之时，要求他们宣誓效忠，并赐予宣誓者官职。官员名单就刻在王宫入口处的建筑墙壁上。一位苏利耶跋摩一世的礼赞者宣称他是梵天神的化身。虽然梵天神信仰崇拜很少出现在正式的舞台上，但是一直延续着。如前文所述，在斯多加通碑文中，苏利耶跋摩一世是一位连圣职者家族的族长萨达希瓦都不得不屈服的强势国王。从了解当时的宗教权力与世俗权力的构造来看，这件事饶有趣味。

苏利耶跋摩一世对吴哥都城内的王宫进行了维修整治，并建造了西巴莱和用于测定水位的西湄本寺（以前属于湿婆派）。在苏利耶跋摩一世统治时期，柬埔寨还进入湄南河流域，并在那里建立了据点。

优陀耶迭多跋摩二世（1050—1066年在位）是苏利耶跋摩一世的儿子。1050年，他年经轻轻就继承了王位，但我们对他统治时期的状况并不太了解。出身传统军人家族的桑古拉玛成为隶属于国王的最高司令官、将军，镇压了1051年和1065年的

叛乱。优陀耶迭多
跋摩二世建造了护国
寺院巴普昂寺，当时
称为"金山"。在他
统治势力所不及的地
方，叛乱和起义不断。

茶胶寺　阇耶跋摩五世在吴哥东巴莱西岸开始修建此寺，
没有完工就去世了

　　他还开展了用于
测定水位的西巴孔寺
的第二期工程，安放
了一座巨大的横卧毗湿奴神像。优陀耶迭多跋摩二世于1066年
去世，同年其弟曷利沙跋摩三世即位。这场即位仪式的祭司是帝
师夏卡拉班智达，仪式中也有灌顶仪式。

**开创新王朝的帝师
和阇耶跋摩六世**

婆罗门帝师迪瓦卡拉班智达成为王宫内首
屈一指的实权派。这位帝师先后侍奉了优
陀耶迭多跋摩二世、曷利沙跋摩三世、阇
耶跋摩六世（1080—1107年在位）、陀罗尼因陀罗跋摩一世和苏
利耶跋摩二世五代国王，作为幕后之人，在宗教及政治上都发挥
着影响力。

　　最终，阇耶跋摩六世在迪瓦卡拉班智达的扶助之下，于
1080年即位。他和之前的王国没有任何关系，属于另一系统的
团体。据说他出生于玛毗达罗补罗（泰国东北部），但这个王朝

苏利耶跋摩二世的浮雕　位于吴哥窟第一回廊南面西侧

位置不明。为了掌握权力，他接受了国王的幕后操纵者、婆罗门帝师迪瓦卡拉班智达的帮助。碑文中几乎没有留下对他的记载，因此也无法得知他在任时期的活动。曷利沙跋摩三世之后的继任者们没有在吴哥地区留下任何足迹。

这位国王大概以泰国东北部至柬埔寨北部为根据地，在北部扁担山脉建造了柏威夏寺和瓦普寺等大规模建筑工程。

阇耶跋摩六世于1107年过世，其兄陀罗尼因陀罗跋摩一世（1107—1113年在位）成为继任者。至于他是否在吴哥都城即位，我们也不清楚。在他的统治期间，国内分裂成了数个地区，围绕王位的继承问题发生了内战。帝师迪瓦卡拉班智达的一举一动在很大程度上是决定国内局势的关键。

鬼才苏利耶跋摩二世建立吴哥窟

苏利耶跋摩二世（1113—1150年左右在位）"统一合并两个王国"，并掌握了权力。国王依靠实权者迪瓦卡拉班智达举行了即位仪式。苏利耶跋摩二世是毗湿奴神的崇拜者，将自己的护国寺

　　　　　　　东南亚：多文明世界的发现

院吴哥窟敬献给毗湿奴神。该寺院正是立于吴哥王朝传统建筑顶峰的大寺院，成为唯一存续至今的巨大文化遗产。而且，国王还亲自参与了湿婆派寺院等许多建筑物的修建。

国王积极开展外交活动，在首次派兵进攻占婆（1123、1124）后，又攻击了大越国（1128），但惨遭失败。他最后一次向东京（Dong Kinh，河内的旧称）派兵后，于1150年左右过世。随后即位的是陀罗尼因陀罗跋摩二世（之后继位的阇耶跋摩七世的父亲）。在他短暂执政之后，耶输跋摩二世即位。然而，耶输跋摩二世被他的大臣、王位篡夺者特里布婆那迭多跋摩（约1165—1177年在位）于1165年杀害。

皈依佛教的国王陀罗尼因陀罗跋摩

在苏利耶跋摩二世统治时期，陀罗尼因陀罗跋摩并没有成为国王，而是以佛教徒的身份活动。陀罗尼因陀罗跋摩继堂兄苏利耶跋摩二世之后即位，似乎到耶输跋摩二世登基之前，都作为国王统治国家（1165年逝世），但是并未发现证明他在位的碑文。不管怎么说，这位皈依佛教的国王是阇耶跋摩七世的父亲，之后阇耶跋摩七世将他比作观世音菩萨，供奉于圣剑寺。从1150年到1165年，陀罗尼因陀罗跋摩努力进行国内建设，建造了崩密列寺院、磅斯外的大圣剑寺等佛教寺院，在两大寺院与吴哥的街途设立了驿站，并建造小型寺院等。吴哥的周萨神庙（Chau Say Tevoda）和近郊的班蒂色玛寺都是在这一时期建造的。

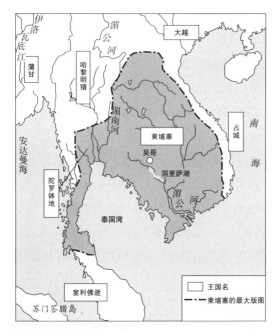

伊洛瓦底江
蒲甘
哈黎明猜
湄公河
大越
占城
柬埔寨
吴哥
洞里萨湖
湄公河
南海
安达曼海
陀罗钵地
泰国湾
室利佛逝
苏门答腊岛

王国名
柬埔寨的最大版图

柬埔寨统治圈　12 世纪

他最晚于 1165 年去世，被视为后继者的耶输跋摩二世也因为政
变于同年离世。

弘扬国威的阇耶跋摩七世　　出生于 1125 年前后的阇耶跋摩七世
（1181—1219 年左右在位）与父亲一样，
也是一位热忱的佛教徒。他与阇耶罗阇德毗结婚。阇耶罗阇德
毗过世之后（不早于 1191 年），阇耶跋摩七世又娶了她的姐姐因
陀罗德毗，二人都是佛教徒，至少姐姐研修了佛教教理学说。

　　　　　　　　　　　　　　　　　　　东南亚：多文明世界的发现

他们所生的王子中就有塔普伦寺和圣
剑寺的碑文作者、在对占婆作战建立
军功的输利陀罗鸠摩罗。而另一位王
子塔玛林达（与阇耶跋摩七世的血缘
关系不明确）在斯里兰卡习得上座部
佛教教典之后，于1190年回国。

1165年，年逾四十的阇耶跋摩
七世指挥进攻占婆。他在磅斯外的大
圣剑寺蜗居了十几年。在吴哥被占婆
军占领、特里布婆那迭多跋摩战死之
后，阇耶跋摩七世于1177年再度登

阇耶跋摩七世像　散发着深邃精神
性的名作。法国吉美亚洲艺术博物
馆藏

上正面舞台。阇耶跋摩七世首先在圣剑寺战场战胜占婆军，接
着又在洞里萨湖的船上战役中取得胜利。

1181年，阇耶跋摩七世在荔枝山上举行即位仪式，正式掌
握大权。从1190年起，他开始向外发动军事远征，1203年将占
婆变成了自己的一个州。婆那人（越南人）、爪哇和占族的国王们
都对阇耶跋摩七世表示敬意，至少要向他供奉日常沐浴用的圣
水。自即位起，阇耶跋摩七世的权力无可撼动。

阇耶跋摩七世在各地兴修了许多建筑，在吴哥城中也开始修
建塔普伦寺（1186），整修圣剑寺的巴莱，并开始了吴哥城、护
国寺院巴戎寺以及其他寺院、建筑［包括斑蒂喀黛寺、塔莱寺
（Tanei）以及涅盘寺的圣剑寺附属建筑］的建造工程。

阇耶跋摩七世还整体建设了一百二十所义诊机构（1186年之后）、一百二十一处驿站（1191年之后）、洞里萨湖北部整个区域的桥梁堤坝，以及满欣（泰国与缅甸国境附近地区）等地区的城镇。阇耶跋摩七世在国内外的活动，促进了物产的流通，使得商业交易活跃。这种商业活动在《真腊风土记》中也有所记载。对于"富贵真腊"和舶商（外国商人）来说，在国内外建设的义诊机构、驿站简直就是各个地方的商业据点。这些建筑工程一直持续到国王统治结束，大多数都没有完成。

　　在阇耶跋摩七世统治之下，吴哥最繁盛时期的领土，西边从湄南河流域到马来半岛北部，北至万象，往东则包括越南中部的岘港。阇耶跋摩七世于1218年或稍晚的时间去世。继任者是因军功而闻名的儿子输利陀罗鸠摩罗，不过他与下一任国王因陀罗跋摩二世很可能是同一人。

笃信湿婆神的阇耶跋摩八世

　　阇耶跋摩八世的出身和家系不详，他取代了阇耶跋摩七世之后的继任者因陀罗跋摩二世，于1243年即位。他是一位热忱的湿婆神崇拜者，于1295年（他去世的年份）为湿婆派神学者建立了"摩迦拉陀"（Mangalartha）寺院，寄托对母亲的思念。湿婆派中的激进派瑜伽士（Yogin，瑜伽的修行者）彻底破坏阇耶跋摩七世时代所建造的佛寺。这大概发生于阇耶跋摩八世执政时代的中期。1283年，元世祖忽必烈向柬埔寨派兵。不过，由于向元朝进献了贡品，柬埔寨最终免受攻击。阇耶跋摩八世过世之后，作为答礼，包括周达观在内的中国使节出访柬埔寨。阇耶跋摩八世国王也见证了与暹罗之间的小规模争斗以及吴哥首次被进攻。根据周达观的记述，在1295年阇耶跋摩八世过世后的戏剧性状况下，曾经担任国王警卫队长、阇耶跋摩八世的女婿输利因陀罗跋摩继承王位。

执着于三建筑组合建设的国王们 下面的表格将二十六名国王按照顺序依次列出。然而，如果精细地调查王位继承的内情，会发现作为先王的儿子或兄弟而继任王位的仅有八人。其余的十八人在继承王位之后，出于系谱上的必要性，查找与先王之间亲近的血缘关系，在表面上主张王位继承的正统性，但实际上他们是单靠自己的武力手段获得王位的。

历代国王根据传统建设新的都城、护国寺院和王宫，为了体现王者的气量，不惜倾注精力于此。然而，事实上实现了三座建筑组成一套设施的只有五位国王。柬埔寨并没有实现王位正当化并使之延续的法律制度和协定。最终，他们诉诸武力以获得宝座，并拼死守护。因此，很多国王在远征途中失踪，不清楚其卒年。

柬埔寨的王位变得要通过王位继承战争这一武力手段来获取。荣登王位的愿望，也是个人自我欲望的彰显。但是，当时的柬埔寨人有一种共识，不管是谁要延续作为政治性关键的王位，都必须在制度上确立，并在习惯法上获得认可。然而，他们并没有制定出诸如王位继承法等具有根据性的法典。

实际上，祭祀仪式对于即位来说十分重要。例如，在祭祀仪式中，会进行非日常生活的异想天开的神秘祭礼，必须要有令人眼花缭乱的华美仪礼。至于为何这些祭祀仪式是必要的即位背景，则是因为在多数情况下，即便是新任国王，在王朝内部的支持基础也很薄弱，更不要说地方的首领们也时刻盯着下一任的王位。因此，新任国王希望尽快实现三座建筑组成的配套设施建设，让人们知道自己才真正是神明附体的国王。

即位顺序	在位年份	国王名号
1	802—834	阇耶跋摩二世（Jayavarman II，在荔枝山宣布自己是转轮圣王）
2	834—877	阇耶跋摩三世（Jayavarman III，1 的王子）
3	877—889	因陀罗跋摩一世（Indravarman I）
4	889—910 年左右	耶输跋摩一世（Yasovarman I，3 的王子）
5	910—922 年左右	曷利沙跋摩一世（Harsavarman I，4 的王子）
6	约 922—928	伊奢那跋摩二世（Isanavarman II，4 的王子）
7	928—942	阇耶跋摩四世（Jayavarman，IV）
8	约 942—944	曷利沙跋摩二世（Harsavarman II，7 的王子）
9	944—968	罗贞陀罗跋摩（Rajendravarman）
10	969—1000 年左右	阇耶跋摩五世（Jayavarman V，9 的王子）

东南亚：多文明世界的发现

即位顺序	在位年份	国王名号
11	1001—1002	优陀耶迭多跋摩一世（Udayadityavarman I）
12	1002—1010 年左右	阇耶毗罗跋摩（Jayaviravarman）
13	1011—1050	苏利耶跋摩一世（Suryavarman I）
14	1050—1066	优陀耶迭多跋摩二世（Udayadityavarman II）
15	1066—1080	曷利沙跋摩三世（Harsavarman III，14 的兄弟）
16	1080—1107	阇耶跋摩六世（Jayavarman VI）
17	1107—1113	陀罗尼因陀罗跋摩一世（Dharanindravarman I，16 的兄弟）
18	1113—1150 年左右	苏利耶跋摩二世（Suryavarman II）
19	约 1150—1165	耶输跋摩二世（Yasovarman II）
20	约 1165—1177	特里布婆那迭多跋摩（Tribhuvanadityavarman，篡位者）
21	1181—1219 年左右	阇耶跋摩七世（Jayavarman VII）
22	约 1220—1243	因陀罗跋摩二世（Indravarman II）
23	1243—1295	阇耶跋摩八世（Jayavarman VIII）
24	1295—1308	输利因陀罗跋摩（Srindravarman）
25	1307—1327	苏耳因陀罗阇耶跋摩（Srindrajayavarman）
26	1327—1353 年左右	阇耶跋摩拜里迷苏刺王（Jayavarmadiparamesvara）

吴哥王朝二十六位国王

根据目前为止的碑文、王朝年代记、中国史料、旅行记等，关于吴哥王朝诸位国王的即位、统治年代、逝世等有各种说法，这里对史料进行了批判性选用。

一种说法认为陀罗尼因陀罗跋摩二世（Dharanindravarman II）于 1150—1160 年在位，但没有这位国王统治的痕迹，在碑文和王室的系谱上也不很清楚。陀罗尼因陀罗跋摩二世是阇耶跋摩七世的父亲，但可能是某个地方的行政长官。

影响政治与社会的官僚们

掌握政治实权的是谁？——
帝师？高官？

虽然国王拥有崇高的地位，但掌握政治实权的是谁呢？在碑文中出现的直属于国王的高级官吏中，位于顶点的是帝师和大臣（曼陀林），这是影响政治最为重要的两大职务。担任这两大职位的人物因为与政治密切相关而被屡屡提及。

帝师是包括国王的精神领域在内的顾问，许多碑文都提到帝师卓越的地位。

如其名称所言，帝师的职务是国王的老师，主要负责的是对下一任国王的帝王教育。他负责主持国王的即位仪式，作为国王的亲信执行国王的命令。而且，帝师作为国王的顾问，要给国王提出建议，并处于政治和祭祀的第一线，发挥着先导作用。在此期间，帝师也负责皇太子的教育。如前所述，帝师直接关系到国王的即位，是正统王位继承权的保证人。

从地位高的婆罗门中遴选出来的帝师，常常是出身印度或与王室有姻亲关系的人。他们既作为宗教事务的祭祀官，又作为国王的顾问，发挥着双重作用。帝师负责执行王室的种种庆典祭祀活动（例如祈雨仪式和初耕祭等），但除此之外，他们还要视察并推进国王下令进行的工程，协调并使其完成。

帝师经常收到国王有关建筑物尤其是寺院活动的命令，并担任执行负责人和监督人。其活动范围进一步扩展，也会担任私人建设的中介者，以及土地边界诉讼的调停人，等等。帝师的职务涉及多个层面，很难明确地指出其准确的官职和职位。

吴哥王朝时期，指代职务的专门用语相当复杂，根据行政官的身份，头衔、称谓、职位等也不尽相同。而且，获得功绩的部分高官和差吏也有临时、特别授予的称号等。这些称号、头衔、尊称、职位等绝非全都明确。它们的意义多样，根据时代和国王的不同而不同。

一些种类的职位明显属于世袭。例如，根据 11 世纪的碑文，某家族自 6 世纪以来就是从事"皇家图书馆"工作的官员，而另一族则为一般的行政官员。在 7 世纪的碑文中，某一家族原本就是婆罗门，因而担任侍奉国王的王族宗教事务祭祀官，但同时还兼任地方长官和军事相关的职务等。行政官担任着数个职务。此外，这时还存在主管政治的、有组织的瓦尔纳，各职务就像世袭制一样，明显由某一家族独占。

行政的负责人是大臣？ 在大多数情况下，大臣指的是国王的亲信，根据 9 世纪末的碑文，其地位在国王、帝师、王子之后。大臣与军队首长并列，拥有较高地位。10 世纪后半叶至 11 世纪的碑文中提到"属于王室一员的伟大的大臣"（拉阇鸠摩罗哈曼陀林），这里，大臣与帝师属于同一行列，承担政治性的运作管理。

因此，大臣负责的职务涉及相当广的范围。第一，国王的即位仪式。如前所述，实际上他们也参与并干涉国王的即位。11世纪的碑文记载，优陀耶迭多跋摩就是"在大臣们协助下作为世界之王即位"。第二，执行很多与国王命令相关的事项。与帝师一样，他们接受王命，或者基于"神圣法庭"的裁判结果，作为中介去执行。执行国王的命令是大臣的职责所在，其中许多都是有关寺院所有土地的争端。除此之外，从结果上看，他们也要行使司法权。第三，大臣被任命为"国库之长"，或者担任监视地方行政的职务。例如，在阇耶跋摩七世时代，大臣要监督各地义诊机构的运营状况。

那么，什么样的人物能被任命为大臣呢？和帝师一样，大臣要由具有出色教养的人物担任。他们要理解印度文化，也要具有相应的学识。10世纪初耶输跋摩一世的大臣精通占星术，之后的阇耶跋摩五世的大臣能够论述"全部吠陀论"。大臣们大多也是王族的亲戚，高官辈出的名门望族最大的目标就是获得大臣的职位。

由遮阳伞的数量辨别等级的官员们

关于官员的阶级制度，周达观在《真腊风土记》中记载了官员分为五个等级。最前面的三个等级被授予镶金车辕的车舆，并分别配有四把、两把和一把带金柄的遮阳伞。第四等级只有一把带金柄的遮阳伞，而第五等级则领取一把带银柄的遮阳伞。

关于这些等级各自的官印和所持物品，在一些碑文中也有相同的记载。军队的首长被允许"乘坐镶金的车舆"，高官们可以拥有"带金柄的遮阳伞"。

被派遣到地方的巡查官——为了中央集权体制的确立

1011年，"巡查官们"向苏利耶跋摩一世进行了"臣服的宣誓"。作为回应，这些高官要保证维护自己原籍的寺院，即国王授予他们地方的封邑。

巡查官这一头衔是代表一个位阶的称号，拥有此头衔的官员承担各种各样的职务和岗位，并且要恪尽职守。这一称号或头衔表明他们在王国内部的地位和职务的重要程度，也清楚展现了他们在地方行政中的职务。记录在王宫入口塔门墙壁上的一览表是各个立足地方行政并被派往各地的官员。他们由经国王授意的中央政府分派到各地，意味着吴哥王朝朝着中央集权体制确立迈出第一步，着手健全地方行政的基础。

行使权力的各职业"长"

诸种职业的首领在高官当中也是拥有十分强大权力的重要人物。当时有各种各样的部门以及不同地位的"长"（高棉语叫作库隆），诸如"门卫之长""捕获（大象）之长""家畜圈之长""服饰之长"等。这些首领在过去的政治和社会中到底居于怎样的位置尚且不明。

这些首领关系到全国一般行政的各个部门。其中居于最高位置的是主管地方行政的"州长"（省长，库隆·毗沙或者毗沙达帕提）。因此，州长被授予统治所在地方的权限，监督并确保寺院的自治权及免除赋税。州长之下有"一百一十位村落之长"及郡长（库隆·苏鲁库），大致相当于周达观所记载的"买节"。这些人多多少少要与郡中的"长老"（陀罗玛布利达）们分享权力。在这些官吏之下，似乎还有更底层的"下位之长"或"下级之长"。

各类税务负责官　　中央政府财务官的顶端是"国库之长"，或是字面意义上的"土室宝库之长"（库隆·古拉）的高官。在地方一级，负责征税的部门位于地方长官之下，似乎有土地登记账簿课和"登记负责员"。各州、国王的直辖属地或直辖村落，要享受免税措施，需要得到法庭的许可。在寺院的免税方面则有对寺院内的生产物和他人捐献物品免税的措施。地方之长，诸如"米长""油长""布利哈长"（可能是谷粒）等不再课税。

此外，像蜂蜡或蜂蜜的"生产地"，似乎也处于"蜂蜡长"的管辖下。

最后，作为税收项目之一，当时还有向国王进献一些实物、为国王提供劳动力的税，即赋役（拉阖卡鲁亚），而负责征收的官吏就是"赋役长"。要免除赋役需要支付金钱，具体来说是用布绢代替。因为当时没有流通货币，所以用实物纳税，准确来说，是用商品货币来支付。关于税务行政是如何发挥功能，在课税的对象、征税的方法、纳税额等方面还有很多不清楚的地方。但是，可以知道的是，这时有各种类型的税务负责官员，并执行着征税活动。

世袭的专家集团　　12世纪古高棉语碑文中记载了被称为"瓦尔纳"的专门职业群体。例如，当时有舞蹈家族群体，其中的一人被任命为宫女的负责人。

还有"侍奉神圣水牛"群体、"神的布帛介绍所"群体、"神的农园"群体，除此之外还有一些无法判断工作内容的群体。

从碑文来看，在"金银手工师群体"的规章中，有命令居住在城镇中的特定人员加入的内容。在瓦普寺（老挝南部）附近发现的碑文中，有提到在旧都城修莱修塔补罗（Shrestapura）"主管葬礼祭祀的群体"的规章。

两个"侍奉神圣水牛"群体中，每二十人分为一组，有负责人，其中第一和第二组负责神牛葬礼仪式。各类集团从内部挑选出团体成员，世袭职位并保持地位。作为专门领域的负责人，他们享有包括金钱在内的多项特权。这种社会性的高级定位甚至波及婚姻关系方面。例如，出身这一集团的女性，如果不是虔诚的湿婆神信徒就不能结婚。这些"分行业群体"或"专门职业群体"构成了高棉行政组织整体框架的一部分，并固定在特定的职业之中，例如侍奉过五代国王的迪瓦卡拉班智达就是属于"第三身份的负责葬礼的瓦尔纳"。

构成军队的人们

护卫兵、外国人部队
中也有雇佣兵

高棉军队英勇的行军以及雄壮果敢的攻防战构成了寺院回廊里浮雕壁画的主要场面，其军队由步兵、骑兵、象军和辎重军四部分组成。

观察巴戎寺和班迭奇马寺院浮雕上某次水上作战的场面，就发现这几乎肯定是发生在洞里萨湖或暹粒湾的水战。关于水军，碑文中有对桨手长和领航长的记载。1177 年占婆人的舰队攻陷了吴哥都城，但巴戎寺的浮雕上刻画的是 1181 年他们对战败而逃的占婆水军穷追不舍的场面。当时的河船都是带有一段坚固桨座的大型战船。战船的船头装饰有迦楼罗（毗湿奴神乘坐的神鸟）、蛇（娜迦，即蛇神）或摩伽罗（大象、鳄鱼、狮子合在一起的怪兽）。在浮雕中，弓箭手站在位于战船中央的台子上，准备靠近作战。

与军队相关的人有"国王狩象长""象的负责人""象长""千人战士长"，还有"军长""将军""军队中央的将军"等。此外，在罗沃（现在的华富里）地方也驻扎有军队。

巴戎寺的浮雕上刻画着负责运输弩炮和搬运货物的大象。该浮雕为一人手持弓箭在大象背上，一人持标枪站在大象颈部，其他两人手握弓箭。目前不清楚作为主力军的步兵是怎样征召的。

在 7 世纪的碑文中，有提到
"国王警卫新兵的招募负责官
员"。根据其他的碑文来看，
"国王的护卫兵"在敌军侵
入王国之时奔赴战场，不过
由于他们担任护卫兵，因此
被免除"对国王的赋役"。从
这里可以看出，当时的士兵
并不仅限于志愿兵。周达观
记载"传闻与暹人相攻，皆
驱百姓使战"（《村落》）。军
队中也有指望发财的外国人

高棉的水军 1177 年高棉水军从左侧反击来袭的占婆军。巴戎寺浮雕

部队，在吴哥窟的浮雕中就能看到暹罗（泰国）雇佣兵的模样，
碑文中也能确认这一点。

　　巴戎寺和班迭奇马寺的浮雕中都描绘了弩炮的样子。这种弩
炮须两名男性士兵操作，由士兵用小型车运送，有时也会放在大
象背上搬运。一般认为这些弩炮曾在中国使用，但通过占族人
传入柬埔寨，因为在吴哥窟浮雕中并没有看到弩炮登场。它大概
是在 1177 年占婆进攻吴哥都城的时候被投入战场的，进而被柬
埔寨袭用。

　　速射弓箭则由步兵引弦，在战象上也能使用。步兵和骑兵
基本上都使用枪和盾（圆形或椭圆形）。周达观记载"裸体跣足，

右手执摽枪（标枪），左手执战牌（盾）"（《军马》）。不过，也有部分士兵手持弓箭或蛮刀。乘坐在战象背上的士兵，有的手持弓箭，有的挥舞长枪。士兵头盔前面的装饰上挂着动物或小鸟的徽章，大概是护身符吧。

乐队携带铜锣、喇叭与大鼓

高棉军队中有乐队同行，一起行动。乐队的乐器为巨大的铜锣。铜锣吊在竿子上，由两名男子分别挑着竿的两端，另外一名男子一边跳舞一边敲击。使用该铜锣是为了调整步兵的步调，用作前进、后退的信号。除此之外，还有数种打击乐器，如挂在脖子上的小鼓、铙、钲等。也有一些吹奏乐器，这时也发现了螺号。

运输部队也征用村民，使用象车或牛车。根据情况，搬运人会使用扁担或畚箕。女性则将货物顶在头顶运输，有时候也会带着孩子。

桑古拉玛将军——镇压叛乱的英雄

要说谁是军队的最高司令官，毋庸置疑是国王。国王之下设有"总司令官"。根据9世纪的碑文，排序依次是国王的代理人帝师、王子、大臣。但是，碑文中并没有明确记载战场的指挥官是谁。如前所述，在11世纪后半叶的优陀耶迭多跋摩二世时代，最高司令官为桑古拉玛将军。同时代的碑文中记载了"军队长之长""军团长""部队之长的保护者"等独特的军事官僚，也有碑文明确记载了他们的指挥权，例如11世纪苏利耶跋摩一世的军队长是一个"执掌南部地区""中央军队之长"的官职。而且，军队司令官被授予金轿辇和数枚印章。这些司令官都出身名门。

速射弓箭的图解　步兵拉弓，也从战象上使用。来自《高棉军队的装备与组织》[*L'Armement et L'Organistion de L'Armee Khmmere*（4–9）]

　　桑古拉玛将军的家族自阇耶跋摩二世时代（9世纪初）开始侍奉王权，出过数位司令官，他自己也多次为国王镇压国内的叛乱，其中有原军队长官发动的叛变。桑古拉玛是一位虔诚的印度教徒，修建寺庙供奉神佛。据说他把国王论功行赏的巨额赏金都投入了寺庙的建设。

第五章

吴哥时代的"罪与罚"

法律正义如何实现？

国王始终是"法律之敌"的胜利者

吴哥王朝的统治神权色彩很强。当时的世俗社会中，例如王朝官员、特定群体及村落存在合乎社会性正义的公开审断和决议，因此从整体上而言，社会生活的和平与秩序得以维持。其结果是，吴哥时代成为营造吴哥窟等大型遗址建筑群，集结并发挥国内外柬埔寨民族力量而熠熠生辉的时代。

接下来，我们就有关这类可称为社会规范的法律秩序如何维持来解读碑文。我们以过去社会的法律正义为切口，同时再次思考当时的社会构造。用一句话总结吴哥时代的政治，那就是以国王为中心的寡头政治体制。首先，国王是当时"城市强有力的保护者"，被认为是"因陀罗神、湿婆神的化身"。保护臣民是国王的神圣职务。耶输跋摩一世时期的碑文记载，"国王永恒不灭的职务是维持法律的规范、坚守种姓等级（caste）和住期（asrama），并执行祭祀诸神的仪式、按照过失惩罚犯人"。总而言之，国王是当时统括政治的关键基石，政治方针的制定和执行由他以及身边的高级官员和宗教人员决定的。可以说这是祭政一体色彩强烈的政治体制。

当时的地方制度以州（毗沙）为单位，州之下设立郡一级的行政单位。州、郡有州长、郡长，握有赋役、收税、土地买卖、边界判定等世俗行政权力，发挥相应的统治作用。除此之外，还有专门职能的下级官吏，村里面也有村长、地方豪强、长老以及宗教人士等。

国王始终是"法律之敌"的胜利者。正如耶输跋摩一世所说的"自己在诉讼中也要找到正确的方法"，国王必须确保国内的和平局面，维持法律秩序。为此，司法政务必须要有效地运作。国王的一个权限是使用刑杖，惩罚小恶至大罪的违法者。他率领法律事务相关官吏，并亲自管理法庭。不过在大多数情况下，国王发出命令，将裁判权委任给法庭。

在此，我选取当时的审判和诉讼问题，考察法律秩序体系，阐明法律是具有强制力的社会规范。

那么，法庭是由什么样的人组成的呢？通过研究分析碑文，这一问题逐步明了。

考察碑文，我们可以明确断定，当时的司法机构包括作为上级法院的首都法庭（瓦拉·萨巴·那嘎拉）和作为下级法院的地方法庭（瓦拉·萨巴·毗沙）。此外，当时还有附属于寺院的法庭。

寺院法庭位于国王认可的神明的统辖领域（德隆·瓦拉，享有治外法权和免税权）之内，负责处理寺院和附属村落的诸项事件。

一、法庭长（sabhapati）

首都法庭和地方法庭都有担任审判长的法庭长，行使国王委任的职权。法庭长分四个等级，掌管诉讼的进行，监督判决的执行。担任大臣职位的拉阇鸠摩罗哈曼陀林担任很多次法庭长。

帝师也会担任都城直属村落的法庭长。此外，按照字面意思翻译的"优缺点（判断嫌疑人善恶）检察官"有时也是法庭长。

可以看到，法长一职为专门职位，但同时，王族、高官、宗教事务官等也时常担任该职。

二、陪席审判员

法庭长之下的高级官员是陪席审判员。四名陪席审判员与法庭的优缺点检察官一起参加审判。陪席审判员还会见村落长老、调查土地的界桩、遵奉王命重立准确的界桩，尽忠执行自己的职务。

这些陪席审判员只有"劳恩""跋补"一类表示社会等级的头衔，比法庭长地位低，属于辅佐法官。

三、优缺点检察官（古纳德沙鲁丹）

优缺点检察官在狭义上指的是与法庭有关的重要官员，但从碑文看，反倒是像精通刑事审判的人。他们虽然隶属于郡或者寺院，但如前文所述，他们与陪审官一同参与诉讼判决，并在郡长和村长的协助下行使调查权。在吴哥窟的历史回廊（第三回廊西南面）里，刻有在苏利耶跋摩二世王座旁边站立的优缺点检察官的雕像，和大臣享有相等待遇。他们拥有和法庭长等资格相近的世俗头衔，社会地位高。

四、法论（Dharmaśāstra）的吟诵者

吟诵者是诵读行政以及司法方面的种种教本，判断采取的法律，提供解决诉讼线索的第一级官吏。碑文中两次提到了吟诵者参与不动产的划定。国王尊重总是详细说明善恶报应及轮回的吟诵者的意见，因此他们的社会地位很高，审判中必须要列席。

五、司法调查官（预审法官）

司法调查官（预审法官）是从事秘密调查的一类官员。他们的任务是为预审进行现场调查，并提交报告。关于从事同类秘密调查活动的官吏，其他碑文中也提到了"法庭监察官"，并记录了"持有法庭记录者"。司法调查官似乎认真地执行其职务。

六、司法事务长

从事司法相关事务的官吏。瓦普·帕拉玛尔马兰达纳在恰伊跋村从事与土地有关的工作，参与划定土地，其他碑文中也记载了他负责办理土地捐赠的手续等。不管怎么说，从头衔推断，它属于下级官吏。

七、罗跋

罗跋是从事土地关系相关的下级职员，主要是现场调查。他们根据国王或法庭的命令，就不动产所有权、边界问题、土地划定以及无主空地等事情前往现场调查，并从相关人员那里听取情况。

诉讼怎样进行？——从起诉到判决

接下来考察从开始起诉到判决的诉讼过程。《真腊风土记》中提到"民间诉讼，虽小事，亦必上奏国王"（《争讼》）。民众向国王提出诉讼，必须经国王亲信或高官递交请愿书。国王收到请愿书后，借助前述司法官吏的协助亲自审理案件，或者委任给法庭代理。

从碑文来看，有人起诉后，相关人员似乎会对事件的事实关系进行前期调查。负责预审的官吏先召唤问询双方当事人，听取事情经过后做成调查记录，并请证人提供证词。国王或法庭再进行详细审理，最终做出判决。

诉讼手续方面，原告向法庭提出起诉后，被告必须先明确表

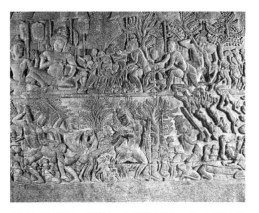

吴哥窟的地狱图 描绘了严苛刑罚的场景。第一回廊南侧的"天国与地狱"部分

明态度，即认为该起诉是内容正当，还是错误的虚假陈述。反过来，原告也必须证明起诉基于真正的正当理由。

法庭长运用调查、证言、书面证据以及神明的裁断等查明真相，根据涉及罪罚的习惯法、作为法源的判决先例等判决。完整的诉讼流程包括起诉、辩论、审理、判决。

当时的法庭人员以实地调查和传唤证人为中心，严谨审理。吴哥窟第一回廊的浅浮雕上刻有伪证人堕入地狱，因罪恶深重而浑身战栗的画面。碑文一般都很重视证人，会列举许多证人的姓名。在当时的法庭，证词对审理起决定作用，对法庭审理很重要。

站在证言席或响应调查的证人，包括从拥有尊称头衔的高官显贵到一般庶民（包括女性）在内的所有社会阶层，甚至包括奴隶。1042年的碑文记载，十五名土地买卖者在明确表示各自土地面积和边界后，在神灵面前宣誓没有做过否认相关事实（土地买卖）的事情，即"没有进行不正当行为"。具体宣誓的内容大概带有起誓性吧。

当时要想让判决转向有利，最关键的是提供客观的物证。在一个判决中，证人在为被告人辩护、补充陈述时提供了书面证据，从而逆转了原告和被告的地位，使原告被判有罪。这个官司也明确表明当时有记载土地分界的"登记簿"。

当时重要的法律行为会用棕榈树叶制成的贝叶、贴合的皮革、碑文、金属薄板文书等正式记录并保存。尤其是国王的命令、土地买卖、捐赠、赐予、土地簿以及创建新群体等，都在现存的碑文中有提及或被实际列举。国王向部分高官授予地方封邑的敕令，也被用作法庭上的书面证据。但是，那些作为证文等的棕榈树叶因虫类啃食都消失了。

《真腊风土记》提到，法官无法做出决定时将交由神明裁断。在没有其他办法判断是否是犯人（违法）、两位（两组）嫌疑人之中到底谁是真凶时进行神明裁判。

判决如何下达？——案例一

本节通过案例考察吴哥时代的审判。首先是"女奴隶泰康比昂逃亡起诉案"。

在靠近泰国的亚兰地区发现了 10 世纪的碑文（K233）。该碑文用古高棉语记载了从起诉到判决的详细经过。当事人是两名原告及其妻子。

A 认为，B 为了得到一头水牛而把 C 质押给了 D，即 C 是人身担保。B 则认为自己把 C 交给了 D 是作为交换水牛的代价。然而 C 逃跑了，于是 B 换了一个女奴隶去，但是女奴隶也逃跑了，最终他提出要用 C 的侄女 E 代替。两位起诉人似乎对这位侄女享有某种权利，其诉讼要求是不应该用侄女替代逃跑的 C。经过调查，被告 B 实际上是带利息地从 D 那里租借了水牛，并把它作为"对国王的侍奉"这一赋税交给了 F。证文中也记载了 D 最初将 C 捐赠给了寺院的事实。因此，D 在 C 出逃之时提出了异议，于是从 B 那里获得 E，让她在同一寺院劳作。司法调查官也证实了这一经过。两位起诉人不知晓事实情况，只知道 C 是为了得到水牛而设立的人身担保、其侄女 E 在寺院劳作，于是就决定起诉。法庭判决该起诉不成立，对两位起诉者做出了各打五十巴掌的有罪判决，同时判决 E 归还到 D 处，并再次去寺院劳作。这块碑文上记载了司法调查官、四名陪席审判官和两位高官的名字。

"拔掉界桩的贪污案"——案例二　　962 年的碑文（K181）同样是古高棉语碑文，记载了拔掉界桩及贪污粮食一案的起诉至判决的全过程。

　　该事件发生在罗贞陀罗跋摩（944—968 年在位）统治时期，在都城吴哥东北约八十千米的贡开地区出现了地方官员违法行为。B 起诉毗罗补罗（Virapura）州长 A 拔掉了基于王命的田地界桩并贪污了收成。国王受理了该起诉，委任法院审理。该田最初归乐师所有，之后乐师将土地出售给两名下级官差。这两人接到了划定土地界线的王命，然后把土地交给了起诉人 B 及其一族，条件好像是要向与他们有关的寺院上交部分收成。州长在法庭上为自己辩护，主张是受 C 欺骗才私吞了收成。法庭一定程度上认可了这一辩解，以其下达非法命令为由判决其有罪并处以罚金。这只属于轻微的警告处分，但是州长的弟弟因指挥拔出界桩和贪污谷物而被处以一百零二下笞刑。此外，C 因做出虚假申请也被处以一百零二下笞刑。向相关者介绍这块有问题田地的 D 也获罪。以上是判决的内容，可以看到，州长有 C、D 那样的部下，弟弟也依仗着他的权势作威作福，很平常地进行违法行为。

吴哥时代，决定刑罚有两种情况，一种是国王或法庭从调停审判的立场判定正邪曲直，另一种是违反国王公布的法令等。前者带有私人性色彩，争执的数人根据法庭的裁决而终止诉讼（也包括和解）；后者是相关人员违背了本应遵守的法令而接受审判，所以具有公共性特征。即根据事件的性质，当时的诉讼分为民事关系和刑事关系。

但实际上，牵扯私人利害的民事类诉讼与扰乱公共秩序的刑事类诉讼在现实中都有审理。

罪犯们遭受三十二层地狱折磨之苦——习惯法和刑罚

当时的刑罚是以"正确的尺度"处置罪人。一般来说，刑罚包括了训诫性措施和预防性目的，因而会有内容严厉的判决。从前文所举的两个判决例子可以看出，当时的法院按顺序厘清谁在何时何地犯了什么事情，以事实关系为根据慎重审理案件。

罗莱寺碑文中有"依据地点和时间处罚"的记载。审判中，准确的时间和地点是重要的判断材料。另外，罪名适用和刑罚轻重也因罪犯所属社会阶层不同而不同。社会地位越高，刑罚执行越严格。这种根据罪犯社会地位高低决定量刑的原则和印度法相同。判处何种刑罚由确定的事实（地点和时间）以及上述法律习惯决定，因此可以说，当时不存在权宜判决的专断刑主义。碑文中可以看到某位司法人员多次出现，不过这一史实反映的是，他们是基于法律习惯并担任审判的专家吧。

碑文中还记有"罪犯们在死后的世界里要经受三十二层地狱的各种折磨之苦"，表现了诅咒性的、报应性的悲惨场景。通过厘清法庭人员的构成，了解到他们是在调查的基础上开展诉讼，按照起诉、辩论、审理、判决的顺序审判，采用客观的证言、证据以及法律习惯等，我们得以窥见当时柬埔寨独特的审判制度。

各式各样的刑罚——体刑和罚金

全部直接上诉国王

在古代柬埔寨，国王必须要做的首要工作是惩罚违反（作为法律基础的）习惯的人。简单来说，所有争端都要向国王报告，即便是些细微琐事。

周达观注意到，高棉法律中没有刑法和民法的区别，无论是违反或侵害社会秩序，还是个人间的冲突，全部都直接向国王起诉（《争讼》）。不管是什么问题，国王都会将命令刻在石板上，作为"王命"公开以使人"周知"。不依从王命被视为最深重的罪行。碑文记载的许多诉讼中，从结果来看，没有遵从王命的都被冠以不敬罪。

前文论及柬埔寨借用了印度古典刑罚的分类方式，这是有原因的。在11世纪的碑文上刻有（可能损害神圣宗教建筑物的）大、中、小各类刑事诉讼案件。当时，稳定和平的日常生活遭到侵害时，以国王为首的相关官吏以及地方居民通过强制力，谋求秩序恢复，对侵犯者课以相应的刑罚。

碑文虽然片面，但证实了实现"正义"这一理念引导着当时的社会。也就是说，什么样的行为属于犯罪，对此处以怎样的刑罚的犯罪和刑罚的架构，汇集了那个时代社会广泛意义上的行动价值标准和思考方式。

接下来看一下刑罚实际上是怎样被执行、刑罚的具体内容吧。

毫不姑息的刑罚　　当时的刑罚大致分为体刑和罚金。体刑有死刑、肉刑以及剥夺人身自由的监禁拘役。罚金是财产处罚，有罚金和赎金两种。当时，刑罚是报应的观念极强，主要施行的是死刑和肉刑，其执行方法和惩罚内容犹如秋霜烈日。下文选出带有当时时代精神的刑罚执行问题，评价其在法律秩序体系中的位置。

体刑按字面意思理解，就是对身体施加物理力量的刑罚的总称。其中，终止罪犯生命这种毫不姑息的严酷刑罚无疑是死刑。

碑文虽然没有关于死刑的详细记载，但零星可以看到与其他刑罚不同的"死刑"这一词语。10世纪中叶的碑文中记载了就任阿阇梨（aracharya）宗教祭祀一职的基尔提班智达向阇耶跋摩五世的上奏文，其中提到其他罪犯和死囚犯。

此外，889年的碑文（K323）记载了婆罗门的特殊地位，提到"在违反国王命令的人（当中），对婆罗门不处以死刑和罚金，只是流放城外"。从以上两处碑文可以看出：第一，死刑和死刑犯在刑罚概念上区别于其他刑罚；第二，没有记载斩首和绞刑等具体的执行方法；第三，相关用语是梵语，没有对应的古高棉语。因此，当时有死刑，极有可能借用了印度的专门术语，并作为一种理念上的刑罚使用。碑文中也并不是没有关于斩首的记载。902年（或903年）的碑文记载了国王命令，吓唬要将那些盗取神明财产的人"砍头"。

碑文中也有行刑过程中犯人死亡的记载。根据1003年的碑文（后述），企图抢夺他人土地的五名犯人受到惩罚，其中一人由于过分严厉的刑罚而死亡。"按照国王诏令，处以（四人）拶刑（夹脚趾和头），阿补饱受痛苦，潘死亡"。这是实行肉刑之一的拶刑而导致死亡的事例。可以看到，当时日常执行的刑罚带有强烈的地方色彩。

刑罚优待外来的中国人　《真腊风土记》中的《争讼》一节是关于当时刑罚的主要中国史料，其中"其人大逆重事，亦无绞斩之事"明确表明没有绞刑和斩首这类死刑。

当时有大量中国商人来到柬埔寨，吴哥城内的巴戎寺回廊浮雕中也有中国人的样子。《真腊风土记》到处提到"唐人"。如果中国人与当地人们发生争吵并杀人的话，要处以怎样的惩罚呢？

《岛夷志略》中提到了这种杀人案件。按照法律，柬埔寨人杀死中国人要以死偿命，反之，如果后者杀害前者则课以重金，没有钱则卖身筹款赎罪。总之，在当时的柬埔寨，外来的中国人似乎比当地人更受优待。

阿拉伯方面的史料中也有关于柬埔寨刑罚的记载。当时有将烧红的铁环放在人腹部或手腕上的火刑，以惩罚饮酒者。尽管这是对饮酒者的肉刑，但结果也会导致死亡，相当于死刑。此外，其他的史料也记述了三佛齐的国王听到高棉国王说他坏话，将其斩首示众作为惩罚。

这一时代，刑罚被看作对罪行理所当然的报应，对恶行严酷惩罚是大原则，从结果上看是要以命抵罪。这时也有活埋、拶刑等柬埔寨独特的死刑。

对非法强夺土地者切唇

肉刑是体刑的一种，是损害犯人身体的刑罚。具体来说，它比死刑更轻，包括砍掉部分身体、夹压四肢（拶刑）和鞭打身体（笞刑）等。

碑文中记载了砍掉或切除手、脚、耳、鼻、唇，夹压脚和头，用竹条或藤条鞭打背部以及掌掴脸部等刑罚。

1003 年的碑文（K158）是"围绕土地所有权的纠纷"。国王的账簿管家萨巴迪瓦（高棉语碑文中称为瓦普萨）的土地两度遭到不法强夺，在向国王的法庭起诉后恢复了所有权。第一次是在阇耶跋摩五世统治时期，名为毗、普和开的三人企图抢夺萨巴迪瓦的土地，主张对那些土地享有所有权。在赫姆的挑唆下，普拔掉了土地界桩，因而被告上了法庭。国务下达了"以过失罪对赫姆和普处以切除嘴唇和砍掉双手的命令"。由于开是萨巴迪瓦曾外祖父之子，国王便将他的家族和土地交给萨巴迪瓦。后来在王位篡夺者阇耶毗罗跋摩统治时期，萨巴迪瓦的土地又遭另外五人相同的强夺，他再次向国王提出起诉，结果即上文中"按照国王的诏令，处以（四人）拶刑，阿补饱受痛苦，潘死亡"，另外"对叫作阿雅库的女性处以夹头之刑"。

上述内容表明，国王和法庭对强夺土地处以严刑，是依据法律手续实行的公共权力制裁。在当时的社会，土地是重要的生产手段，土地争端和非法夺取频繁发生，因此，对动摇日常生活基础的犯罪，法庭以社会全体意志对犯人处以严刑。刑罚手段包括切唇、砍断双手以及拶脚、拶头之刑，后者或许会致死；

在执行刑罚之时，女犯减刑一等，只有夹压头部之刑，这或许是根据男女不同而有所区别。此外，犯人和原告如果有血缘关系，则可斟酌量刑并将其移交给相关者。

轻判不伦之刑、严惩对寺院的不敬　与碑文内容一样，《真腊风土记》中也记载了拶刑（《争讼》）。奸夫要被用细小的木棍夹脚，若支付赔偿金则可以获免。这种处罚在某种意义上是私人性制裁，但因为社会普遍的承认和支持，成为一种带有公共性质的刑罚。

碑文（K720）中记载了因没有向寺院上交物资而被砍断手足的内容。该碑文制作于阇耶跋摩五世死后（1000 年左右）三位继承人围绕王位展开争夺的混乱时代。它反映了国内的政治形势，但没有明确记载国王的名称。瓦普·萨和弟弟没有向寺院交付供给物品，法庭便对这两位不认真的人处以断手的酷刑，并勒令其家族交付和之前同样的赋税（各种供给物品）。

对暴怒踢人者应断其足　当时对奴隶也毫不姑息地施行这些肉刑，对逃亡奴隶更是施以酷刑。罗贞陀罗跋摩统治时期的碑文（K231）中记载了对逃跑的男性奴隶的惩罚。

虽然罪犯是奴隶身份，但法庭人员仍依据正式的手续对其量刑。当时的奴隶如动产、不动产一样被买卖、交换，也可以捐赠给寺院。由于奴隶与货物一样，因此这些奴隶的名字被记录在寺院的碑文中，其归属地和所有者也被明确记录。此外，也有奴隶得到解放的情况。该奴隶逃跑事件侵害了当时的社会规范和法律注意事项，公权力针对这一犯罪行为予以处罚。

前文探讨了这些肉刑的碑文。刑罚种类等法律术语基本上都是用梵语或其派生借用语。《摩奴法典》中记载了罪罚的原则性概念，"凡挥拳或挥棒者，应断其手；凡暴怒用脚踢撞者，应断其足"。可以说，当时柬埔寨的刑罚概念在印度法刑罚概念的基础上，经过漫长时间形成。

此外，中国史料也记载了其他肉刑。《真腊风土记》的《争讼》一节显示断手指脚趾之刑是相对较轻的刑罚。同书《城郭》一节记载，受过砍脚刑之人不允许进入州城（吴哥城）。关于砍脚刑，该书记载皇太子"曾谋起兵，为新主所觉，斩其趾，而安置于幽室"（《国主出入》）。

笞刑和黥刑

肉刑中最轻的是笞刑。在女奴隶逃亡起诉事件中，法庭宣告对两位起诉人处以五十下"以掌掴脸"的有罪判决。在拔掉界桩和强夺粮食案件中，法庭宣告处以罚金并对在现场犯下罪行的人处以一百零二下"鞭打背部"的刑罚。

平民若无法支付罚金，可接受笞刑代替。889 年的碑文（K323）中提到，"对无法交与财物者，用竹藤杖打背部一百下"。

阇耶跋摩七世的雕像　代表吴哥王朝最繁盛的 12 世纪的国王
当属建造吴哥窟的苏利耶跋摩二世和建设都城吴哥的阇耶跋
摩七世。金边国立博物馆藏

巴戎寺第二回廊的浮雕 与占婆军队作战的阇耶跋摩七世的军队

婆罗浮屠（Barabudur） 再现了佛土三千世界的石造寺院。8 世纪，印度尼西亚日惹

百沙基庙（Pura Besakih） 巴厘岛的印度教寺庙，印度尼西亚

该碑文没有明确具体的犯罪，但这种惩罚应该是当时社会的普遍原则。碑文中明确记录了笞刑的实施情况，但《真腊风土记》记载，"初无笞杖之责，但闻罚金而已"（《争讼》）。

该书《村落》一节记录了在往返的旅行途中所见的普通村落风景。周达观可能会有前往吴哥附近以外的传统村落的机会。《真腊风土记》记录准确，是已有定论的当时的重要史料，所以应该不会记录没有见到的事情。在当时的柬埔寨社会，笞刑作为轻度的刑罚被用在村落日常生活之中，充分发挥对普通大众的训诫、启蒙作用。书中"若有过，挞之，则俯首受杖"（《奴婢》），指出了当时经常鞭笞体罚奴隶的事实。

此外，《真腊风土记》后半部分记有"人家获盗，亦可施监禁拷掠之刑"（《争讼》）。抓住盗贼时可以对其监禁和拷问。虽然这属于私刑，但社会普遍承认并允许。在此之中，笞刑大概也作为一种体罚来使用吧。

《摩奴法典》也涉及笞刑，"应当避开头和胸部等，打其身体的背部"。

除了笞刑之外，还有墨刑或带手枷、脚链等处罚。《真腊风土记》记载了对逃跑奴隶的惩罚，最轻是在胸部、后背等烙上印记或在额头上刺字（《奴婢》）。

监禁和拘役

从刑罚体系来看，监禁等是一种自由刑。自由刑在现在是基于让犯人重新做人的刑罚观，但在当时的柬埔寨则作为一种处罚，具有体罚的意义。

碑文中虽然没有谈到牢狱，但是记载了国王命令把违反法律者禁闭和拘留在笼子里的事情。近年在泰国亚兰附近发现的碑文（K957）中说，国王"命令（郡的）长老把'品行恶劣之人'、不服从王命之人关进笼子，并将其转交给卡姆斯特·安·拉吉库和斯特·安·恰托安拉恰里安"。

另外，浮雕中也有类似的事例。阇耶跋摩七世统治时期的班迭奇马遗迹的浮雕中，描绘了被投入监狱的三名男子的场景，他们就是上述碑文等提到的违反国王命令之人。这些收监图被刻在遗迹嵌板中，自然也是为了教训警示吧。

虽然不是禁锢刑罚，不过《真腊风土记》中也记载了被幽禁在州城某处的前皇太子的事情（《国主出入》）。

前皇太子的姐姐（或妹妹）采取阴谋，秘密带走了象征王位的圣剑，将它交给丈夫（当时的新王），使太子无法即位。他为了取回宝剑起兵，但被发现后遭到逮捕。为了防止其东山再起，他被处以断足之刑，一生被幽禁监视。

如上所示，当时有从拶刑到拘留监禁的种种刑罚，似乎也有实施这些体刑的官吏，即实施各种刑罚这一特别任务的官吏。981年的碑文（K85）虽然有部分缺漏，但记述了大臣实施类似肉刑的行为。此外，前文提到的罗莱寺碑文，在列举王宫的职业时特别记载了刑罚的"执行人"。

一般来说，小恶、小罚暂且不论，即便从如此多种刑罚被区分、执行来说，存在体刑执行人也很正常。

罚金的原则是高位者严罚　罚金指的是赎罪金，在惩罚的意义上是剥夺金钱的财产刑。罚金是轻罪的主要惩罚方式，用支付金钱的代价来承担过失责任。当时的柬埔寨没有通行货币，缴纳罚金时使用社会通用的多种货币等价物，例如家畜、布料、田地、粮食、金、银、唐货(《真腊风土记》)、蜂蜡、象牙、树脂、香料等。

在笞刑一节中引用过的 889 年的罗莱寺碑文中，记载了当时从王族到庶民的各个社会阶层的罚金额度。"王子们上交称重过的二十帕拉金 (作为罚金)，皇亲和大臣的罚金为一半，持镶金伞柄的高官支付一半的一半 (罚金)，大商人再递减一半，湿婆、毗湿奴信徒缴纳大商人额度的一半，一般民众再减一半"。碑文紧接着记载了对违反规则的祭祀、僧侣以及不作为的官吏课以罚金。"忽视供养法令的祭司要缴纳二十帕拉银，一般的祭祀执行者支付十帕拉，未尽义务的守门人和记录员上交五帕拉银，捕手则为三帕拉银。王宫的刑罚执行者、厨师长和神事代理人同样递交三帕拉银。如果没有金、银，则支付其他的财物，这些 (同样) 是适用于宗教事务者的规律。"

以国王命令通告的罚金额度，如下表所示：

对象	罚金及其他
王子们	20 帕拉金
王族	10 帕拉金
大臣	10 帕黄金
持镶金伞柄的高官	5 帕拉金
大商人	2.5 帕拉金
湿婆神、毗湿奴神信徒	1.25 帕拉金
普通人	0.625 帕拉金 或用竹子杖打 100 下背部
不遵守祭祀规则的祭司	20 帕拉银
不遵守祭祀规则的仪式负责人	10 帕拉银
没尽义务的看门人	5 帕拉银
没尽义务的记录者	5 帕拉银
没尽义务的捕手	3 帕拉银
没尽义务的体刑执行人	3 帕拉银
没尽义务的厨师长	3 帕拉银
没尽义务的神事代理人	3 帕拉银
没尽义务的宗教事务负责人	3 帕拉银
不能支付金、银罚金之人	（罚金）相当的财物

罚金和刑罚

可以看到，前者按照社会阶层差别，从王子到庶民使用以帕拉为单位的金衡量；后者按照职能官职差别，使用以帕拉为单位的银衡量。从该碑文可以看出，罚金根据社会阶层和官职的不同而有所区别，表明了高位严罚是当时实现社会正义的理念之一。按照阶层职位的累加量刑，法源虽来自印度，但成为吴哥时代法律秩序体系之一。累加量刑体制似乎也被后世继承，在近世柬埔寨的习惯法中仍可见其痕迹。

碑文中还明确记载，无法用金银来支付罚金时，庶民可通过承受笞刑替代，而拥有官位、职位的人则可通过实物来代付。在现实生活中，往往都是通过实物代偿。10世纪中叶的碑文中记述了"作为罚金交出一对牛"。通常情况下，人们缴纳这样的家畜等作为罚金。

《真腊风土记》中的"但闻罚金而已"证实了罚金的存在，而前文提到的《岛夷志略》中，也记述了唐人（中国人）杀害柬埔寨人而被重课罚金。

柬埔寨版的"罪与罚" 自公元前以后，古代柬埔寨就同印度保持人员往来，吸收印度文化及其体制。结果，在印度教和大乘佛教立国思想的基础上，国王更替和王朝兴亡反复上演，印度式的文物如拼接般镶嵌在柬埔寨本土社会的重要方面。吴哥时代的法律秩序体系在印度文化中寻求法源和规矩准绳，并将其放在表面，但在实际的刑罚中，则替换成柬埔寨本土的框架和独特的诠释并执行。

第一，柬埔寨虽然从印度引入了"死刑"的概念和用语，但实际上却似乎没有作为极刑的"斩""绞"等死刑。当时有带着强烈本土色彩的坑刑和�刑，可能导致死亡。通过对碑文和中国史料的比较和探讨，斩首、绞刑、穿刺等刑罚的存在值得怀疑，不过这是今后需要进一步探究的问题。

第二，罚金中的高位严罚体现了社会阶层、职位有别的原则。庶民可以通过接受鞭笞一百下等替代罚金。实际的罚金是用当时的商品货币、财物等实物偿付。当时社会阶层有别和职能有别的刑罚体系，仍体现了柬埔寨法制体系的特色。

第三，《真腊风土记》记述了人们抓获盗贼时可对其监禁并施加私刑，而这也作为当时的世俗习惯法而得到广泛认可。《摩奴法典》提出了十八种诉讼条目，通奸罪收录其中，但在柬埔寨则是"但奸与赌无禁"（《争讼》），并没有将通奸罪列入处罚范围之中。但倘若奸妇的丈夫知道此事，会用柴棍对奸夫施以夹足之刑，如果对方缴纳财物则可获释放。

这似乎也属于在私刑的范围进行处置，可以说柬埔寨式的习惯法在其中发挥着作用。这种习惯法正是在一般庶民生活中创造出的相应法律规范，而遵从该法律而生活的大多数人的面貌似乎可见。

第四，柬埔寨的刑法体系反映了报应刑的时代精神。恶有恶报的刑罚概念、重法威吓主义，是吴哥时代法律秩序的一大特色。

东南亚：多文明世界的发现

第六章

经济活动与生活

碑文中的村落风景

对收获物课以税金　　从碑文可知，当时的人们在村落里过着自给自足的日常生活。生产的收成等会有一部分被课以税金。碑文记载，"村长是村落的责任人，因此不是让村民们上缴园地的正当赋租，而是（让他们）达到满足的状态"。村落的田地广阔，其中部分用作园地，收获物要被课税。但是，据说村民可获得赋税免除权。碑文中有"归属于阿亚巴补罗稻田的有地主之长、九名男帮工、十五名女帮工和十四名孩子，还有槟榔树六十棵、椰子树一百四十棵"，可见村落有地主和帮工，有稻田，有槟榔和椰子树林。村落附近大概也是如此的农村景象。虽然无法明确农地的私有制以什么形式被认可，但当时已经存在地主和帮工。

村落附近还有未开发的森林。碑文有记载，"野蛮人居住的地方遍布恐怖的森林"。村落里居住着村民、婆罗门及宗教人员、耕种田地的帮工等，附近有园地、稻田、椰子树和槟榔树，近处还有未开发的森林。碑文中还提到隶属于寺院的村落，其田地归寺院所有，"耕作稻田的帮工、种植的园丁和家畜饲养员，黄牛、水牛和十四块稻田都归神（寺院）所有"。

村落中的工匠们　那么，我们来看一下稍具规模的村落中到底存在哪些手艺人或工匠，以及专门职业人员吧。从碑文来看，寺院境内有"舞者七人，歌者十一人，琵琶以及弦乐器的演奏者四人（都为女性），在神的境内劳作的二十二名男帮工，五十七名种田的农夫，还有一百头黄牛、二十头水牛和六块稻田"。在寺院的祭祀仪式中，舞者、歌者、乐器演奏者等一同向神明献上歌舞。他们同时也从事寺院境内的清洁、准备供品和僧侣的饮食等所有的家务劳动。除此之外，还有在广阔的寺院境内从事耕种的帮工。加上家畜、田地，可以看到寺院境内经营着宗教活动和日常生活，并耕种稻田。

附属寺院的村落　安置神佛的寺院或僧院，似乎规模大小不一。大寺院有大量帮工劳作，职务种类也被进一步细化。湿婆神寺院有向其提供每日粮食和日用品的附

　　　　　　　　　　　东南亚：多文明世界的发现

属村落，另外有两个村落供给必要的生活用品。从帮工的职务种类来看，有六十一人辅助寺院宗教事务，在为寺院提供必需品的一个村有四十四人，另外一个村落有三十人，总共一百三十五人，算是一个相当庞大的群体在劳作服务。这其中也有帮工的子女。下文会提到，这些村落附属于寺院，因而被免除了赋税。

舞者与歌者　执行寺院祭祀礼仪的宗教事务辅助人员有"舞者、歌者、乐师、磨香人、神的厨师、僧人的厨师以及整理僧人衣服的人"。其他碑文还记载了各种各样的职务种类。例如耕种稻田的帮工、帮工头、田地的看守人以及制作衣物或僧衣、僧侣雨季罩衣的织妇和纺纱女、园地看守人。

这些寺院中有负责表演祭祀圣礼和显灵的专门歌手、舞女及乐师，磨香料者以及准备供品、僧侣饮食的人。进行日常宗教活动的僧侣，带着许多辅助祭礼的见习者们一起负责举办祭祀仪式。在寺院中，宗教事务的辅助者在神佛面前打声招呼，一天开始。然后，点灯，献花或进香，供奉早饭。到了晚上，清洗神像佛像，双手合十礼拜，结束一天的工作。

两个村落为了保证寺院活动顺利进行，向寺院提供必要的日用品。为确保粮食的供给，两个村落共同耕种二十块水田，另有人负责家畜的饲养。织妇和纺纱女从事修补僧侣衣服等工作。大寺院拥有数个附属的村落，以经济上的自给自足体制运作。这类寺院远离国内交易，村落中基本上是通过以物易物的方式过着日常生活。

农村社会的土地所有

土地台账　　碑文中有许多关于土地的记述，农地买卖、土地分界、确认所有权、新开垦土地等与农耕地相关的记载引人注目。围绕农地所有权时常会出现诉讼纠纷。土地可以属于所有人，从贫穷小农到国王、高官这种大地主都有，寺院也拥有类似附属庄园的村落。

当时好像存在土地台账。11世纪碑文提到记录土地边界和面积的土地台账。这证明当时不动产管理有效且组织化。碑文中一般以所有者名字称呼该块土地，并且明确记载土地面积和边界。此外，碑文还记有相邻土地所有者的情况和此前的状况，谁是地主又转让给谁，自己的土地有何标记，比如树木、堤坝、人工池等。

寺院土地与村落土地　　关于归属于寺院的土地和给神佛的供品，碑文记载了"僧院的土地不能与村落土地一同使用"，即将寺院的土地与一般村落的土地区分开来。

东南亚：多文明世界的发现

碑文上具体记载了许多土地名称，有灌溉用的水渠、小船、园地、低地、滑坡地、水田、池、沼等。实际上，这片广阔的土地本身都进献给了寺院。

虽说都是土地，但也不尽相同。被提到最多的自然是能够灌溉的水田。另一方面，这时也有被称作浮稻的利用雨季洪水和退水的"低地"稻作。这时似乎也有烧垦农业。此外，还有种植旱稻等的旱田。耕作地的比例因地区不同而有所区别，但可以明确的是，吴哥地区的土地利用率特别高。这里灌溉网遍布，人口密度也相应很高。

耕地增多与灌溉网络的健全有关。灌溉技术的革新也影响很大。特别是在吴哥时代的末期，灌溉方式从原来的贮水池（巴莱）方式变更为桥梁堤坝，就是为了扩大灌溉化土地范围。

开垦获得新的耕地   要获得新的耕地就必须自己动手开垦。如果村民能够进入森林地带并拓展出新的土地，就可据为己有。开垦和扩大农地，建设新村落，需要动员许多村民。

水田的灌溉利用地形落差，在有河流处从河中引水，但大多数情况是采用蓄水池灌溉的方法，即储存雨水、小溪流或水渠的水进行灌溉。

碑文中只有吴哥地区建设巴莱的记载，但都是完成时的纪念式内容，几乎没有提及湖水分配和管理情况等与灌溉相关的详细记述。

桥梁大坝普拉托斯桥 13世纪灌溉方式由巴莱转换成桥梁堤坝。大村次乡摄

吴哥王朝以往也建造了小型的贮水池和堰湖，真正确保各处水田和旱田的水源。9世纪末的碑文中记有人们在远离村落的地方挖掘蓄水池、负责管理水的是郡长等内容。

从巴莱到桥梁堤坝

13世纪，吴哥王朝在多数河流地区建造了桥梁堤坝，放弃了之前一直沿用的巴莱方式。其中最杰出的桥梁堤坝当属架设在通往柬埔寨南部主干道上的普拉托斯桥。它全长八十七米，采用了新的技术，完善了水源再分配的水路网络。

普拉托斯地区是大扇形区域，从北向南倾斜，每一千米就会有一米的落差，因此采用了与吴哥地区相同的传统方式。该大扇形地区的地质为红土，属于黏土质地，所以保水性好。像大型桥梁这样的大规模土木工程，作为国王直接管辖的工程来建设。这些桥梁堤坝似乎只存在于人口密度集中的高生产性区域，无疑是为了激活当地的农业生产并达成增产而建设的。

旱地作物

主要的农作物为稻谷。周达观在《真腊风土记》中记述了浮稻栽培的种植方式。和

东南亚：多文明世界的发现

现在一样，插秧似乎是女性的工作，男性负责翻地、收割及直到收割的农活（调节水位等）。耕田使用黄牛和水牛。

在没有灌溉设备的旱地地区，似乎种植杂谷、芝麻和各种豆类作物，保障了稻米之外的粮食产量。这些粮食定期提供给各地的寺院。根据塔普伦寺和圣剑寺碑文（12世纪末），寺院接受附属村落提供的粮食和日用品。10世纪中期的碑文还记载有种植茄子的田地，其他碑文里也提到了"种植甘蔗"的帮工。

在旱地中栽培的自然还有蔬菜。周达观的报告里还记载了洋葱、芥末、葱、茄子等。此外，他也列举了一些药用植物。

槟榔、树林等　　村落中种植了各类树木。碑文中最常提到的当属棕榈树、椰树和槟榔树。当时也有棕榈"果树园"。

碑文提到各处都有数量庞大的椰树和槟榔的果树园。人们砸碎槟榔种子，加上石灰熬制并用蒌叶包起来，作为口香剂（健胃药）食用。当时如果没有吃这个，一顿饭就不算结束。

12—13世纪，当地引入了桑木，开始了养蚕业。周达观记载说，这些都是由当时占族人带过去的。除此之外，这时也有其他果树园，特别是柬埔寨人最喜欢的芒果园。这可以从以前的地名有很多"芒果××"中看出来。

明晰的日常生活

村民们食用淡水鱼　　　洞里萨湖是世界上首屈一指的淡水鱼宝库，提供了大量的蛋白源。柬埔寨人食用烤鱼、鱼干、鱼汤以及腌制发酵而成的柬埔寨咸鱼（prahok，一种腌酵食品）。

巴戎寺的浮雕回廊上雕刻有撒网捕鱼的场景以及在店门口给鱼开膛的女性。在吴哥窟、巴戎寺浮雕中的"搅拌乳海"以及巴戎寺、班迭奇马寺的水上作战的场景中，出现了柬埔寨的鱼类。周达观也说洞里萨湖的鱼类名称不胜枚举，并且提到湖内有巨大的虾。然而，碑文却没有提及渔业的内容，只偶尔提到作为确定土地边界的标记之一的"渔场"。

根据983年的碑文，寺院中祭祀神佛的贡品原则上都是素食。寺院的帮工在日常生活中食用鱼。圣剑寺碑文中列举了每年向寺院供给的家畜，"四百二十三头山羊，三百六十只鸡和同等数目的孔雀、雄黄鸽（命名可能源自佛教经典）"，但是完全没有提及鱼类。

高价的犀牛角　　　根据周达观的记述，柬埔寨山丘地区可以采集到小豆蔻（采于豆蔻山脉，用作药物）、沉香、橡胶和大风子油（对麻风病有疗效），而且是翠鸟羽

毛、犀牛角和象牙等
贵重物产的天然宝
库。碑文中，每年向
塔普伦寺缴纳物产的
清单中必然会有作为
照明使用的从巨大乔
木中采集的含油树脂
（oleoresin）。

投网捕鱼的人们　巴戎寺浮雕中描绘的洞里萨湖渔夫

象牙在买卖方面
并没有太大的利润。犀牛作为森林中的大型动物，同时也是印度
教中阿耆尼（火神）的坐骑，在浮雕的装饰中也有出现。犀牛角
在中药中作为催情药剂广为人知，但在刻写药剂、药品清单的义
诊机构碑文中，却没有找到关于犀牛角的记载。

采集蜂蜡是集体进行。根据 11 世纪的碑文，湄公河附近的
蔺草平原的村落奉命专门生产蜂蜡。村民们被免除兵役等赋役
任务，而且不受州长管理，享有特殊待遇。他们在"蜂蜡长"的
监督下劳动。另外两处碑文（被认为是 8 世纪）记载了他们担
负有缴纳蜂蜡的义务，从中可以看出蜂蜡是这一地区的特产。这
种物品还发挥着商品货币的功能。小豆蔻和蜂蜡是代表性的
商品货币。

盐长缴纳税金

周达观指出柬埔寨有两种盐，应该分别是蒸煮海水获得的海盐和"味胜于盐（海盐）"的矿物盐（岩盐）。

碑文中提到当时有"盐长"一职、煮盐被课以税金、作为特产的盐在整个时代充当一种商品货币。其他的碑文也指出，当时要将一定量的盐送到船舶停靠处。这大概由盐长负责生产管理，从产地将盐装进小船，运到各地的寺院。

调查铁的出产地

根据考古学调查，我们清楚知道高棉人使用大量的铁器（武器、工具、建筑所用的细丝和铰钉）、铜器、"青铜"制品（青铜像、餐具、工具、车辇的部件等）和铅（特定建筑的屋顶、插口处配件）。根据圣剑寺碑文记载，该寺院在建造时消耗了大量金银。它们不仅作为装饰品和宗教仪式用品，还被用作点缀雕像和建筑物的金泥和金箔。那么，产地在何处呢？

吴哥地区东北部发现的梵语碑文（948）中提到了"有丰富的银、宝石和铜"的土地。

柬埔寨的矿山方面，中部磅同省的普龙达尔库山脉有铁矿脉。直到19世纪，附近的少数民族库伊族一直在挖掘该矿山。中世的《王朝年代记》记录了库伊族向国王进献铁铸块（ingot）。制铁用的是古代印度传来的技术。当地人在普龙达尔库的开发可以追溯到很久之前。在19世纪也有关于该地的报告和实地调查

东南亚：多文明世界的发现

的记录。这一地区应
该是吴哥时代制铁的
中心。2009 年 3 月,
吴哥遗迹国际调查
团获得柬埔寨政府允
许,调查了普龙达尔
库地区。虽然目前还
没有完成正式的报告

铁矿渣块 2009 年 3 月发现于柏威夏省罗文县。笔者摄

书,但通过对零散分布的铁矿渣或其他矿渣地区的探查,确认
了该地过去冶铁的可能性。

银餐具与陶瓷器　塔普伦寺的捐赠物碑文提及了高棉的手
艺人和生产大量纺织品的织工。从捐赠
物清单来看,因为要进献银餐具和其他贵重金属餐具,所以有许
多制作餐具的手艺人。还有一些人则制作各个神佛配套的、使
其庄严肃穆的珠宝饰品。这时似乎是有许多的法器制作师或者工
艺品师。

　　1995 年 8 月 15 日,上智大学吴哥遗迹国际调查团最早在吴
哥窟附近的塔尼村发现了大型窑址(发掘负责人为上智大学的青
柳洋治名誉教授)。众多窑址证明了之前此地繁盛的瓦以及陶瓷
器的制造。荔枝山上也发现了窑址。这些陶瓷器在技术上受到中
国陶瓷的影响。

活跃的商业活动与物流

商品交易与货币交换　　　東埔寨的商品交易基本上是以物易物。中国钱币等贵金属（金银）大体上作为"交换货币"的代替品来辅助使用。根据周达观的报告，在市场上"小交关（交易）则用米谷及唐货，次则用布，若乃大交关则用金银矣"。可以推测，当时商品交易相当复杂，作为商品货币来交易决算的财物和商品数量巨大，商品作物的数量也十分可观。

山区的少数民族被当作奴隶对待。10 世纪的碑文中记载了某位女奴隶作为盆、铜锅、银茶碗、蜂蜡和衣物类（记录了各种商品的重量）的交换价款，另外一位女奴隶则和一定量的铅交换。其他碑文中也有用男奴隶完成土地价款的清算、某块土地用二十匹纺织品作为对价的记载。

根据 11 世纪的碑文记载，购买数块土地时用一头大象，有时用两头大象作为对价，零头则用各类物品充抵。这种当场用实物结算的方式中，女奴隶也被作为可抵付的财产。除此之外，所有特别费用都是用实物支付，进献等其他情况也是如此。私有财产中的各种实物、贵重金属以及奴隶等，附加了作为"商品货币"的属性。

收取场地租金的寺院 周达观记载，吴哥都城附近每天早上都有集市，做小买卖的商人们租借零售场地进行商品买卖。从塔普伦寺碑文和圣剑寺碑文来看，在阇耶跋摩七世时代，在寺院门口摆集市的商人向这两座寺院缴纳各类商品作为场地费。塔普伦寺里相当多的铅、圣剑寺里大量的谷物以及各种日用品都是这样获得的。开设市集是特别的日子，商人向寺院缴纳大量的粮食和铅等。如果是大寺院，庙门前会形成街区，大型节日时很多人聚集于此。从巴戎寺的浮雕上也可以看到包括鱼店在内的商铺和摊位。

周达观指出，柬埔寨的小贩中以女性为主，来到这个国家的中国人先娶妻，然后让她做一些零售买卖。巴戎寺浮雕中有像中国商人的人。碑文经常提到商品贸易，但里面的商人都是男性。7世纪末碑文有一位由国王任命的"商人长"的高官，1011年高棉语碑文中也有关于"商人长"的记载，当时也有行会组织。7世纪的碑文还暗示了王（地方长）管理这类组织。

大量进口商品 柬埔寨商人到底卖什么商品，又进口什么商品呢？出口商品有包含通过狩猎或采集获得的各种森林物产以及海滨地区的珍珠、玳瑁等特产。

进口品除了金银外，还包括作为各类高级商品（尤其是丝绸和青瓷，也包括席子）、矿物、其他物产（水银、硫黄、硝石、白檀、麝香等）和日常生活所需食品。从寺院的捐赠品清单中可以看到当时进口的高级商品。例如，10世纪碑文中记录了向湿婆派寺院供奉外国制的香盒、外国制的杯具以及"中国的大镜"。另一篇几乎同一时期的碑文记载，他们曾向女神进献三个南瓜形状的容器。塔普伦寺和圣剑寺也购买了"中国制"的贵重品，包括蚊帐、布匹以及周达观提到的席子等。虽然周只提到青瓷一种瓷器，但吴哥附近的考古发掘显示有多种中国陶瓷器输入柬埔寨。9世纪之后，这种趋势进一步扩大，高棉陶匠也在这时引进中国技术。

王道是国内的流通道路 国内物流依靠干道（王道）。人们也利用洞里萨湖、湄公河以及汛期的其他河流水运。8世纪时，吴哥已经出现了通过湄公河将捐赠品运到桔井省的寺院的"领航长"。

周达观在13世纪末乘船到达吴哥都城，经由水路换乘。吴哥都城内的交通利用小型水路网。此外，在露天开掘的砂岩采石场和洞里萨湖之间也有运输石材的大运河。

柬埔寨很早就同中国及其他邻国贸易，如周达观所言，"舶商（海外商人）"到达此地。柬埔寨生产纺织品，但同时也从暹罗、占婆和印度进口织物。

条条大路通吴哥 王道的命名始于安德烈·马尔罗的小说《王家大道》，不过小说中的王道纵横交

错地分布在茂密丛林之中并通往各处。在小说出版之际，这还是虚构情节，但20世纪90年代起的详细调查证实王道的真实存在。研究者发现了吴哥时代的道路、

灯明之家　与义诊机构一起，沿着内陆交通道路建设。笔者摄

石造桥梁、蓄水池、小型遗迹、环壕、村落等遗址，并厘清它们的地理位置。当时所有王道都通往吴哥都城。

　　基于王道带来国内商品流通繁盛的"条条大路通吴哥"论，是对国内经济活动的再思考，引起了广泛关注。周达观指出大量中国船只到来的事实，但那是因为当时洞里萨湖和湄公河相连、泰国湾和南海畅通。通过对王朝广阔领域范围的再次考察，研究者发现以作为地方中心的五大遗迹（7世纪的三波坡雷古遗迹、10世纪的贡开遗迹、12世纪前半叶的崩密列遗迹、12世纪后半叶磅斯外的大圣剑寺遗迹和13世纪初的班迭奇马遗迹）为中心的国内贸易盛行。

从税金问题考察流通商品

课税的物产有什么呢? 国王和高官们将国家预算中的税金摊派给村民等，并征收、管理国家收入。实际上，通过考察碑文，我们发现当时存在许多课税争端、税金免除以及逃税的情况。当时税收在收支平衡上出现问题。各种税金及征收方法没有被明确区分，从国家财政角度来看，即税收未统一。换句话说，我们无法判明国家支出的全貌，只能明确一部分。

在税收制度中，农产品和大部分手工业品是课税对象，被上缴到国库，即国王的仓库中。市场里也会预征税金。此外，当时人头税和固定资产税的区分也不清楚。

根据碑文，卖掉水田的纳税义务者有义务提出减税申请，并获得认可。从这一事实来看，该税金属于个人税。979 年的碑文中记载了某人卖掉土地购买贵重品（列有清单），并将此贵重品作为物品税上缴国王。而之后的其他碑文则记载，某位纳税者卖出土地，但用米纳税。

从各类税收的征收官推断，当时纳税的主要产品除了稻米之外，似乎还有种子（大概是禾本科的杂谷类）、油（芝麻油？）和精制牛油、蜂蜡、盐、芝麻。被征收的物产确实被暂时放进国王的仓库，之后再运到国内的各大寺院以供其运营维持，例如运

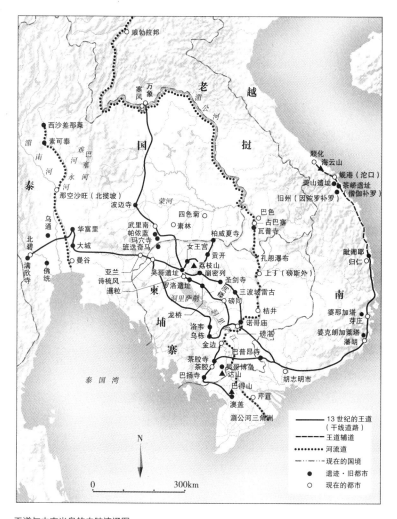

王道与中南半岛的内陆流通图

输给阇耶跋摩七世时代的义诊机构等。

在森林产物方面，国家对油树脂（含有树脂，用作火把）、各类香料（生姜、胡椒等）、药草和药用物资（樟脑）等征税。这些森林产物税往往从居住在山区的少数民族物产中征缴。

此外，课税对象还包括没有加工的金属类物品（金、银、铜和铅）。新寺院的建设和装饰等经常使用大量的金属类物质。当时政府还对制作各类产品的手艺人课以重税，例如制作纤维类（所有衣物，如丝制品、毛织品、普通纺织品、手包、窗帘、垫子等）、金银装饰品、祭祀用品（圣遗物箱、象牙制的鼓、神佛台座的供物座）、餐具类等的手艺人等。

赋役的承担者　　王道和石桥的建设促进了国内商品的流通，也方便了官员征收税金以及将所征物品运到王国的仓库。从这个意义来看，上文提到的课税清单可以说是各个地方运输到吴哥都城的商品，是各地的物产。

至于作为税收之一的赋税，碑文中频繁出现关于承担服役任务之人的记载，因此可以确定当时存在这类负责官员。根据碑文信息，赋役大概多在土木工程和新建寺院之际征召。

例如，9 世纪末期因陀罗跋摩一世执政时让村民挖掘修建蓄水池。1119 年，苏利耶跋摩二世使役村民，在建筑家的指挥下整修郡县、建设寺院以及四周的围墙。建造大规模的人工湖、皇家寺院，尤其是护国寺时自然也会征发村民服役。当时，州、郡级别的行政单位负责动员劳役。碑文也多次记载了免除劳役的情况。判断是否可免除，似乎是由州长或郡长决定。

寺院的维持运营费用由谁负担?

大型寺院和僧院运营资金的部分来源已经清楚。根据碑文，一是上交给国王仓库（国库）的物品，二是对手艺人、织工所造商品征收的税金，三是由开设市场税和郡的税金等。碑文还明确表明，这些运营资金是国王和"郡长们""出于信仰之心捐赠给（寺院）的"。

支持寺院运营上，郡内村落承担的财物与国库提供的似乎不能同一而论。虽然无法准确判断郡县村落所缴纳米以及物产、日用品、钱财的具体数额，但它们负担了庞大数量。换而言之，地方寺院和国家寺院等拥有附属村落，从中获取的收入作为自主独立的财源。

现在各地的上座部佛教寺院，依然由该地区的人员聚合资源来建设、运营和维持。不过，即便是由郡县村落担负运营费的寺院，在国王权威之下也是作为彰显国王威严的寺院而熠熠生辉。

布施给慈善事业的特别补助

国家财政中还有用于特别补助的款项，即国王无偿赠予的土地、村落以及附带的高价财物等。这些有时似乎达到非常庞大的数额。阇耶跋摩六世时期，国王赠予了帝师迪瓦卡拉班智达高额特别津贴，但迪瓦卡拉班智达将这些津贴赠予寺院，用于开掘贮水池，并将一部分分配给学者、婆罗门和穷人。他自己则留有特别津贴中的贵重财物。

11 世纪前半叶在位的苏利耶跋摩一世也赠予了负责宗教事务的高官特别津贴，而高官则将津贴施舍给各项慈善事业，其中也包括茶胶寺。具体财物包括赎罪用的祭祀用品、制作寺院屋顶的装饰、寺院主体的工事费用、购买石材及制作雕像等。

免税从结果上帮助了寺院

在此总结一下课税和免税。所谓课税就是对前述所有物品课以税金，其对象包括森林物产、金属类、装饰品、米、杂谷、种子、油、牛油、蜂蜡、芝麻和盐等。免税则适用于献给寺院的供品和国王修造的建筑（也包括私人建造但敬赠给国王的建筑）。例如，974 年某位人物请求给寺院捐赠，将土地赠予帝师，而这些都免税。

寺院人员享有免除赋役的特权，这一措施是对寺院的间接补贴，也间接地弥补了国库分配寺院的不足部分。

国家预算的执行

尚未论及的问题还有国家预算。国库投资建设大型土木工程和寺院，并承担公共设施的维持管理费用，无疑是一笔巨大的开支。

例如，碑文中具体记载高达数层的寺院数量，塔和连接塔的回廊的数量，墙壁、环形壕沟以及参拜道路的长度，作为计算预算的根据，并做出预算草案。它还记载了寺院境内安置的神佛造像数目和义诊机构（塔普伦寺）、驿站（圣剑寺）的数目，表明不同建筑物的估算依据。碑文中也详细记载了石材（砂岩）和红土的用途。

作为经济支柱的国土整修事业　在王国内部建设干道、建造石桥、在各地修建驿站和义诊机构以及建设寺院和相关建筑都属于国土整修事业，它们在激活国内经济的同时也展现出了一个帝国的形态。这些公共事业和地方据点的宗教设施，自然需要耗费建材、经费以及人工费等。涉及庞大建设费的财政问题左右着吴哥王朝的经济。国家在公共事业上投入大量补贴，而寺院和宗教建筑的管理维持也消耗了大部分的财源。总之，寺院本身无疑是王国内的大地主。

公共事业部门的核心在水利灌溉、干线道路以及宗教设施的建设。事实上，大寺院（吴哥窟及圣剑寺）周围的环沟也被纳入当时国内水利设施整修事业中。同样，许多宗教建筑（地方寺院、驿站、僧房、义诊机构等）也是以道路为中心的国土整修事业的一部分。当然，这项事业的发起几乎都是出于国王的要求。建筑所需材料包括木材、砖、石材以及辅助用的各种金属（铁、铅、"青铜"）。人们非常灵活地运用这些建材，实现建筑技术的巨大革新，最终创造出吴哥窟这样的大型伽蓝。

第七章

吴哥时代的精神价值体系

从出生到青年再到结婚

满足衣食住的日常生活　　吴哥时代的村民一般过着怎样的生活呢？以下通过再现巴戎寺回廊的浮雕来探讨。巴戎寺回廊浮雕比吴哥窟中的更深，造像方面十分优美。

第一回廊（长一百六十米，宽一百四十米）的石壁上雕刻了生活在这个国家的庶民的日常生活。大量人物和动植物的雕塑填满了高达十余米的整个墙面。庶民的日常生活似乎从日出忙碌到日落，并周而复始。

柬埔寨的清晨很早就开始了。商人在市场的摊位上出售蔬菜、稻米、鱼、肉等食品，以及渔具、药品、日用品、布匹和茶具等，其中还有梳着中国人发型的商人。市场也是人与人交流的场所，

游览船与斗鸡　巴戎寺第一回廊上描绘了在游览船上跳舞嬉戏的人们（上）以及看客围在两位斗鸡男子身边的场面（下）等吴哥人的日常生活。它们是将东西长一百六十米、南北宽一百四十米的壁面划分成两到三段的极富动感的写实图像

对着瓶子喝酒的人、搬运饮料的厨子、贩卖烤肉串和烤鱼的行商以及制作点心和饭菜的厨师都聚集于此。此外，浮雕中还诙谐地描绘了聚集在市场附近的斗鸡斗猪（或狗）取乐的人群、趁店主打瞌睡之际偷盗的坏孩子等。

此外，浮雕中还有刻石的石匠们、一同进食的手艺人、栓绑在木头上的牛和农家的光景。乘坐渔船的三位渔夫镇定地撒网捕鱼，船上还有桨手和清点捕获的鱼的人。渔船下方有一艘很大的类似游览船的河船，船上的乘客们正在尽兴地嬉戏和跳舞。浮雕还雕刻了王族的生活及宫廷内的状况，十分有趣。威武的军队持续行进。占婆军和高棉军的战斗场面、水军与象军的行进以及一支曲艺师队伍等被栩栩如生地刻满整个墙面。高棉的雕工们都是十分优秀的写实派。军队后方还跟着堆满粮草的牛车，其中从村里征用的一家人包括父母、骑在脖子上的年幼女儿、哥哥和正驾着车的长子。

根据周达观的报告，生育是女性的一项重大的工作。早熟的少女当上了母亲，二三十岁就像"四五十岁的中国人那样"老。

到了青年阶段，少年们成为家里的帮手，负责饲养牛。这一年龄段也是青年出家，作为小僧在寺院或僧房学习的时间。王族少年跟随婆罗门的帝师接受帝王之学的教育。这些王子受到祭司的熏陶，学习印度的价值观和柬埔寨固有的诸项规范。

包括吴哥都城在内，村人居住的场所是大中小村落的集合体，各个村落多少都独立发展。当时还会形成以寺院为中心的

忙碌的厨子 把动物放进大锅的男子以及把鱼、肉、香蕉穿在串上用火烤的厨子。吴哥城巴戎寺第一回廊

村落。河流沿岸分布着带状的高架住房，其他地势稍高的地方也形成了许多村落，大概是担心洪水侵袭吧。根据浮雕画面，当时也是干栏式房屋，和今天的村落似乎没有太大区别。宅地里有房屋、米仓、家畜的窝圈、工作棚、椰子树等宅地树木和小型的养鱼池。

僧侣在村落的寺院里刻苦修行，举办随时节而来的祭礼活动。热带丛林等层峦叠嶂的巨大森林地带，是都城、村落不一样的世界。

褒扬贞节妻子的碑文

无论是否是王妃，作为褒奖女性的词汇，贞洁似乎都被特别重视。夫妻之间的贞洁是一种美德。高官和要职人员把女儿等作为人质送入国王后宫。其中获得特别对待的"第一王妃"由国王亲自挑选出来。居于高位的高官们大概也用同样的方式娶妻。当时的家族往往都是大家族。

碑文中如何记载这些家族的状况呢？11世纪的一则碑文褒

东南亚：多文明世界的发现

扬了地方之长的"贞洁"妻子，说她"如女神般处事"，有五个儿子和三个女儿。空中宫殿（Phimeanakas）的碑文记载，阇耶跋摩七世首任贞淑的妻子是阇耶罗阇德毗王妃，她"将被母亲抛弃的几百名少女当作女儿照顾"。

阇耶罗阇德毗王妃的姐姐在她去世之后成为王妃因陀罗德毗，开始重新教育"巷女"，致力于使其自力更生。碑文还提到"因陀罗德毗王妃对国王钟情的女人们也善良仁慈，仿佛女神的化身"。

在柬埔寨，无论是吴哥时代还是现在，房屋都是干栏式住房。巴戎寺的浮雕墙面上就描绘有那些干栏式建筑。

要进入木桩上的房屋往往必须攀爬陡峭的奇数楼梯。奇数是吉祥数字。和现在一样，上楼的地方（檐廊）也安装有带扶手的栏杆。

日常生活是在在干栏下度过。干栏底下也有食堂，成为烹饪或孩子们玩耍的地方。房屋周围有番木瓜和芒果的果园，也种植了椰子和槟榔等树木。一幅悠闲恬静的田园风景。

在柬埔寨，屋里并没有厨房，烹饪是在屋外东南角。实际上，人们一般是在地面安置案板来烹饪菜肴，在三脚的小火炉上架起炒锅或煮锅。在一日之始的清晨，女人用臼捣米煮饭。

不过，巴戎寺浮雕中则是男性厨子。他们将锅支在火上，并把米倒进滚烫热水的锅里煮。除了个人家庭外，在王宫和寺院里负责日常饮食的应该都是男人。

巴戎寺的浮雕中，煮饭的炉灶旁边放置着大锅，看起来像一头小鹿的动物被整个扔入锅内。旁边还有烤串的情形，厨师将肉片、鱼片和香蕉串起来放在燃烧的火苗上烤。

此外，浮雕上还有两三人围在一个盘子周围，用手将食物送入口中。正如周达观所言，当时有好几种地方酒，其中大概包括用大米制作的浊酒。来到市场上的人们直接从缸里用长长的麦秆吸浊酒。今天，这种光景成为只在山区少数民族中保留的习惯。

浮雕中的市场如此充满活力。

都市的光与影

首都大道的热闹——目睹国王行幸的周达观

吴哥都城里，面对首都大道方向上有数座名刹和大小寺院、僧院、僧房。这些寺院的门前有街区，也开设了大小不一的常设市场。村民和顾客们混杂在一起，也能见到谈得起劲的中国人和街头艺人。小商贩在遮阳伞底下等待客人。商品摆放在小的露台或摊位上，也有人将其放入筐里，用扁担挑来。

要把商品杂货、蔬菜等运进由城墙围绕的吴哥城，需要穿过五道大门。这些大门所在地都有水道，小型河船等在那里以供使用。村民步行穿过首都大道，去往巴戎寺参拜。城内有高官居住的干栏式房屋，也有下级官吏或辅助者、警卫兵家庭的住处，从事下等劳动的男女也住在那里。

根据周达观的报告，国王每年出宫四五次，届时数千名陪同人员组成长长的队伍。亲眼目睹过行幸实况的周达观，对如此森严的警备、庞大的人数以及绚丽灿烂的场面感到震惊。三五百人手持明灯在前，守护国王身边的士兵跟随，男女侍从则紧随其后。吴哥窟回廊的浮雕刻有国王行幸的画面，通过小碑文可以知道国王身边的高官是谁又有何种地位。

在这场光彩夺目的行幸当中，高官的位阶或职位可以根据各自华盖的数目一目了然。如果没有这么森严的行幸，人民就无法认识到国王的伟大样子。在首都大道上乘坐轿辇的高官和他们的妻子往来于此。女性乘坐时，轿子则是用两根长柄吊起来的特殊肩舆。位于长柄之上的屋形轿子和华盖一样，只要根据长柄所刻的印记便可判断出官位。

有野生大象、老虎和兔子的森林

现在柬埔寨国土仍有百分之六十被森林覆盖。巴戎寺和吴哥窟的浮雕上也描绘了连绵不绝的森林场景。村民经常为采集药草和香木穿过森林，而军队横穿这里，有时将其作为战场。森林是动物的栖息地，也是猎人活跃的场所。野生大象在此阔步前行。同时，荔枝山也是苦行者修行的场所。村落的木工也会到此，用手斧伐取用作房屋梁柱和床板的木材。

当时人们的交通手段有大象等。高官坐轿或肩舆，村民使用牛车。牛车多为两头黄牛或水牛并驾，车轮很大，能越过相当大的障碍物，但要留意不要陷在泥泞或沙地里。

牛车上安装有防灼热太阳和雨的三角形藤编屋顶，驾驶者坐在前方，用单脚踩在车辕上驾驶。主干道（王道）上有驿站和僧房。例如在 12 世纪从吴哥到磅斯外的大圣剑寺的主干道上，每隔二十千米就有可供休息的类似驿站的房屋。

人们常常去森林中狩猎，使用弓、箭和将小石子弹射出去的武器，有时也会用吹箭，在射杀猪、鹿等大型动物时则会用到长矛。森林有各种各样的猎物，有野生的象、猿、鹿、虎等野兽，河边也有熊，还有野兔和野鸟。9 世纪的碑文中说阇耶跋摩三世是猎捕大象的高手。这里的猎捕大象是捕获野生的大象，然后对它进行驯化，用于搬运等。驯化野生大象的场所位于吴哥城北部。当时对战争必需的战象进行特别训练十分有必要。

这些森林动物也在村里流传的民间故事中登场。动物与居住在森林旁边的村民共同生活。早先村民们开垦森林，以火耕农业维持生活，似乎与来到村落中的商人们用香木、药草、毛皮等森林物产进行以物易物。此外，根据 7 世纪瓦普寺碑文所述，在寂静森林之中的岩石与洞窟中还有修行的苦行僧。

周达观还记载了许多娱乐方式，例如新年装扮、爆竹等华丽的正月娱乐。人们还会参与玩球和"陆地行舟"（在地上拉模型船）等为人喜爱的集团竞技活动。

集团竞技与奉纳舞蹈

在举办即位仪式等大型典礼的祝贺时，政府会开展各种各样的团体竞技活动。癞王台阶的墙壁上刻有团体竞技场面。例如骑在马上的竞技者挥动球棒击打木制的球。在日常娱乐方面则有街头表演，巴戎寺浮雕上的市场卖货摊位旁有杂技师、足技师、走钢丝的艺人以及柬埔寨相扑等，也能看到斗鸡这种以中国人为中心的明显涉及赌博

模仿王宫内美女的女神像　吴哥窟西塔门的两座女神像仿佛女官和舞女

的场面。在斗鸡的近旁，还有人唆使两头猪（或狗）相斗。根据周达观的记载，祭礼中似乎还有战象相斗的比赛。当时柬埔寨还有格斗士。

　　周达观似乎对家族成员在水池中一同愉快沐浴的情形感到吃惊。如今在水边依然可以见到这样的日常风景。巴戎寺浮雕上，高棉与占族两水军作战场面的旁边还有几幅王子、公主等高贵人士在优雅的屋形船上愉快纳凉的画面。

　　在如此酷暑的国度乘船游玩是一项娱乐活动，船只或

许就在东西两处巴莱，或者在阇耶跋摩七世沐浴的皇家浴池中前进。

12 世纪末，阇耶罗阇德毗王妃让"御用舞者"进献了《本生经》（本生谭，佛陀的前世故事）。这说明当时存在作为王室娱乐的宫廷舞蹈团。

王族的麻风病与义诊机构

癞王台阶现在还在，许多村民们会供奉鲜花，每逢时节都给石像换上新衣。三岛由纪夫也有一部有名的戏曲叫《癞王的台阶》。

10 世纪初，耶输跋摩一世在罗莱寺中建立的僧房的规诫中，禁止麻风病人出入。周达观在《病癞》的条目中记载："然多病癞者，比比道途间。土人虽与之同卧同食亦不校。或谓彼中风土有此疾。又云曾有国主患此疾，故人不之嫌。"

巴戎寺和义诊机构破风上的浮雕中，有用球状果实的汁液为一位王族成员按摩的场面。这种果实的汁液大概就是能够缓解麻风病患者痛苦的大风子油，国王致力于建设义诊机构大概也是出于治疗该病的缘故。

根据塔普伦寺碑文的记载，1186 年，国王在全国设置了一百零二处义诊机构，并置于大臣的管辖之下。至今为止，能够确认的义诊机构、碑文以及附属的小寺院有四十处左右。分布上，东北的侗台语地区较多。这些义诊机构本身的主体建筑都是用木材和其他轻建材搭建，现在已经不复存在。但是附属小寺院

癞王台阶（左）与癞王像（右） 金边国立博物馆藏

都是用砂岩或红土建成，规格一致，都供奉治疗疾病的药师如来，可以立刻判断出来。以碑文中的塔普伦寺为代表，各地确认了许多这种附属小寺院。

《真腊风土记》并未提及碑文中记载的义诊机构。在全国设立义诊机构的是阇耶跋摩七世。碑文中把建设义诊机构看作是国王的义务，称"人民的疾苦就是国王的疾苦"（克洛德·雅克翻译）。

在义诊机构中安放的碑文以及塔普伦寺的碑文中对于机构的组织有详细描述。最大规模的义诊机构有近二百人工作，中等规模的义诊机构有一百人左右，小规模的则大约五十人。

义诊机构既有免费入院的患者，也有自己负担费用的患者。两名医生负责治疗（大概每人负责十五名患者），每人各自雇用三名助手。两名药剂师和两名厨师负责分配药品，厨师同时还负责清扫寺院。另有负责捣碎药材原料的女工，由护士负责管理。义诊机构还安排了处理事务的官员、负责附属寺院的宗教事务祭司官以及占星师各一人，由塔普伦寺院的管理者任命。

支撑义诊机构的巨大人力与物资

为了运营义诊机构，外部提供以日常生活的粮食为代表的各种物资。这种物资性的支援十分庞大。根据塔普伦寺碑文，与义诊机构经营相关的人员总数达到八万人以上，接受来自超过约八百个村落的物资供给；进入义诊机构的患者们得到一小部分进献给义诊机构、小寺院的庞大物资；义诊机构不仅获赠大米等食物，而且也得到药草或药箱；政府保证向担任祭祀的祭祀官以及药师佛提供四季的衣物和大米。

问题是义诊机构到底怎样运营，又是怎样进行日常活动呢？因为没有记录，我们无法得知。患者大概是义诊机构附近的村民吧。

周达观提到，一般情况下医生假扮"咒术师"。我们不知道分配到义诊机构的医生到底是什么样的医生。

但是最大的疑问是，义诊机构中的规章中并没有提到麻风病的项目，进献的药草和药石的原文中也没有包括大风子油。麻风病之外，似乎各个村落都有残障人士。涅盘寺破风位置的浮雕刻有这些人们在观世音菩萨面前祷告的场景。

寺院里的僧侣教育

寺院教育现在仍然在柬埔寨发挥作用，有许多在寺院宽敞的院内开设的小学校。

周达观指出当时也有寺院教育这种形式。那时是印度教或佛教的寺院。这些寺院原本是为国王或特定个人修造的，其目的有三：接收修行的僧人、接收旅行者、实践宗教教育。记载表明，僧院中似乎有一名至数名不等的负责教师（僧侣）。吴哥王朝中有两位建设教育设施的国王，即耶输跋摩一世和阇耶跋摩七世。

耶输跋摩一世将培养人才的教育委托给了僧院。学生们集体在僧院住宿，一同进食，定期配给贝叶和笔记用具等。僧院也保证兼职教师的僧侣的住宿饮食。教师有湿婆派、毗湿奴派和佛教等教徒。根据各自所精通教义的程度，教师的待遇也有所不同。

其中很博学的教育僧配有六名助教。在僧院每月白分（前半段，月盈至满）和黑分（后半段，月亏至晦）分别安排两名图书管理者和三名准备贝叶的负责人员。到阇耶跋摩七世时代，寺院自己负责这种培养佛教僧侣的教育。

寺院或僧院建在国内主干道沿线的驿站附近。塔普伦寺的碑文记载，在寺院中学习的学生达到970人，教师和学生的餐费成为了一笔巨大的开支。圣剑寺碑文提到在地方寺院和121所驿站中生活的2898名教师和学生的餐费。阇耶跋摩七世和阇耶罗阇德毗王妃也在佛教寺院执教过。

此外，当时还有私人设立的寺院私塾。10世纪末期，从印度来到柬埔寨的婆罗门德伊乌瓦卡拉巴塔成为驸马，并创建新的僧房。巴戎寺浮雕上多处刻有被弟子围绕的苦行僧的日常生活。

至于吴哥王朝下的寺院和僧院的教学计划，当时寺院使用

《吠陀》（印度婆罗门教的经典）、《政事论》（印度政治论书中实利论）、《法论》（包含了《摩奴法典》的规范、法律书）以及两大叙事诗《摩诃婆罗多》《罗摩衍那》等作为教材，并要求学生背诵。

巴戎寺浮雕有湿婆派苦行僧们诵读记在贝叶上的教材的场景。在他们前面，弟子们也同样手拿写本背诵。正如 10 世纪碑文所述，任何一座寺院中都有名为"经藏"的建筑。经藏里收藏了写在贝叶上的诸典籍，将其作为学生们的教材。由碑文可知，这种教育都使用梵语。

柬埔寨式印度文学的发展

雕刻在碑文上的大型叙事诗《摩诃婆罗多》 吴哥时代的文学作品用梵语和古高棉语刻在碑文上，因而现在能够确认这些片断性的残简。这一事实的背后是柬埔寨已经吸收印度古典文学。

特别是考察古高棉语碑文，会发现碑文中有许多向寺院进献货物、法律条文以及行政事务等内容。

作为阇耶跋摩五世的帝师，耶输纳瓦拉哈十分有名。据碑文记载，他博闻强识，"精通各种语言文字，并执笔过戏剧"，其剧本大概也是用梵语写成。阇耶跋摩七世的第一位王妃阇耶罗阇德毗请御用舞者在舞台上表演《本生经》，不过应该是用高棉语撰写在佛陀面前进献的舞蹈的脚本。

柬埔寨最古老的德瓦尼卡王碑文（5 世纪左右）上引用了印度代表性大型叙事诗《摩诃婆罗多》（4—5 世纪）中的诗句，表明古代印度文学似乎已传播至柬埔寨内陆地区。该碑文发现于如今老挝南部湄公河对面的瓦普寺遗址，也是柬埔寨最古老的文学资料。

古高棉语碑文主题多是对国王及国家的称赞，记载了有关规范、规则、法律等内容。当时代替纸张使用的糖棕叶子（贝叶写本）因为虫害而全部泯灭。这些糖棕叶写本上所载的文学作品应该有各种体裁的文学。

神明雕像中也有手持贝叶"经典"的，表明当时以糖棕树叶的写本作为经典使用。其他的碑文中也提到了"预备（棕榈）树叶的人"。贝叶写本会被虫子啃食，无法长期保存，因而必须要不断抄写新的。吴哥王国维持着使用写本、写经的传统，但到15 世纪前半叶因和大城王国的激烈战争而最终断绝。周达观称，当时人们在公文书上使用鹿革。碑文中还记载了国王的命令被刻在金银的锻压板上。

吴哥时代印度文化的渗透度

碑文可以说是佐证印度文化如何融入柬埔寨当地的一面镜子，里面有许多文学表现、修辞和惯用语等暗示，引文也反映出

刻在浮雕上的《摩诃婆罗多》 吴哥窟第一回廊

当时作者具有很高的教养。从这个角度来看，碑文的多彩内容反映出当时王朝高官贵族能够理解知识水准非常高的作品。

尤其是吴哥窟西回廊中雕刻的《摩诃婆罗多》故事，是古代印度十万句梵语叙事诗的内容。吴哥王朝将它放在仅七十余米的墙壁上，变成充满宏大战斗场面的英勇和张力的浮雕。这里同样还有被视为印度教圣典的《罗摩衍那》。浮雕栩栩如生地描写为了救出被抓到兰卡岛（斯里兰卡岛）的悉多王妃，猴军与罗波那军在肉搏战中冲锋到最前线的杀气腾腾的场面，给人身临其境的冲击力。我们只能为当时柬埔寨知识分子的理解力、改编力和描写力叹服。正如浮雕所展示的，这虽然是柬埔寨版本的两大印度叙事诗，但我们完全折服于如此有生气的文化表现力。

《罗摩衍那》的作者跋弥是神话中的圣人，在柬埔寨却被看作是真实存在的最有名作家。当地还建有跋弥的雕像。

过去的高官、祭祀执行者以及王族们深刻理解印度文化，并在重置成高棉版的过程中附加文化价值。不过，他们一直重返印

东南亚：多文明世界的发现

度教、佛教原典与原作。

造成如此现象的原因并不多，不过是印度的婆罗门定期来到柬埔寨，同时带来印度教、佛教原典的再阐释以及能够了解新时代动向的信息。例如11世纪末至12世纪初的大乘佛教。在印度那烂陀的佛教教学改革带来的知识领域波动很快就传播到柬埔寨。

碑文的作者与作品　在给寺院的奉纳文中，碑文作者必定首先上奏神明，再称颂国王的功绩，接着呈上对捐赠者的赞辞。这种书写方式遵循惯例，罗列固定词句。

上奏书和呈报书有时记录真名，因而可以判定出作者是谁。他们是具有学识的婆罗门或者是具有教养的高官、王族等。例如，阇耶跋摩七世的两个儿子是两个长篇梵语碑文的作者，他们博闻广识；塔普伦寺碑文的作者是斯里亚库马拉。虽然这是长篇的碑文，但容易理解；圣剑寺碑文的作者是毗罗库马拉，也是一位博闻强识的作家；国王后来的妻子因陀罗德毗也是博识的学者，撰写了优雅的长篇悼文悼念去世的阇耶跋摩七世的先妻，即她的妹妹。因陀罗德毗也是当时的评论家；著名的雅吉纳瓦拉哈以其诗作的多彩内容和高雅格调著称，作为剧作家也极负盛名。

这些称赞或颂扬引用印度教诸神或神话作为事例，通过将婆罗门和有权力之人比作神话中的伟人，或者视为同样的人物来夸耀。

例如，他们引用奎师那、阿朱那、罗摩等诸神的胜利，将国王比拟成用来称赞诸神的人物。阇耶跋摩七世后来的妻子因陀罗德毗王妃，在称颂妹妹阇耶罗阇德毗王妃的诗句中写道，"我从姐姐因陀罗德毗那里学习，将她视为达到佛陀境界的至爱之人。王妃在烦恼的日日和悲伤的大海中央，寻求宁静的正道"（G. 赛代斯翻译）。碑文的语法和修辞都采用了惯例，措辞带有了双重意义、隐喻和比喻。此外，它还有过度或过剩的赞辞和表现形式，其结果是使人无法得知那些被隐藏的秘密。特别是它使用暗示手法，意义可以被广泛地解释，挑选众多史实就变得困难了。

塔普伦寺碑文的后半部分十分明确，记载有仪式所用的必需品和装饰品，施舍物、服务寺院的村落数目、建筑数目、围墙的周长以及义诊机构的基金等。

柬埔寨版《罗摩衍那》大受欢迎

除了越南之外，东南亚诸国总体上受到印度文化的影响。很早就从印度直接传来的《罗摩衍那》在柬埔寨很有人气。《罗摩衍那》的整体脉络是"劝善惩恶"，很容易被人理解。因此，它很早就被改编成具有"独特"民族风格的叙事诗，由高棉语写成，尤其在后吴哥王朝时代（15 世纪后半叶—17 世纪）时本土化加快推进，很好地融入并适应了上座部佛教。以"罗摩的胜利"为名而广为人知的作品，在柬埔寨有多种校订版和新版本，某些在文学方面也很凝练，有些加入了庶民们日常生活的题材。这些版本最早可以追溯到 17 世纪。

不过，在此探讨一下吴哥窟墙壁上所刻的《罗摩衍那》浮雕。印度原本的《罗摩衍那》以跋弥版本为底本，但这里描绘了不同的内容。例如阿格尼神并没有乘坐雄羊而改乘犀牛。这似乎是因为犀牛在柬埔寨是有神灵附体的动物。高棉版本的《罗摩衍那》添加了独特的内容。由此可见，从吴哥窟时代起，柬埔寨就开始了《罗摩衍那》的高棉版本改编。

很多碑文都是用梵语和高棉语两种语言记载几乎一样的内容。不过，1502 年的斯多加通碑文等虽然用两种语言记录，但是内容并不完全一致。例如，从具体的事例来看，高棉语完全无视用梵语记载的祈祷和赞辞，更重视史实，看不到修饰语或隐喻。高棉语中没有为更好衬托在历史上登场的主角而夸张地排列华美修饰的诗词，而是将叙述史实放在了最优先的位置。

第八章

吴哥美术及其思想

热带的太阳与风之下

从发掘二百七十四尊废佛像到设立博物馆

现在的柬埔寨，因吴哥窟、巴戎寺等壮丽的石造大寺而闻名于世。约八百年前，吴哥窟和巴戎寺的中央塔内都安置了神佛本尊的大雕像，日夜灯火通明。以前的人们相信轮回转生，并在那实践着信仰生活。所有人，尤其是国王、王族、高官、宗教事务官等过着情绪高涨的日子。但是，这些神像、佛像原本是从印度传来的，其后根据柬埔寨的审美观和美术形式，替换成柬埔寨版并存续下来。怎么看雕像的参照物似乎都是柬埔寨人。

2001年，上智大学吴哥遗迹国际调查团（以下简称调查团）偶然地在斑蒂喀黛遗迹境内发掘出二百七十四尊废佛像。发掘负责人是上野邦一（奈良女子大学）、丸井雅子（上智大学）等三名日本考古负责人以及十名柬埔寨实习生。这正好是在为培养保护吴哥遗迹的保存员而进行考古学实践的过程中，也是调查团开始举行考古学实践的第十一个年头。最令人兴奋的是，这些佛像都是经柬埔寨青年考古学者之手重见天日。

这些废佛像在长达近八百年的岁月里被深埋在地下，温度、湿度固定，所以保存状况极好。佛像面容美丽，呈现出了旧时那种优美典雅的样子，明快且充满真实感。

佛像被彻底破坏，但从挖掘现场的埋藏状况看，会发现它们都是被非常小心地埋藏。佛像和佛像碎片的空隙都被用土砂石紧密填满，立像依然保持着站立的姿态，两侧的配佛也被埋藏在一起，因此，它们大概是被心怀信仰心的人精心地埋藏在这里。当时的负责官员奉国王之命实施了破坏行为，然而在掩埋和处理时满怀尊崇之情。抑或是破坏者和埋藏者是不同的两群人，帮忙的村民们或笃信的信徒们把佛寺内被破坏的佛像收集并埋藏起来。

挖掘出的二百七十四尊佛像体现了吴哥时代的佛教美术特征和独创性。我们能够亲眼见到佛像优雅的尊颜和美丽的姿容，感受到当时供奉佛像者的信仰之心和时代精神。接下来我们跨越约千年的时空去见识高棉人虔诚信仰的证据。这些佛像目前被收藏在建在吴哥窟附近的"西哈努克·永旺博物馆"（2008年1月开馆），向大众开放。

同等尊崇印度教三神的吴哥王朝

柬埔寨接受了来自印度的各类文化，也受到周边地区的各种影响。此外，它通过海路同西方世界进行种种交流。关于来自罗马、希腊、波斯等世界的影响，考古人员在湄公河三角洲的澳盖遗址的发掘引人注目，出土文物明确了当时的东西方交流史。

吴哥美术原本属于宗教美术。除美术以外，建设与日常生活关系密切的桥梁和贮水池等，也是在神佛护佑下完成，或是为神佛显灵而建。吴哥王朝接受了印度文明创造的印度教和佛教这两大崇高的宗教，并经过长年的探索，将其改造成为柬埔寨版本，镶嵌般重造自己的风格并信仰。如果追问印度教和佛教的根源，那么两宗教都是建立在万物轮回转生的教义基础之上，并且是前往极乐净土，祈求回答人为何物的独立信仰体系。

本来，印度的印度教是以吠陀宗教为基础大规模发展起来。于是，它以梵天、毗湿奴和湿婆三大神为中心的信仰体系，多神被一同祭祀。

理论上梵天是最高神。然而，印度只赋予了梵天第二位的角色。柬埔寨对三神同等尊崇，梵天神被塑造成四头四手的形象，甚至碑文中特别提到国王是梵天神的化身，笃信者甚多。

毗湿奴神是世界的救济神。在雕像中，这位神有一头，但多数情况下有四只手。毗湿奴在创设宇宙之际，横睡在不灭的大蛇身上，在此期间创设了来世。毗湿奴作为永远的救世主，时而化为动物，时而化为人形，呈现出各种不同形态。他以"化身"活

梵天像（上） 拥有四头四手的印度教最高神。法国吉美亚洲艺术博物馆藏

毗湿奴像（下） 拥有四双手臂的毗湿奴神。吴哥窟

跃于世间，是纠正世间不正不公之神，因而拥有很高的人气。毗湿奴最为人熟知的化身便是"罗摩"王子。罗摩是《罗摩衍那》的主人公，也是民众心目中的英雄。毗湿奴的化身也以奎师那的形态登场。奎师那神是迷惑人的牧羊人，也是拥有夺人魂魄的怪力持有者。

湿婆神既是世界的创造者，也是破坏者。他有一张或五张脸，两只或多只手臂。额头上有竖着的第三只眼睛，发型则一般把头发盘结成高发髻，而且装饰着三个日月。湿婆神拥有多种身份，因此被描绘为多种姿态。在吴哥图像学上，特别是表现为林迦的形态居多。

以女性的姿态登场，辅助这些印度教神明的是配偶神，即"神妃"。她们被称为"沙克提（神力、性力）"，毗湿奴神的沙克提是大地女神室利、拉克什米（吉祥天），湿婆神的神妃则是"（山的女儿）帕尔瓦蒂""（喜马

东南亚：多文明世界的发现

拉雅的女儿）乌玛""（住在温迪亚山的女神）难近母杜尔迦""（黑女神）迦梨"等。她们在所到之处展示神力，时而容貌温和，时而面相可怖。

除了印度教的主要神之外，人们还经常描绘其他陪神和保护神。例如，湿婆神的儿子，拥有象头的智慧与幸运之神"伽内什"，湿婆的另一个儿子战神"塞犍陀"，以及原本是至上神、主管降雨的雷霆神因陀罗（帝释天）等。因陀罗神在第二位的众神中位居首位。此外还有太阳神"苏里耶"等诸神。

众神拥有乘坐的圣兽（伐诃纳，Vahana）。梵天神的伐诃纳是神圣的白天鹅"哈姆萨"，毗湿奴的是神鹫"迦楼罗"，湿婆神的是神牛"南迪（公牛）"。因陀罗乘坐三头象"爱罗婆多"，塞犍陀的坐骑为"孔雀"，苏里耶则乘坐"二轮马车"。此外，那些半神在寺院的装饰中特别重要，例如提婆神、泥缚多神、夜叉、阿修罗、阿普萨拉丝（天女）、娜迦（蛇神）、娜基（女蛇神）等。

湿婆神的王妃、杜尔迦像（上）7世纪的裸体雕像。金边国立博物馆藏

四臂湿婆神像（下）印度教中世界的创造者、破坏者。法国吉美亚洲艺术博物馆藏

柬埔寨人的感性创造出独特的佛像形象

佛教在佛陀传记和教义中向所有人阐述涅槃的可能性。在发展早期，佛教分立为大乘佛教和上座部佛教。上座部佛教使用巴利语，至今仍然在斯里兰卡和中南半岛的大部分地区被人们所信仰。上座部佛教的教义在其本质上是不可知论，只向信徒展示佛陀传记和佛陀的姿容。也有上座部佛教使用梵语。另一方面，大乘佛教发展出了佛教教义中的哲学性一面，并把历史上的佛陀定位成菩提萨埵（菩萨）或者是未来佛、禅定佛等。

根据碑文可知，在3—6世纪初期，柬埔寨同时存在印度教和使用梵语的上座部佛教。7—8世纪，大乘佛教似乎逐渐扩张，但9世纪开始，随着基于湿婆派神圣王信仰的王室祭祀固定下来，佛教从公共场所消失，在长达数百年间处于完全沉默的状态，但勉强存续了下来。

许多雕像和重要寺院的建立证明了，毗湿奴派一直保持着强大的势力。当时也出现了将湿婆神与苏利耶跋摩二世合为一体的想法，正因如此政府才建造了壮大的吴哥窟寺院群。

此后，在1181年开始的阇耶跋摩七世时期，在国王炽烈的信仰之心和强烈个性的引导下，大乘佛教蓬勃发展，从而使大型建筑物一个接一个地被建立起来。

然而，阇耶跋摩七世统治结束后不久，湿婆派狭隘的激进派发起了对佛教的反抗，造成了高棉历史上史无前例的废佛毁释事件。自13世纪起，随着柬埔寨同斯里兰卡的交流往来，最终巴利语的上座部佛教赢得了人们的信仰。

吴哥的雕像受到很多印度佛像的影响自然是既成的史实，然而从整体上看，它仍保持独特的倾向。例如，柬埔寨在佛像制作过程中，避开了印度教中恐怖、肉欲或令人害怕的方面，换成了柔和的表情。他们只选取与自己感性相吻合的题材制成雕像。

其中，毗湿奴神特别用四只臂膀表现，手持物为棍棒、螺号、轮（圆盘，更准确地说是一种车轮型武器）和珠（在印度则是莲花花蕾）。毗湿奴本体作为雕像呈现实乃罕见，大多都是以化身的形象登场。无论怎么说，压轴作品是吴哥窟第一回廊浮雕上的《罗摩衍那》故事。毗湿奴神的化身罗摩王子屹立于此，穿着与苏利耶跋摩二世相同的衣服。

湿婆神雕像也体现了柬埔寨式的感性色彩。湿婆神总是一头两手，但在再现宇宙世界之舞即檀达婆舞（Tandava）的场景时则例外。吴哥时期的湿婆神最常以林迦的形态表现，也是源于当时人们的感性。

也许柬埔寨人并没有接受来自印度的严格佛像概念。正因为如此，在他们感性共鸣基础上造就的合体神诃哩诃罗神（Harihara）很受欢迎。诃哩诃罗神的右半部分是湿婆神，左半部分是毗湿奴神。这一点也体现出了当时的泛神论信仰。

雕像所表现的佛陀大多身着袈裟，身上用宝物饰品装饰，头上还戴着王冠形状的发饰。佛陀被描绘成坐在盘曲缠绕的七头娜迦（蛇神）之上的姿态，柬埔寨人很喜好这种坐佛像。娜迦十分庞大，扬起镰刀形的脖颈，保护禅定中的佛陀。佛陀的各种动作（手印，Mudra）明显与印度佛像学中的手印一脉相承。

在大乘佛教中，安放在中央的佛像有很多，包括观自在（或观世音菩萨、菩萨）、慈悲的菩提萨埵（菩萨）、般若波罗蜜多菩萨（意为"完全的智慧"）、度母（多罗菩萨）等。这些佛像都穿着与印度教诸神同样的衣裳，身体庄严，头部前面有禅定姿态的小坐佛像（化佛）。这些佛像群的神仙概念背后，可能是柬埔寨人的泛神感性，即认为森罗万象中都有精灵存在。

观世音菩萨被表现成四只臂膀的形象，手持小瓶、典籍、念珠、莲花花蕾，有时也能看到八臂的雕像。菩萨的躯体和螺发上会有许多小佛像和小神像。这些小佛像被看作是菩萨（菩提萨埵）为了救济世人而派遣到凡间的。多罗菩萨一般是整块雕刻而成的简单素雅的美术样式，双手持教仪以及一朵或两朵莲花花蕾。

独创的吴哥美术

高棉人的感性与容颜　　　吴哥时代的雕像凭借高度完成的美貌、丰富的独创性，很早就引起专家的注意。早在 1875 年，法国的东方美术收藏者谈道："高棉人创造出的雕像是高水平的作品。他们对印度雕像再次塑造，最终转变为当地独特的平静优雅的美术样式。例如在容貌的表现方面，脸上浮现出的微笑让人感觉到温和，形成了庄重的特征。即便是人在活动时，它也几乎不强调肌肉的膨胀。这些雕刻作品明确展现出高棉人独特的感性，因此，我们不可能把柬埔寨古寺中放置的雕像与印度雕像混为一谈。"

不过，实际上人们对高棉雕刻给予更多关心是在 1916 年之后。尤其是在 1913 年发现的，以发现者法国保存官的名字命名的"戈迈耶佛"，在当时成了热门话题。

于是，吴哥美术的价值和多样性为美术史学家和佛像研究者所知，1916 年左右开始出版的正式吴哥雕像目录，也进一步引起了人们的关注。雕像可以移动，考虑到被反复进献奉纳，我们就无法从被安置的寺院的年代来判断雕像的具体时代。

从美术史上说，9 世纪之前的前吴哥时代的最古老雕塑群被称为"前吴哥时代美术"，有明显的特征。由此，9 世纪之后的雕塑在美术史上被划分为"吴哥时代雕塑"。

回溯吴哥的美术史，会发现立足于宗教思想的吴哥美术似乎两度达到顶峰。最初的顶峰出现在纪元之初数世纪的"前吴哥时代"，美术史上称之为"达山寺（Phnom Da）美术样式"。第二次顶峰出现在阇耶跋摩七世时期，被称作"巴戎寺样式"。两次高峰之间的过渡阶段，高棉美术不断摇摆，时而具有强烈的自然主义倾向，时而倾向于宗教的传统主义，更加追求柔和。

一、达山寺美术样式

前吴哥时代的石造雕像出现于扶南时代的 7 世纪末期。尤其是从考古发掘来看，至今仍然没有任何关于 6 世纪中叶之前的石造雕刻报告。在达山寺样式中，高棉美术从印度美术中独立出来，创造出独特的特点，鸡蛋形的大面相、鹰鼻、细眼以及四肢端正的美感十分特别，引人注目。这种雕像样式具有强烈的自然主义倾向，同时也创造出一种民族性的造型美术。而今古老的作坊依然保持着这一造像传统。

8 世纪初，柬埔寨国内出现政治性分裂，进入水真腊和陆真腊并立时期，国土基本上处于无政府状态。这种情况下，造像作坊也面临存续危机。造像手法上，有些地区开始了急速的颓废倾向。不过，一些雕塑作坊依然延续着具有活力的造像，也因此创造出了名副其实的杰作。这些作品现在陈列于金边国立博物馆，令参观者享受其中。

二、荔枝山–罗洛美术样式

而在 9 世纪开始的阇耶跋摩二世统治时期，人们似乎在各个领域都进行革新性的尝试。此时的美术，自然主义倾向稍微后退，出现了追求庄严的新美术样式，体现在荔枝山遗迹中。新美术样式一直持续到 9 世纪末，罗洛遗迹延续了荔枝山遗迹的风格，使其更加显著。

吴哥时代的一些伽蓝建筑在装饰空间的纹样和浮雕人物立像的配置上很有特点。尤其是从正殿的建筑学发展来看，像垂挂哥白林织锦的帐帷一样的豪华纹饰装点墙壁。

三、贡开美术样式

在接下来的阇耶跋摩四世时代，匠人制作出了带有跃动感的栩栩如生的雕刻，发掘出令人惊叹的美感。贡开时代是吴哥都城此前培育起来的宗教传统与新开发地区所具有的自由想象既对立又融合的、处于混沌和变革的时代。尽管是静态的雕像，

女王宫寺院的浮雕　在北侧经藏的东南角雕刻着狮子（Simha）

但创作出动感。巨大寺院中的大规模装置和高大雕像，尽情地展示着民族的才能，是当时人创意的具体化呈现。这种发展是高棉美术史上少有的倾向。

四、女王宫美术样式

女王宫距离吴哥都城三十多千米，是贡开旧都被弃后，由伟大的宗教事务高官耶输纳瓦拉哈自967年起花费约三十年时间建造的。该寺院偏好优美温雅的美术。这种风格结合了七八世纪的美术样式和从爪哇美术中获得的灵感，既是对美的探寻，同时也有吸引人的魅力。人们能够感受到充满人性的温情。女王宫的美术样式中，传统主义倾向固定在神像当中，而革新的倾向则重

点展现在装饰美术上。

五、巴普昂寺美术样式

10世纪的美术倾向中包含了随后11世纪的萌芽。在吸收融和了女王宫美术中的革新性倾向的同时，它也朝着11世纪追求简素、细腻、典雅、智慧的气质迈进。这种美术样式被称为巴普昂寺样式。它也追求从女王宫样式中继承而来的娴静，以纤细修长作为理想的姿态，寻求保持自然姿态下的精致气质。在容貌方面，神像表情温柔，洋溢着女性气质。大范围露出腹部是该样式的特征。敏锐的高棉工匠所具有的感性从这些神像中显露出来。

六、吴哥窟美术样式

到12世纪前半叶，上述造型美术的思想性背景被割断。这是因为苏利耶跋摩二世这一超人登场，王朝向着大发展和繁荣迈进。在政治的强权以及人的社会性结晶被创造出来之际，对信仰不容动摇的自信与王朝的荣华集中展现在护国寺吴哥窟上。也就是说，比起自然主义的美术，吴哥窟样式的美术强化了装饰性的美术倾向，重新回归到宗教传统主义。人们用宝石和细腻雕刻的王冠发饰装饰雕像。相比表现内心丰富的感情，这个时代的雕刻工匠以威严或者表面的幸福为理想，雕像变成矮胖的丰满体态，面庞也雍容华丽，但是佛像内心并没有得到反映，大多都是四四方方、一本正经的面容。在吴哥窟回廊的浮雕中也能看到雕像的王冠型发饰和"顶髻"。这时的重点放在精心细致雕刻的装饰品上。女性雕塑基本上都穿戴璎珞、手镯、戒指，在首饰服装上特点明显。

追求人物描写的逼真性——巴戎寺美术样式的本性是什么

于是，繁华时代到来。在阇耶跋摩七世的统治下，政府弘扬佛教思想，国家的目标是将佛恩遍及全国。这种根本精神是想针对之前的印度教传统主义，开启大胆且根本性的变革。在促进这场变革的佛教思想中，雕像脱去了外衣，变成带着神秘微笑的明朗表情，内在的精神生活从整个雕塑中散发出来。

雕像作品的重点放在了面部表情和手印上。这个时代的美术还有一个倾向，即追求人物描写的逼真性。之前的时代，雕像的姿容普遍缺乏个性，但在这个时代的造型意识中，我们能看到借用当时王族的实际面容的倾向。

雕刻工匠萌生了探求图像解剖性真实的想法，将它呈现在最美的造型作品中。在很长的时间里，高棉的雕刻工匠们都轻视这一点。

由娜迦守护禅定坐佛的雕像自10世纪中叶起开始流行，可以说是以新佛像的形式再度登场。这些新佛像受到当时流传的许多印度教神像的影响。伟大的佛陀雕像中令人意想不到的发型，就能说明上述混合性倾向。

坐佛传统的螺髻发型被丢弃，取而代之的是将头发精心编织成一缕缕细发并盘结在一起，像真正的顶髻一样罩上圆锥形的发髻，从而将佛陀头顶的肉髻隐藏起来。这种发型的佛像给我们一种与古典佛陀形象相距甚远的印象。

虽然工匠并没有雕刻特别引人关注的装饰，但对顶髻和发际线做了精心装点。这些细小入微的点缀正是最初所做的小小尝试。

这些坐佛上半身赤裸，两臂完全自由伸展，几乎找不到能够判断雕像身穿法衣的材料。然而，仔细观察就会发现，在佛像头部到身体的连接处有延伸的突起线条，在胸部的中心部分也能看到线条的痕迹。工匠可能采用独特的造像手法，来表现与身体完全紧贴的法衣。

这个时代的雕像虽然着力控制胖瘦程度，但具有出色的逼真性。我们无法了解工匠是如何解决在禅定需要的身体性的舒缓，以及要与此相符的两腕的松弛这一问题，总之那些雕塑给人以舒畅轻松之感。

这里稍微折回，考察一下吴哥窟时代同样坐在娜迦上的坐佛雕像。这个时代的佛像都象征国王，雕有王冠和顶髻。这种周身庄严的装饰似乎并不符合佛陀的形象。佛陀舍弃王族身份，为成为朴素的巡游僧而放弃了现世的一切财富。12世纪前半叶也是开始建造吴哥窟，毗湿奴神信仰大盛的时代，但佛教的教义也不断深入柬埔寨人心中。此时人们塑造了大量坐于娜迦之上的坐佛雕像。

确实，这些雕像能让人想到超脱姿态的佛陀（接近绝对性存在的理想佛），以及以转轮圣王容貌为基础、在历史中实际存在的佛陀（历史上的佛陀）。这种两面性的融合立足于佛陀崇高的征服（开悟成佛）。在佛教看来，一切生灵都是虚空缥缈、变幻无常的，克服这种空虚比什么都重要。这种克服正是"菩提之道"，是获得最高开悟的境界。

此外，从"不灭的王权"的角度思考，这也是走向终极的胜利（超脱）。佛教向人们讲述抵达永远安宁之地的可能性，战胜修行障碍而获得胜利（涅槃）就是正觉之道。

巴戎寺美术样式中的观世音菩萨像 在阇耶跋摩七世的统治下，大乘佛教中最具有人气的佛像是观自在菩萨像（原意"世界之主"），他以四只臂膀的姿态频繁亮相。

观自在是菩萨（寻求开悟、努力强化有情的佛教圣者），是阿弥陀如来（Amitabha）的弟子，阿弥陀如来作为化佛居于观音的头发中。在佛教中，观世音菩萨仅次于佛陀。

观世音菩萨是理想的救世主，守护众生逃离一切危难，济度，治病，并向所有人伸出援助之手。碑文记载，当时的阇耶跋摩七世似乎曾想过以观世音菩萨作为自己一生的榜样。

观世音菩萨以四臂形象出现时，和梵天持有同样的法器，包括水瓶、经卷、念珠和玫瑰色的莲花。他拥有极为多彩的方面，

观世音菩萨像 师父阿弥陀作为化佛居于头发之中。松浦史明摄

变换各种姿态出现。

当时的观世音菩萨像和大乘佛教的诸佛像一样，都身着与印度教神像相同的衣裳。虽然衣裳极为简单，但正展示了巴戎时代的整体雕塑的特色。

这些雕像高一米到四米多，大小不一。在缅甸国境附近的满欣寺发现的雕像，就是当地的作坊制作的。尽管没有确认，但记载了有关观世音菩萨的《观音灵验记》当时大概已经传到了柬埔寨。因为他的髻上戴有化佛，全身刻着处于冥想状态的小佛陀像，通过可见的形状告知人们佛陀临在。当时流传着称赞菩萨的故事，关于观音救济世人也广为人知。

工匠似乎以成年人为模特，因此佛像都是身材相仿且拥有健硕体魄的男性。这种具有肌肉感的身体表现出在青年时代东奔西走、注定活跃的男性的刚毅雄健。从图像学的特征来看，佛像容貌与菩萨的地位相得益彰，是更理想化的面貌。闭眼暗示菩萨的"慈悲"，而慈悲正是巴戎时代精神价值体系中地位最高的因素，雕像全身散发着逼真的慈悲就是美的极致。观世音菩萨的形象完美地融合了人性方面，其微笑的嘴唇与当时造像习惯并不相同，而是稍稍张开，仿

东南亚：多文明世界的发现

佛正向人们诉说着佛土三千世界的光辉过往。

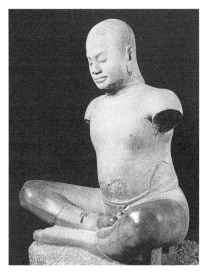

阁耶跋摩七世坐像　饱含深邃的精神性和极富张力的吴哥美术的最高杰作。金边国立博物馆藏

阁耶跋摩七世的坐佛像——最高杰作与美的极致

接下来是吴哥雕塑中最具有价值的雕刻——阁耶跋摩七世坐像。

这尊坐像正是伟大的国王阁耶跋摩七世的雕像。事实上，在巴戎寺和班迭奇马寺的浅浮雕上明确雕刻了与七世坐像相同的浮雕，可以确认这些是以同一位国王为模板制作的。

至今为止，我们发现了三尊同样的坐佛像。一尊发现于吴哥城内，另外一尊出土于泰国呵叻地区的披迈遗迹，如今保存在曼谷国立博物馆。还有一尊发现于磅斯外的大圣剑寺内。

这一雕像明显是从实物模特中找到构思进而创作。巴戎寺美术样式将面部表情作为刻画的着力点。它超越了所有的时代，作为图像学上最高杰作之一，充满了逼真的色彩，创造出了美的极致。

高棉独特的信仰世界

印度教寺院与佛教寺院　　　　1—2世纪左右，印度教和佛教同时传入柬埔寨及东南亚各地。它们在当地牢牢生根，发展成为柬埔寨版的印度教和佛教，最终甚至建立了印度都没有先例的吴哥窟遗迹。佛教一直没有凌驾于印度教之上，直到12世纪末阇耶跋摩七世将大乘佛教确立为高棉人的"国教"。

佛教的时代终于到来，不过它与印度教的关系本来就不是对立的性质。在13世纪中叶的极其短暂的时间里，过激的湿婆派对全盛期的大乘佛教发起了根绝运动。这一事件牵扯到王位继承问题，最初目的并不在于废佛。非要说的话，佛教是招致了意想不到的佛难，佛像也受到了牵连。

关于印度教和佛教，在此再次考察碑文。根据7世纪和10世纪的碑文，从事宗教事务的婆罗门祭祀也表示佛教教义方面包含渊博知识，11世纪也有既祭祀湿婆神又祭祀佛陀的国王。远离印度的两大宗教不断调和，呈现出同根同源的样态。因此，如果仅仅有建造物外表而不放雕像，没有任何方法明确区分印度教和佛教。例如巴琼寺，在建立二十年之后就变成了"佛教寺院"。

9世纪末，耶输跋摩一世在东巴莱南岸建造了印度教（毗湿奴派或湿婆派）与佛教的僧房，对两宗教提出了同样的规则。在稍后信奉印度教的罗贞陀罗跋摩国王时代，帝师卡布因陀罗利亚塔那是佛教徒，但作为国王的近臣当政。12世纪积极庇护佛教的阇耶跋摩七世，在数座大规模的佛教寺院（巴戎寺、圣剑寺、塔普伦寺等）中一并祭祀湿婆派和毗湿奴派的神灵。

柬埔寨版信仰体系——共祀诃哩诃罗神与梵天神

吴哥王朝的印度教中，尤其是梵天神的定位明显不同于印度本土。梵天神是最高神，与湿婆、毗湿奴并称为印度教三神。当时的高棉人格外喜爱印度本土并不太强调的诃哩诃罗神（湿婆神和毗湿奴神合体的神），至875年左右就开始制作雕像。

从非常早的时代开始，湿婆派至少已经在王族和国家节庆中的习惯做法和祭祀仪式方面确立起了优越性。吴哥时期，它通过神圣王信仰过渡。到12世纪初，湿婆神本尊的林迦成为王权的象征。之后，苏利耶跋摩二世建造吴哥窟，首次将主导权从湿婆派移交到另一派的毗湿奴派手中，吴哥窟也成为举办毗湿奴派祭祀礼仪的寺院。

柬埔寨的宗教具有祭政一体的倾向。背景是本土的泛灵信

诃哩诃罗神　前吴哥时期，金边国立博物馆藏。出自《吴哥窟与高棉美术的1000年展》

仰发挥功能，并融入外来宗教为人崇拜。村民虽然拥有泛灵信仰、祖先崇拜以及对地方保护神、地灵等的信仰，但这种神的概念十分广泛，在借用来自印度诸神的外衣举行祭祀仪式的过程中实现融合，以至印度教诸神、佛陀也毫不别扭地与本土神灵在同一场所受到供奉。

在受到印度文化影响的地区，人们敬拜结合了印度教神明和国王名字的神像。吴哥王朝时，人们祭拜将国王姓名与神名合并统称的特别林迦或神像。柬埔寨版的湿婆派吸收并弘扬了本土守护神灵，维持在宗教和政治上的主导权。大而言之，柬埔寨立国的基础就是印度教。

湿婆派在吴哥王朝占主导地位，但它与毗湿奴派、佛教和平共存，虽有部分冲突，但相互宽容并达成认同。从这一点来延长考虑，就会奇怪为何会发生明显的废佛运动。

史实显示，一位国王基本上限于一代，统治范围也大小不一。现实中，在王命下行事的官僚组织力量薄弱，统治力软弱。这时就需要举办神秘的祭祀仪式，进而建造巨大伽蓝，展现国王权威，作为政治补充。

碑文记载的大乘佛教的活动　尚且无法明确佛教以何种形式进入柬埔寨人信仰领域之中。但从佛像来看，在拉奇吉雅（现在越南南部）地区发现了7世纪中叶的观世音菩萨像，吴哥博垒村出土了与之类似的佛陀半身像。观世音菩萨很早就受人喜爱。791年的碑文称观世音菩萨是世界的支配者，949年的碑文记载他是三界之"主"。644年的碑文就早已提及上座部佛教。

王族中有人信仰佛教。7世纪末，拥有"罗阇比库休"（意为"王族中的出家者"）头衔的王族建造了十所佛教僧院，并负担维护费用。之后的碑文中也不断地提到佛教。更关键的是，人们发现了很多青铜制的佛像（尤其是观世音菩萨、弥勒菩萨像）。

如前所述，9世纪末，耶输跋摩一世在吴哥的东巴莱南岸建造了佛教僧房。10世纪的碑文上刻有对与多处宗教建筑有关系的高僧枳里底班智达的赞辞。这位高僧参与的建造物就是供奉大乘佛教佛陀的佛寺。另一个重要的事实是，10世纪的碑文（989）列举了观世音菩萨、般若菩萨、金刚萨埵等名字，综上可知大乘佛教弘扬流通的史实。

大乘佛教的复苏尤其是在11世纪的苏利耶跋摩一世时代，其再兴引人关注。当时的复兴也是受到了印度佛教圣地那烂陀（现在的比哈尔省）的影响。披迈寺（11世纪末，泰国东北部）就是一个例子，寺内有许多门楣采用了以"金刚乘"为主题的佛像。这是吸收了大乘佛教经典《喜金刚本续》的结果。

12世纪大乘佛教的发展分为两个阶段。第一阶段是在吴哥窟建立者苏利耶跋摩二世之后继位的陀罗尼因陀罗跋摩二世时代。他是阇耶跋摩七世的父亲，在柬埔寨建造最早的宏大佛寺崩密列寺。吴哥到东北方磅斯外大圣剑寺之间一百零五千米的道路沿线上的大量佛寺大概也是陀罗尼因陀罗跋摩二世主持建造的。他应该就是磅斯外大圣剑寺的创始者。

大圣剑寺中的佛教雕像似乎只在中央大殿的破风板上，除此之外则都是印度教的装饰。

佛教没有否定印度教　阇耶跋摩七世时代为第二阶段，大乘佛教迎来了繁盛兴隆。国王在首都甚至在全国范围内建造大量寺院，彰显佛教。护国寺院巴戎寺自不用说，当时还有他为其父建造的塔普伦寺、为其母和帝师建造的圣剑寺，以及斑蒂喀黛寺、塔内寺、班迭奇马寺等。让人无法忘记的超过一百所的义诊机构和驿站等，都是供奉给佛陀及其身边的神明。

阇耶跋摩七世时代的特点，大概有以下几个方面：

一、史无前例地制作大量佛陀、观世音像，并陆续建造安置这些雕像的寺院。

二、在寺院里祭祀从印度教诸神到土地神的所有神灵，诸神以佛陀或观世音菩萨为中心折中协调，人们可以体验所有神佛都可以被祭拜的万神殿般的祈愿。

三、佛教的兴隆并没有完全否定印度教，而是与之并存发展。祭祀的顺序是先安置佛陀，再安置印度教诸神。

佛教没有排斥湿婆神、毗湿奴神和其他神灵。同时，搅拌乳海神话也总是被制作成纪念碑式的雕塑，追求从海中带来的幸福

（甘露）是以前的人们通俗易懂的热门雕刻题材。制作雕像和建设佛教也是侍奉佛教政权的大型工作。

娜迦之上的坐佛像　佛陀被图像化为身着法衣、有"伟人"标志、头有肉髻、眉毛间有白毫的形象。阿弥陀如来螺发的髻上安置了观世音菩萨或般若菩萨的化佛，并成为了一种标志。

11世纪的娜迦之上的坐佛像　斑蒂喀黛寺出土。大村次乡摄

東埔寨的佛像分立像、坐像和卧像等相当富有变化的雕像样式。其尊颜则是冥想、威严、通达等，身着盛装的佛像装饰宝石，也有未穿任何法衣的裸体形态。東埔寨佛有两种特有样式，一种是坐于娜迦上的坐佛，这是大乘佛教的典型雕像。另外一种是打败魔王魔罗的佛陀像，表现上座部佛教中参悟。安置在义诊机构的佛陀和药师如来都是坐于娜迦之上的坐佛像，很难区分。

佛陀坐在盘绕成一团的娜迦身上、娜迦头部延伸如同覆盖佛陀头部一样。如前所述，这原本是发端于佛陀的传说故事。守卫冥想中的佛陀不受不合时节的大雨影响的是目支邻陀龙王。

在印度，尤其是在阿摩罗伐底（印度南部的佛教遗迹，1—3

世纪），自 2 世纪起就有由娜迦守护的佛像。印度中部的马图拉和南部的龙树山都有坐于娜迦之上的坐佛像。它在柬埔寨登场已经到了相当迟的 10 世纪，12 世纪的广泛流行明显与大乘佛教和政治连接有关。

在阇耶跋摩七世时代，所有的寺院都安置了坐于娜迦之上的坐佛，并制作了大小不一、难以计数的雕像。但在此之后的 13 世纪半叶左右，这些佛像成为湿婆派激进分子发动的废佛行为的牺牲品。

在多数场合下，佛陀位于三尊佛像的中央，观世音菩萨（四臂立像）和般若菩萨（二臂立像）守卫两翼。在义诊机构的小庙中放置的另一种样式的三尊佛像中，佛陀同样位于中央位置。根据义诊机构的碑文，坐于娜迦之上的佛陀是药师如来，但无法判断两翼的侍佛是哪位佛陀。据说它们是日光菩萨和月光菩萨，是实体化的太阳和月亮。药师如来是环绕须弥山四周的佛。

在柬埔寨，位于娜迦之上的坐佛的流行程度，是其他地区的佛教世界无法匹敌的。其原因难以说清，但未必是在因袭佛教典籍中关于目支邻陀的传说故事而发展出一种解释。佛陀与娜迦组合的坐佛像也绝对不与印度的类似。也许，这一点有着高棉独特的概念，它们将水神娜迦与佛陀结合，以独具特色的感性将其发展成娜迦坐佛像。

**四面佛的尊颜是
国王的相貌吗?**

巴戎寺中面朝东西南北四个方向的四面
佛，体现出佛陀的慈悲遍及全世界。这
确实是一个能够被认可的解释。然而，仅
仅是这样吗?这里有没有阇耶跋摩七世的国家百年发展的政治大
计?它是否是想出深谋远虑计划的国王的预想?阇耶跋摩七世再
建王国，带来了空前的繁盛。熠熠生辉的巴戎寺是护国寺，被周
达观称为"金塔"。考察该建筑的中心部分，会发现中央塔尖的
正下方为中央庙，其四周围绕着十六座小庙。

阇耶跋摩七世在中央庙安置了佛陀坐佛，又在四周建造了
十六座小庙，集结了全国各地祭祀的众神，这不就是吴哥帝国的
万神殿吗?巴戎寺院正是王国统一的缩略化，它创造出一种立体
化的曼陀罗世界。阇耶跋摩七世和802年即位的阇耶跋摩二世
一样，成为了"守护魂灵之王中王"。

从远处看，这座四面佛尊颜塔十分瞩目，环视着四面八方。
与其说四面佛的尊颜是佛面，不如说是守卫王国全境的人，抑或
是守护王国的国王的面容。

第九章

东南亚史视野下的吴哥王朝史

探求废佛骚乱与王朝灭亡的原因

希望由柬埔寨人保存修复　　　上智大学吴哥遗迹国际调查团（包括前期调查）1980年进入内战中的柬埔寨。在当时的韩桑林政权的协助下，调查团开始展开对吴哥遗迹的保存、修复和调查研究活动。因为内战，吴哥遗迹群在十几年里一直被搁置，处于荒废状态。调查团动员邻近村民砍伐茂密的热带丛林，排出淤积的雨水，清除有害的地衣类（霉菌）。二十六处主要遗迹的面积大概相当于东京城区，经历了大约十年时间，我们才能进入遗迹进行调查和保护。

1991年，柬埔寨从内战走向和平，在金边重新开设大学。调查团的老师在1991—1998年于艺术大学集中讲授专门科目，其后带领考古学和建筑学专业的学生到吴哥遗迹现场实习。1996 年，为了培养柬埔寨的核心管理人员，调查团在当地建立了上智大学亚洲人才养成研究中心（吴哥研修所，Sophia Asia Center for Research and Human Development）。柬埔寨学生从艺术大学毕业后，进入上智大学研究生院学习，取得硕士、博士学位之后回到柬埔寨，多数获得学位者现在已经以管理人员的身份在吴哥地区遗迹保护管理机构（Authority for the Protection and Management of Angkor and the Region of Siem Reap， 亦 称 APSARA）工作。

每年 3 月、8 月、12 至次年 1 月，艺术大学的考古学和建筑学专业进行三次现场实习，五到十名柬埔寨学生进入遗迹现场，由日本教授在现场指导。考古学专业学生赴佛教遗迹斑蒂喀黛寺院（实习负责人：帝塚山学院大学中尾芳治教授），建筑学专业学生从 1996 年开始，在吴哥窟的西参道进行拆解作业（实习负责人：日本大学片桐正夫、三轮悟所长）。这一实习还兼顾培养柬埔寨的石匠人才（实习负责人：小杉孝行）。2007 年 11 月第一工区（一百米）作业由柬埔寨人完成。

偶然发掘二百七十四尊废佛像

佛寺遗迹斑蒂喀黛寺在吴哥窟东北约六十千米处，于 12 世纪末建立。调查团在广阔的寺院境内开始一般的考古发掘、保存、修复的实习。2001 年，调查团在寺内偶然发掘出二百七十四尊废佛像。这次发掘恰好是在第三十一次考古实习过程中。

在日本进行考古发掘，一般都是事先推断此处有何物然后再进行发掘，而此次则属于偶然发现。2001年3月，一百零六尊废佛像被首先挖掘出来。发掘地点位于斑蒂喀黛寺遗迹东参道入口以西一百八十米，十字台阶北侧的小寺前。佛像体型大小不一，大佛像基本上有一米八高，小佛像则为二十厘

横躺着的被破坏的佛像群　首次发掘出了二百七十四尊头部切断、胸部割裂的佛像。笔者摄

米左右。此次还发掘出两尊青铜小佛像。

从发掘状况来看，埋藏处距地表约一米五，小佛像及头部等碎片被埋在底部，坑内一侧另挖出边长约两米的方形坑。这些佛像似乎是被人小心谨慎地埋藏，每一个都被盖上土砂并不留缝隙地掩盖。佛像的头部和躯体在埋藏之前就已经被切断。它们经历了约八百年的岁月，因为温度、湿度固定，保存状况极好，让人能一睹高贵美丽的尊颜。

2001年8月15日开始的调查，将发掘地点扩大到埋藏坑西

侧，出土了一百六十七座石像、碎片以及四周刻有许多坐佛的千尊佛石柱。石柱为砂岩材质，高约一百二十厘米，宽四十五厘米。每一面横向有小坐佛十二尊，纵向二十一列，共计一千零八尊。高为二十五毫米的小佛像，宛如菩萨聚集的曼荼罗般排列。

这些佛像大概制作于11—13世纪前半叶，从容颜和身体装饰的图样来看，可以判断小部分属于11世纪的巴普昂美术样式以及12世纪前半叶的吴哥窟美术样式，大部分属于12世纪后半叶开始的巴戎寺美术样式。它们都是镇坐于三重娜迦躯体上的典型佛像，娜迦高高地昂着七颗头颅，守护佛陀。

至于刻于石柱上的千尊佛，在印度阿旃陀寺院的第七窟（5世纪）和敦煌的千佛洞（4—10世纪）也可以看到。日本唐招提寺（759年创建）的卢舍那佛的光背中也描绘了千尊佛。

此次发掘到的千尊佛石柱在柬埔寨属于首次发现，多少可以判断出带有密教色彩的过去佛教的样子。碑文中记述了当时存在密宗系的怛特罗密教经典。从这一点上来推测，人们或许是将一千尊佛像雕成曼荼罗状，通过叩拜积攒功德。

从美术史的发展脉络中看，类似的千尊佛石柱还有12世纪后期的毗湿奴神四面石柱。该石柱每面雕刻有十五行、十七列、四面共计一千零二十尊小毗湿奴神像，造型与千尊佛石柱相同。这应该是受到印度教流派美术样式的影响。在磅斯外大圣剑寺中发现的（观自在）菩萨雕像，从头部到上半身刻有类似于千尊佛的小佛像。同千尊佛石柱一样，工匠通过肉眼所见的形式，告知佛陀的临在。

将 2000 年 8 月发掘的小佛一并算上，这一地区合计出土了二百七十四尊佛像。吴哥遗迹群的发现、调查、研究保存与修复活动自 1860 年亨利·穆奥介绍吴哥遗迹的报告发表开始，已经历经一百四十余年，但像此次发现包括千尊佛石柱在内的二百七十四尊废佛像还是史无前例。

从此次大量废佛像的发现可以预言，在其他同时代的佛教遗迹如圣剑寺、塔普伦寺境内，地下埋有废佛的可能性极高。围绕着新发现的废佛，学者从历史、考古、美术、图像等相关科学的角度提出了新的讨论。它是更新吴哥王朝末期历史的大发现。

吴哥与罗马一样，并非一日建成。吴哥遗迹群与东京市区面积大致相同，在约六百万平方米的地区发展起来。包括从 8 世纪亚扬寺到 14 世纪的摩迦拉陀寺在内的九十九座大大小小的遗迹在 1992 年被联合国教科文组织收录为一处世界遗产。各种石造庙宇是那个时代王权的象征，同时也融入了当时的时代精神。

因此，遗迹研究可以说是辨明时代精神的工作。19 世纪中叶来访的西欧人在柬埔寨当地看到的是怎样的光景呢？吴哥文明是壮阔的伽蓝和豪华绚烂的雕刻。但是居住在附近的贫困农民的身影，却是遥远的过去与当前现实反差强烈的景象。

1860 年，亨利·穆奥凭借锐利的眼光，高度评价了昔日辉煌的吴哥文明，向当时的西欧世界介绍了吴哥。存在于密林深处的吴哥窟，作为一个充满神秘的消失的文明，引起了世界人们的兴趣。

阇耶跋摩七世尊重惯例

让我们将时代拉回到 12 世纪后半叶。

阇耶跋摩七世建造了吴哥王朝中最多的寺院，并取得了同邻国战争的胜利，扩大了吴哥的版图。他是创造了吴哥王朝空前繁荣的伟大君王。阇耶跋摩七世时期恰好是日本的镰仓时代，他在位大约四十年，其间优先发展佛教。

至 12 世纪前半叶，约四百年间，吴哥王朝的立国思想是湿婆派和毗湿奴派的主张。佛教是少数派，但也存续发展下来。

阇耶跋摩七世在建造佛教寺院时，尊重惯例，将湿婆派和毗湿奴派收入部分佛寺，建造混合寺院。他在这些寺院中大张旗鼓地举办佛教祭祀仪式。圣剑寺的配置是混融的典型案例。寺院中央安置了观自在（菩萨），北侧是湿婆神，西侧是毗湿奴神，南侧则是祖先之灵。实际上，他优先对待作为国教的佛教，但也考虑到其他宗教，一并祭祀印度教的诸神。这实质上是一种宗教改革。国王在各地建造数座大佛教寺院，整治王道，规划灯明之家和义诊机构。他施展着建寺王一样的权势。

在大雨中守护佛陀的蛇神——受欢迎的娜迦坐佛

调查团发掘的二百七十四尊废佛基本上都是由娜迦保护的禅定中的佛陀，这种样式的佛像在当时大概十分流行，是高

棉美术中特别常见的
佛像。根据传说，佛
陀为了进入涅槃之
境，禅定长达七周，
在此期间，如瀑布一
般的大雨持续下了一
周。于是，龙王目支
邻陀从地中出现，蜷

斑蒂喀黛寺的废佛发掘现场 高达一米以上的千尊佛石柱和
被破坏的佛像不断被发掘出来。笔者摄

身并高昂着七个头颅守护佛陀。

坐在娜迦之上的坐佛像于 10 世纪中叶前后在吴哥王朝登场，
不过它似乎从当时印度教雕像那里受到图像性影响。佛陀的发
型可以说明这两大宗教在图像样式上的融合。之前的螺发变成
精心编织的细发并盘结成一团，像真正的顶髻一样罩上圆锥形发
髻，并把肉髻隐藏起来。发掘出的废佛中，有与吴哥窟时代相同
样式的发型，事实上是受到了印度教神像的影响吧。

此外，许多佛像细腻的面容洋溢出温柔慈祥，下颌处稍微
的凹陷，给人以亲近感。佛像的体型控制得很好，具有出色的逼
真性。它们也有王冠和顶髻。此次出土的佛像中有华丽身体装饰
的娜迦坐佛，仿佛显示出当时信仰之深。

吴哥窟样式佛像，不愧是遵循了毗湿奴神的宗教传统主义，
对像容进行了简素化处理，但在细微之处也刻画了配饰和身体装
扮，展示以装饰美为主流的理念。这些佛像的面容尽管明朗愉快，

但并没有表现出内在的精神。王冠型发饰的"顶髻"原本只不过是王族的装饰。与之类似的发型也见于吴哥窟寺院回廊的浅浮雕中，以及苏利耶跋摩二世的罩衣和毗湿奴神像。实地调查就可以明白，上述现象是因为在吴哥窟时代，宗教传统主义作为潜在意识，贯串在雕像制作的美感意识中。这种意识有处处都展现华美艳丽的一面，但也暗含着偏向装饰美术的技巧主义危险，最终它失去了活力。

被埋藏的巴戎寺本尊——新史实的考察

为什么这些佛像会经历废佛危机呢？目前都还是假说，如果要举出第一条理由，那就是阇耶跋摩七世逝世之后（1219年左右）因某种原因出现了动乱纷争，例如，围绕着王位继承展开了权力斗争、强加过重的赋税负担导致了地方叛乱、干旱等自然灾害等。

从关于1220年左右即位的因陀罗跋摩二世的片断性资料和寺院改造痕迹推测，他是一位容忍佛教徒和佛教的国王。阇耶跋摩七世去世到因陀罗跋摩二世即位，有两年的空白期，可能出现了围绕即位的政治问题。此外，下一任王位的继承人及其支持势力可能发起了废佛行动。因此，佛教受到国教般对待、拥有彰显权势的主导权的时期是在阇耶跋摩七世和因陀罗跋摩二世两代国王统治的六十三年间。

湿婆派及其支持势力在佛教处于优势地位的阇耶跋摩七世

时代依然存在并继续活动。等到阇耶跋摩八世即位，排斥佛教运动的能量最终走向了废佛行动。湿婆派的激进分子组成行动队，毁坏并扔掉国内佛教寺院的佛像。

四面佛尊颜塔 雕刻在巴戎寺里的巨大的观世音菩萨的佛面，如守护王国般环视四面八方

　　位于吴哥都城中心的巴戎寺，在阇耶跋摩八世即位的同时被改造成为印度教寺院，面目一新。他们削掉浮雕的坐佛，并用大块石材密封了佛教小寺破风上的浮雕（尤其是观世音菩萨）。今天我们依然能够在巴戎寺内找到这种改造的证据。

　　首先，以前安置于中央大殿的高达三米六的大型坐佛被破坏，并掩埋于大殿地底（1935年被发现）。当时大概用诃哩诃罗神像替代了坐佛。其次，石柱和壁面上的佛雕也被用尖锐的石头挖走，用印度教的苦行僧坐像替代。

　　不过，法国东方学家、吴哥研究泰斗乔治·赛代斯提到，柬埔寨宗教的特点是具有各个教派相互混融的倾向；印度教与佛教在任何地方都和平共存。而且，关于阇耶跋摩七世去世之后湿婆派和佛教之间的对立，赛代斯认为"当时存在有组织地削掉寺院的佛雕，代之以林迦或湿婆派行者雕像的抗议活动"。

然而，在赛代斯这番论述之后，调查团发掘出废佛这一历史性证据。如何判断这些新的史料呢？这二百七十四尊废佛像只是安置在斑蒂喀黛寺内的一部分。事实上，出土的佛像碎片被埋藏在寺院内不远处的其他地方。塔普伦寺、圣剑寺等大型寺院周边极有可能埋藏着数千尊的佛像。

巴戎寺的改建和重新装饰——更换成印度教寺院

1243 年，阇耶跋摩八世同前两代国王的佛教信奉者的残余势力展开斗争，取得胜利并登上了王位。据推测，国王对印度教的笃信和对佛教势力的敌意合在一起，进而发展成诸如废佛等一系列过激行为。他发动强权，重新改建了之前两代国王建设的寺院，遗弃佛像，破坏碑文，并掩埋于地底。前两代国王的碑文也几乎全部被损坏、遗弃和埋藏。

佛寺时代的圣剑寺碑文虽是雕刻在巨大的石柱上，但怎么看都是被有意地埋于地下。常年的雨水冲走了覆盖在表面的土砂后，它才露出地表并被发现。阇耶跋摩八世否定前两代国王和佛教，在位时期似乎命令进行彻底破坏，毁坏了当时安置于佛寺中的数千尊佛像。

阇耶跋摩八世一方面破坏佛寺和显眼的佛像浮雕，另一方面又特别着手实施将佛寺改造成印度教寺院以及与此相应的建筑装饰的更换工程。他对巴戎寺进行了部分改建。例如寺内增扩了"十"字形的梯台，重新雕刻内回廊的浮雕。

东南亚：多文明世界的发现

与外回廊的深浮雕不同，内回廊采用浅浮雕，给人仓促雕刻而成的印象。来自印度教的题材很多；浮雕的手法明显与外回廊所见的样式相

雕刻的林迦　取代佛像，人们在寺院建筑上雕刻了印度教的林迦（男性生殖器）。塔普伦寺的楣石浮雕。笔者摄

异；表现手法和图像显得匆忙而粗糙，从技法来看，不是建造初期雕刻而是后世增添之物；浮雕描绘了印度教题材，如搅拌乳海图或叙事诗《罗摩衍那》《摩诃婆罗多》等绘图；内回廊上到处都雕刻着印度教三神，并对其称颂赞扬；特别是该墙壁上还有很大的梵天神四面像，自然让人想到它模仿四面佛。此外，湿婆神与毗湿奴神并存。浮雕刻画之物全都与印度教相关。阇耶跋摩八世可能是将四面佛尊颜塔重新解读成了四面的梵天神尊颜塔。

塔普伦寺院楣石浮雕上的佛像也被林迦及其底座的浮雕所取代。

王朝末期凋敝衰落了吗？

本节摘录法国远东学院的硕学大家们的见解。

赛代斯是通过解读碑文而建构柬埔寨古代史框架的大学者。他在 1964 年的著述中写道："阇耶跋摩七

世的事业对人们来说是一项过重的负担。他们因时常发生的对外战争以及苏利耶跋摩二世的大寺院建设早已疲惫不堪。此后，柬埔寨丧失了应对邻国攻击的抵抗力。"

出生于金边的法国学者贝尔纳·菲利浦·格罗利埃发表了水利都城吴哥的论点。他在1961年断言，"至少阇耶跋摩七世令王朝受到决定性的损耗，不断给吴哥王朝的黄昏落下巨大的阴影"，而且"阇耶跋摩七世和巴戎寺之后，吴哥王朝再没有引人注目的国王和寺院"。巴戎寺美术样式随着阇耶跋摩七世的去世，于1220年全部告终。这两位法国硕学最终得出结论，即阇耶跋摩七世主导的众多大规模的寺院建设使吴哥帝国破产、王朝凋敝并陷入衰退。也就是说，建寺消耗致使王朝崩溃。

两人观点的主要根据有二：一、阇耶跋摩七世之后的碑文资料忽然减少（即社会丧失活力，陷入贫困）；二、没有阇耶跋摩七世之后时代的考古出土品，因而国家实力应当是急速衰退。这也几乎是一个定论。两位一流学者得出的完美结论成为一大束缚，众多的学者都将其看作是学界的常识。这种束缚至今还在继续。

克洛德·雅克成为赛代斯的接班人，在1990年的著作中收入《迷雾中的最后的国王们》这篇论文，指出阇耶跋摩八世时期湿婆派回归，但其论点则是承袭了赛代斯和格罗利埃的内容。

考察二百七十四尊废佛像 不管如何，法国远东学院的研究者得出了吴哥王朝建寺衰亡说的结论。

笔者于1961年3月拜访位于柬埔寨暹粒市的吴哥遗迹保存事务所（Conservation d'Angkor）所长格罗利埃博士，并在那里待了很久。之后我也加入法国研究者的行列当中，开始了吴哥研究。愿望能实现得益于上智大学耶稣会神父里奇先生的推荐。尽管1953年柬埔寨取得独立，但根据政府间协定，法国远东学院的研究者同之前一样继续在当时的遗迹保存事务所下面开展调查研究活动。而且，他们还进行年轻柬埔寨遗迹保护官的实习培训工作。

在此整理最近二百七十四尊废佛像发掘的问题点。

一、两位法国研究前辈得出了"湿婆派进行了削掉浮雕佛像程度的反击"的结论。

二百七十四尊废佛发掘于2001年，两位法国研究前辈并没有见证此次发掘。那么，问题在于如何把握此次发现的大量废佛，又怎样从历史上进行考察。

二、两位法国研究前辈已经提到过印度教寺院的后世修复改修说，而且指出与吴哥最鼎盛时期的建筑在技术上的不同点。例如，我们可以举出用后世的圆形支柱追加新参拜道路建设的证据。如果这与新史料的见解相结合，又会如何呢？

三、另一位法国学者克洛德·雅克教授于2001年赴发现废佛的现场参观学习，感慨地指出湿婆派的反佛教行为超出预想。

四、废佛行为和周达观的来访时间接近。如果再度考察《真腊风土记》的报告，并推测政治活动的话，又能得出怎样的解释呢？周达观的《真腊风土记》于1819年被翻译为法文出版，1902年伯希和改译，之后他不满该译稿，再度点校，于1951年增加了新译注（部分未完成）。法国研究者们都以伯希和的新译稿为依据。

13世纪后半叶至
14世纪的吴哥都城再考

在本小节中尝试列举出几点重要线索。

一、激进派是瑜伽士吗？

此次发现的大规模废佛行为发生于阇耶跋摩八世时代。阇耶跋摩八世发布并实行了破坏佛像的命令。实行者是谁？是湿婆派中参加直接行动之人。废佛行动的指导者据说是出身印度的萨尔瓦输尼姆尼，他是阇耶跋摩八世的帝师和祭祀官（根据达加斯的说法）。该激进派群体不在众人面前进食，是周达观曾提到的"八思惟"（瑜伽士，即修行瑜伽的人），而且他们祭祀"一块石"（林迦）。

阇耶跋摩八世在位长达五十二年。他管理日常政务，建立了长期安定的政权。王命传达至地方，可见他是一位具有行动力的实力派国王。

二、周达观描述的繁华都城吴哥

13世纪末的柬埔寨，被海外商人称为"富贵真腊"（《明史·真腊传》）。这种评价是由风闻吴哥都城绚烂豪华的寺院和城郭风貌之人流传出去的吧。1296年中国人周达观来访时，吴哥都城的市集繁盛，物资流动畅通，人们过着和平的日常生活。周达观描述了与吴哥鼎盛时期一样的繁荣。在政治方面，政府举行一贯的神明附体一样的华美祭祀仪式，犹如在行幸中所见那样。

周达观在报告中指出，吴哥王朝为暹罗（泰国）势力扩张领土的野心而困扰，但完全看不到关于建寺耗费导致社会衰微的记载。他以特派员般的视角，描述了华丽的大型王宫模样，还把日常生活的见闻记录为四十一项，生动鲜活地呈现出都城的活跃景象。13世纪末，暹罗人的确将势力扩展到柬埔寨领域最外的湄南河方向与泰国东北区，并与吴哥地方官员的军队发生战斗，将其赶出。周达观在报告中并没有言及攻防的情况。

三、暹罗势力的兴起与扩张

吴哥窟第一回廊南面浮雕中刻画有暹罗民族，由土著首长指挥的"暹姆"（syam）军作为雇佣兵加入吴哥军。从史实上看，阇耶跋摩七世时代，吴哥的领域扩大到现在泰国中部的素可泰地区。随着暹罗（泰国）势力的兴起和扩张，吴哥王朝不得不从素可泰撤退。阇耶跋摩七世去世时，泰人诸侯发动叛乱，创建了素可泰王国。1296年，在孟莱王带领之下，清迈王国在素可泰王国北部建国。

四、印度教三神显在的巴戎寺

吴哥国王遵循惯例，向着新都城、庙山型寺庙和王宫组合的目标迈进。不过，也有志向未竟，没有实现这一组合建设的国王，尽管他们同样很努力地建造。惯例是不使用前代国王修建的寺院。其背景则是国王是神的化身，是超人，所以没有继续建造前一代国王建造的伽蓝的先例。新的国王为展示他作为新王的存在（raison d'être），无论如何都要建设该组合。

因此，阇耶跋摩八世和奉承的激进派高官们针对如何复兴印度教、如何强调国王的神性（charisma）编写具体的剧本。一、改修既存的诸寺院，重新涂刷让寺院看起来完全如同新建的一样；二、破坏并埋藏佛像，削去佛像浮雕，以显示国王神性的统率力；三、雕刻印度教苦行僧像。为把巴戎寺打造成护国寺，他们重新涂刷，并且在寺内祭祀诃里诃罗神；四、把之前的四面佛尊颜塔换成拥有四头四臂的梵天神。如此一来，新即位的国王就可以轻易地营造形式上的三套一组建筑。巴戎寺还被变更成印度教三神显在的护国寺。尽管只是表面形式上的组合，但周达观还是记述了在现场对吴哥都市大改造和再装饰的实感。他作为唯一的见证者，一五一十地报告了吴哥都城繁荣和光辉灿烂的景象。

1295 年，阇耶跋摩八世因政变退位，输利因陀罗跋摩以武力登上王位。他是阇耶跋摩八世的女婿，也是首次承认上座部佛教地位的国王。当时，他在都城内举办了通常的宗教活动。吴哥城内发现了上座部佛教的高台，被认为建于 14 世纪左右。考古发掘结果也明确显示，城内有六十多处基础地基。此时人们会经常再度利用吴哥时代的石材建造地基。

巴普伦寺院参拜道路的圆柱　经过改修扩建

　　从最早的输利因陀罗跋摩至 14 世纪中叶左右，这些佛教的高台占据了吴哥都城。如果这一史实正确，我们可以认为附近的上座部佛教信徒回到吴哥都城，家族数人居住在台阶和小佛教寺庙附近，自由往来于旧都城内。1309 年，当地出现了称赞国王的巴利语碑文。塔普伦寺入口的"小碑文"明显是 14 世纪初期的产物。同样，圣剑寺中央大殿安放的上座部佛教的佛塔，也是在这时期创造并放进去的。今天我们依然能够见到它。

废佛运动的原因是什么？——从汇集的原因中建立假说

　　一般认为，吴哥王朝由于在阇耶跋摩七世统治的四十年间营造了大型寺院，从而导致社会衰退，到 15 世纪则被大城王国灭亡。

　　如前所述，三位法国的吴哥研究专家也支持建寺耗费导致王朝衰退的说法。在此我整理至今考察过的片断性史实，并再次探讨以往的学说。

　　大量的佛像被破坏发生在 13 世纪中叶，正好是阇耶跋摩八世统治的初期。笃信湿婆神的国王发布废佛命令，由激进派或支持的瑜伽士们负责执行。在废佛现场，数名男子用布或草木的叶子包裹佛像的头部，用力将佛像头部劈落，并那样扔在寺院境内。目睹这一场面的村民们把佛像碎片收集起来，并挖掘坑穴埋藏。斑蒂喀黛寺的发掘结果证明上述事实。破坏佛像和削毁坐佛浮雕的行动在都城以及地方（甚至包括磅斯外的大圣剑寺）都有发生。

国王们一直以建造独自的护国寺为目标，即便不是所有人都建立起来了。阇耶跋摩八世改造巴戎寺，用诃里诃罗神像替代之前的主神佛陀坐像。诃里诃罗神是湿婆神和毗湿奴神的合体。佛陀四面尊颜也被换成了梵天神的四面尊颜，巴戎寺被改造成印度教三神的殿堂。实际上，对佛寺的再装饰等工事并不耗费时间，非常容易实施。

详细阅读周达观的报告可以看出，阇耶跋摩八世不仅改造了巴戎寺，而且修复了吴哥都城内既存的旧印度教寺院，实施了使这些建筑看起来像新修建一样的改造工程。例如，他对巴普昂寺（大约二百三十年前的寺院）、吴哥窟（一百年前建立）、周萨神庙、班蒂色玛寺、圣皮度寺（Preah Pithu）和崩密列寺等寺庙的台阶、参道等进行了扩建和重新修整。这些后世改造的痕迹通过比较建材、样式、技术方法、图像和题材等判断并发布了相关报告。

周达观实际参观了吴哥都城及其周边地区，报告了当时绚

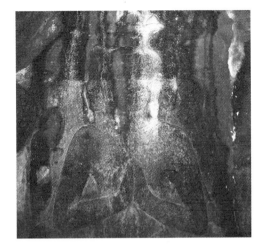

梵天神浮雕　巴戎寺院内回廊

烂豪华的景象。1296年他见到建造于二百三十年前的巴普昂寺，称之为"铜塔一座"，满怀惊讶地记载高塔耸立的样子。距离巴普昂寺时代结束已经过了两百余年，如果没有进行修复改建，考虑到热带残酷的气候条件，该寺院应该已经变成一片废墟。若周达观的记载准确无误，则当时对巴普昂寺进行了一些大型的修复工程。周达观还记载了吴哥都城内的金塔（巴戎寺）、金狮子、金佛（上座部佛教）、铜像、铜牛、铜马，描述了没有捏造的真实繁荣盛况。法国专家指出，这些改修使用了之前的建材，从样式的时代差别和建筑技术来看，属于之后追加的工程。巴戎寺的中央大殿安放了大佛，但佛像被破坏并掩埋，取而代之的是诃里诃罗神像。那么，到底是什么原因致使巴戎寺的四面佛尊颜塔没有被破坏呢？

　　前文已述，内回廊的浮雕为后刻的浅浮雕，题材多与印度教相关。北墙中央的山脉上刻的是湿婆神，左右为毗湿奴神，四面脸梵天神镇座其中。笔者的一种假设是，他们把四面佛尊颜塔解读成四面脸的梵天神，依靠这一图像向民众解释说明。所以，他们破坏巴戎寺令人瞩目的佛陀坐像并削去墙壁上的佛陀浮雕，代之以新雕刻苦行僧像的浮雕。

在印度，基本上没有对梵天神的信仰，相比湿婆神和毗湿奴神，它的影响微弱。然而，柬埔寨却将梵天神作为印度教的三神原封不动地接受。它最初被解读为拥有四面脸，自 9 世纪末至 11 世纪时为人们所信仰。碑文中还记述了国王是梵天神的化身。附近的居民们直到现在依然传承着四面佛尊颜塔是表示湿婆神的四面脸的观点。

此次发现的大量废佛可以证明的史实（假说）是，在阇耶跋摩八世的统治下，国王的权威和日常政治发挥了相应的作用，都城富丽堂皇，国内物品流通正常。日常的政治发挥作用，王命就得以传达到全国各地。这样一来，村落也发挥着相应功能。

1296 年，访问柬埔寨的中国人周达观在《真腊风土记》的记载中并未描述王朝末期的危机样子和社会的凋敝，反而报告了王国荣华繁盛的景象。这次的发掘说明了什么呢？往大处说，这是东南亚史研究中的吴哥王朝研究，但是我们希望这一挖掘能在法国远东学院研究成果的基础上，增添关于废佛的研究成果。

王朝末期"历史改写"工作已开始

本节考察吴哥王朝 13 世纪后半叶至 14 世纪前半叶的政治和社会状况。总结前文，第一，国王的命令下达至全国各地。阇耶跋摩八世在位长达五十二年，是一个稳定政权。在统治期间，尽管遭到元朝的小部队侵袭，但他还是以吴哥都城为中心改建已有的印度教寺院，重新粉饰寺院，并要求全国的佛教寺院废佛。斑蒂喀黛寺的发掘工作还没有结束，但由此可以得知全国有数量庞大的佛像被掩埋在地底。

第二，周达观详细记载了吴哥都城的活跃景象和繁华盛况。巴戎寺重新被装饰成印度教三神的寺院，令周达观盛赞为充满光辉的"金塔"。然而都城的繁荣景象意味着什么呢？阇耶跋摩七世之后大约经过了八十余年，建寺耗费真的还在持续影响整个社会吗？

从周达观的报告看不出社会凋敝的兆头。吴哥王朝确实相继从湄南河流域和东北泰撤退，但作为王朝中心的吴哥应该没有受到这种衰微的波及吧。

第三，输利因陀罗跋摩之后还有两代国王，王朝延续至1353年左右，但记载那时的史料确实很少。相关的史料有以下几处：① 1309 年柬埔寨最早的巴利语碑文（称颂国王的功绩）；② 1327 年吴哥王朝最后的梵语碑文，有关于向湿婆神供奉的记载；③ 1330 年向中国派遣使节；④ 1335 年向越南（大越）陈朝派遣使节。

这些片段性的史料，再加上前文提到的吴哥都城内有许多上座部佛教的高台，可以说明当时的社会仍有活力。虽然史料较少，但至少无法断定当时的社会在走向衰弱。被称为世纪大发现的废佛像的发掘创造出了再度思考当时的社会以及更新历史的契机。

寻找王朝灭亡的真相

被忘却的光荣历史　　　　　　　"放弃吴哥都城"是一件非常具体的变故，也是一个时代的结束。王朝灭亡的主要原因是 14 世纪中叶之后的约八十年间，吴哥同大城的数次激烈战争。存续了约六百年的吴哥都城沦为废墟。

　　格罗利埃博士提出了过度建设水利灌溉设施致使农业经济崩溃的观点，认为是王朝灭亡的另一大原因。此外，也有人提出王权弱化、苛刻征税、地方反叛、印度教思想停滞僵化以及上座部佛教渗透等观点。

　　吴哥王朝建造了大量壮观的寺院和豪华的大型宫廷，自豪于完备的水利灌溉设施和高水平的农业生产。都城被弃后，吴哥地区变成什么样子？吴哥的居民们呢？遗迹和灌溉网又怎样呢？

　　早前上座部佛教通过中小河流在各个村落建立寺院并扎根下来。借助河流，小规模的物流交换开始出现，精神价值体系方面的渗透也逐渐发挥作用，村落成为自给自足的场所，由此形成了基于自古以来生活状态舒缓的自给自足体制。

　　在村落的寺院中，僧侣们励志修行以为轮回转生，村民也为其提供帮助。作为眼前的实践范例，僧侣们救济灵魂的修行对村民产生了巨大影响力，给了他们人生的指南。僧侣一边向村民展示达到开悟的修行，一边在村子里当面讲解从出生到死亡、再到来世的情形。同时，村落也是一个完整的宇宙世界，提供了照顾村民从出生到死亡的自我救济的场所。

在吴哥王朝鼎盛时期的12—13世纪前半叶，阇耶跋摩七世建立起几乎统治整个中南半岛的大帝国。他在吴哥地区建造了吴哥城，绚烂豪华、光辉横溢。然而1430年左右，吴哥都城最终被泰国的大城王朝军队攻击。历经七个月的包围战后，吴哥遭到了彻底的破坏（1431年左右）。

在方济各·沙勿略到达日本鹿儿岛传播基督教的同一时期（1549），葡萄牙人和西班牙人的传教士造访旧都吴哥。他们感动于繁华余韵尚存的都城和吴哥窟显露出的伟大，向附近的居民打听到底是谁建造的。不过，村民和僧侣们已经忘却了吴哥光荣的历史。

传教士和造访此地的人们可能任由想象驰骋，留下了假说和臆测。关于建造者，有亚历山大大帝（前356—前323）、曾经罗马帝国（前27—476）的人们、大城人等。传教士们在见闻录中，如实地汇报不知道是什么样的王朝建造了如此规模的大型建筑等谜团。报告称这可能是一个高度发达的文明。

吴哥王朝的财宝去哪里了？

在王朝最繁盛的时期，吴哥都城中，许多闪耀着金色光辉的寺院和大型楼阁林立，虽说这是吸收并改编印度的宇宙和世界的想法，但很有"神之世界"的样子。吴哥王朝在征服周边地区时，带回来的财宝被放进王宫前广场被称为国库的南北仓（Khleang）寺庙群之中。当时最具价值的财宝当属镀有金粉的神像和佛像。寺院内安放的青铜雕像威严夺目。

在大城军队的攻击下，吴哥都城陷落，最终灭亡。这场战争充满了残酷的杀戮、破坏和烧毁。以荣华自豪的都城被烧成荒野，化为废墟。大陆地区的战争往往都是彻底的消耗战。那么，繁华都城内的宝物和财产去哪里呢？

1934年法国远东学院建筑家托洛布尔调查吴哥窟中央大殿的地下，希望找到吴哥王朝的财宝。附近的村民们都相信此处藏有财宝。托洛布尔挖到地下二十八米处，发现了直径三十厘米大小的金属圆盘和若干贡品。这些是通俗所说的镇地祭祀的"镇物"。吴哥窟的财宝并没有被埋起来。那么，财宝到底去哪儿了呢？

在法国的吉美亚洲艺术博物馆、金边国立博物馆以及暹粒的西哈努克吴哥博物馆可以看到吴哥时代的出色雕像。金边博物馆入口的楼层处展出了许多放在橱窗里的青铜雕像，尽管小但都是佳作。同一楼层的里面还展示着巨大的毗湿奴神青铜卧像。这些大、中、小型的青铜雕像拥挤地摆放在一起，全都是极为杰出的作品。15世纪那场战争的目的在于通过扩大统治地区来炫耀国王的威力，以及强制确立主从关系。灭亡吴哥的大城军队在1431年左右从柬埔寨带回了大量的战利品，并将数万名俘虏带回国内。从这一点看，吴哥时代安置于寺院内的镶有金箔、金粉的神像和佛像，在与大城的战争中几乎被掠夺一空。

东南亚：多文明世界的发现

不过，石刻的雕像由于重量的原因而没有被带走。只有表面黄金闪耀的青铜制神像、佛像被掠走。小型的青铜雕像现在展示在金边国立博物馆里。前述的毗湿奴神像，由于埋藏在西巴莱的湄本寺附近，也未被大城军队掠夺而留下。在东南亚大陆地区的战争中，金属制的雕像、器具以及祭祀用品、装饰品等是主要的掠夺对象，也是战利品。

在曼德勒发现的吴哥王朝的神像 1981年，我在调查缅甸文化遗产的时候，发现曼德勒市内的马哈木尼佛塔（又称大佛塔）内，在铁栅栏的方向陈列着两尊巨大青铜雕像和数座狮子像。我完全没有想到能在曼德勒市内见到吴哥时代的雕像，感到十分震惊，并试着用手摸摸是否是原件。来此参拜的人们也瞻仰并触摸雕像的胸、头、脚等部位。

同行的曼德勒大学的老师告知，这尊雕像很灵验，参拜者会触摸雕像身上与自己的疼痛处或患处相同的部位。

这些雕像的确是吴哥时代的印度教神像，属于守门神（Dvarapala）雕像。开始我并不知道这些雕像为什么会陈列在曼德勒市内。它们是从吴哥都城内掠夺过来的战利品，怎么看也像是1431年被大城军队掠走的。

但是，之后大城在1596年被缅甸东吁王朝的第二代国王莽应龙（1551—1581年在位）攻击，都城被占领。战争目的在于掠夺繁华的大城的财宝，并争夺孟加拉湾的贸易权。这些雕像作为从大城掠夺的战利品，被带到了缅甸都城勃固。

1599 年，若开（阿拉干）王国的船队攻击勃固，这些雕像又被作为战利品掠走。不知道他们清不清楚这些雕像是吴哥王朝的秘宝。雕像下一个安置地是实兑（阿恰布）地区。

其后，贡榜王国的第六代国王波道帕耶（又称孟云）（1782—1819 年在位）征讨实兑，1784 年将雕像带到曼德勒附近的首都阿马拉布拉。在第十一代国王锡袍（1878—1885 年在位）统治期间的 1884 年，雕像又被移到现在的马哈木尼佛塔寺。这些曾经在充满荣光的吴哥王朝为众多高棉人崇拜的神像，而今受到缅甸人的膜拜，终于找到了安身之地。

吴哥王朝的秘宝成为中南半岛大陆地区各个王朝的宝物。就像它们从东至西、由南往北地来回流传一样，各地区经陆路相互连通。各民族都拥有活跃于历史舞台上的王朝都城，而这些都城又通过陆路连接，彼此间物流和人员往来。吴哥的这些秘宝从柬埔寨传到暹罗人手中，又经由孟族人、阿拉干人以及缅甸人之手最终落地于现在的曼德勒。这虽是追踪吴哥王朝秘宝行迹的一个事例，但也是在探究东南亚的兴亡史之路。

吴哥王朝史的定位——
王权始终不安定

本书在讲东南亚兴亡史，但是列举吴哥王朝的历史发展来构成数章。读到此处的读者诸君有何感想呢？通过考究探明吴哥王朝史，诸君感知到多少东南亚的特质呢？

　　　　　　　　　　东南亚：多文明世界的发现

一般来说，理解东南亚史十分困难。关于如何解读东南亚世界的历史，尤其是建造起大伽蓝吴哥窟的吴哥王朝如何发挥政治机能，已经在第二章到第九章就吴哥王朝的政治、经济、社会、宗教等方面介绍了目前为止的研究成果。我们也讨论了废佛问题。如何用国家形成的一般理论来说清吴哥王朝的历史是个难题。

　　在典型的东南亚国家中，国王是神圣且绝对的君主。1982年，奥利瓦·沃尔达斯在《东南亚视野中的历史、文化和地区》（*History, Culture and Region in Southeast Asian Perspectives*）一书中提出了曼陀罗（Mandara）论。该论点认为：一、东南亚的王权始终处于不安定状态；二、王位的获得不是通过血缘关系而是凭借实力；三、国王是特别的超人。下文以沃尔达斯的理论为框架分析吴哥王朝史。

　　首先，追溯国王的谱系，可以确认吴哥王朝不是由特定家族世袭统治的王朝。国王基本上仅限于一代，统治范围也有限定，反复扩大或缩小。因此，后继者为了得到王位常常展开王位继承战争，王权本身就变得不安定。胜利者通常即位称王。若有才能的国王即位，就会在三十余年的时间里建造吴哥窟。但也有因身体或他人篡位等短命的国王。国王总是格外细心地留意身边的篡夺王位动向，对不稳定的动向有必要先下手为强。

　　吴哥王朝的国王中，以建造吴哥窟的英才苏利耶跋摩二世和建造吴哥城的佛教徒国王阇耶跋摩七世最为著名。从这两位国王的政治活动和个人资质上看，他们都精力充沛，长期执掌政权，也是当时的一代超人和巨人。而从王朝鼻祖阇耶跋摩二世的登场来看，国王是神明附体的特别灵魂的持有者，也是构建神圣王信仰的人，自称为"神的化身"。

作为超人的国王是连接世俗世界和神明世界的神的化身，因而，希望承蒙精神保佑的人们从国内各地会集而来。实力与国王匹敌的地方首领等人，跪拜在国王的权威面前。他们会得到物质上的利益并在国王的允许下做官，如果被赏识的话还会获得省级的封地，能够随心所欲地利用权势。在这样的精神性、物质性的好处下，很多地方首领妥协。但也仍然有人期盼在可能的情况下夺取王位，正因如此，地方时常发生叛乱。

国王借助婆罗门的帮助，作为转轮圣王即位，同时，他与在高棉大地延续着的本土泛灵合体，成为"守护灵的王中之王"。这是披着印度教外衣的本土守护神。因此，国王成为高棉大地上的精神支配者，超越任何人。想要得到国王保佑的地方首领也就只能臣服。即便他们在武力方面处于优势，有时也不对抗王权。

东南亚受到印度和中国文化的影响，但有作为接受方的取舍选择。他们按照自我风格的自由解释，创造出独具风格的建筑、图像、装置及道具。像吴哥窟这样的巨大纪念建筑，通过夸耀大型寺院的威严形象，展现国王伟大的权力，威慑众人。国王的统治或政治统治力并不彻底，尚处于不成熟的状态，所以要通过这种带有示威、炫耀性的巨大纪念建筑使人们产生敬畏的信念，切身感受到神的化身的存在，并跪倒在国王面前。因此，受印度文化影响的柬埔寨创建了不像印度的吴哥窟。

此外，国王总是展现出宗教的神秘性。在制度方面，国王并没有强有力的官僚机制和常备军，同一家系的王族势力会随时篡夺王位，故而无法信任。而且，在血统和身份无法绝对确保国王统治地位的情况之下，他们只好大肆宣传其宗教神秘性，强调自己的超越性。吴哥的国王们表示自己是湿婆神、毗湿奴神和佛陀等的转世或是化身，通过视觉上的繁杂祭祀礼仪表演使人信任。见证国王举行仪式的周达观，感叹这才是神明的世界。国王的支配力首先从展示巨大的石造伽蓝开始。在即位之后，他们立刻着手建设护国寺。在位中的国王经自己之手建造比前代国王更出色、更大的寺院和纪念建筑，相较于显摆炫耀，更多的是为了让地方的敌对势力和民众心悦诚服。他们利用比官僚体制更有实效的寺院网，向人民讲解轮回转生和现世利益，强调建设寺院关系到积攒功德，并可免除部分赋税，动员农民参与。

只有统治很久的国王才可能建造巨大纪念建筑。可以说，寺院是一种政治性艺术的产物。它被涂上了民族独特的文化、信仰和技术，最终，所谓的遗迹研究就是看透附在这些建筑上的信息的科学性工作。

置于东南亚独特的历史之中

立足于森林、水田与海洋的历史

东南亚式的历史是立足于"森林、水田和海洋"的自然与人和谐相处的生活史。这里是多元地区,回顾前文可以列举出自然环境(由山地、平原、三角洲等构成),语言和人群各异的多文化社会,各种复合信仰(佛教、伊斯兰教、基督教、本土印度教等)的存续几点特征。此外,从地域间的共通、同质的特征来看,雨季和旱季交替,以农耕为基础的植物文明社会,女性的社会地位居上,即便信仰佛教、印度教等,其深层仍是泛灵信仰。

尤其是通过对现场史料的解读探究,我们清楚了部分吴哥王朝的实像。现在有碑文、古寺院的修复和发掘、出土物、雕刻、图像等当地史料,同时还有中国史料中片段性记载,可以作为揭开王朝面纱的工具。王朝发展的线索是创造出本国文字。外来文字在当地社会中经过咀嚼消化,变成了在表现方法上用心改编的古高棉文字。

高棉文字如同人体中的血液一样,主管传达和记录,帮助了当地社会的发展和自立。通过对用本国文字记载的当地史料群的分析研究,我们能够明确一部分当时社会的普遍观念,而将这些部分性观念串联起来,便可以了解当时社会的精神价值体系。

作为文字史料的碑文价值很高，但记载的内容有所偏向而且是片断性的，不免存在有效性和范围的限制。

塔尼村发掘现场 在吴哥地区首次发现黑釉陶器的窑址，确认当地存在烧窑业。笔者摄

在当地史料中，近年来应该特别提及的是历史考古学起到了很大的作用。1995 年，上智大学吴哥遗迹调查团在吴哥东北十七千米的塔尼村，发现了大型黑釉陶器窑址，确认了吴哥时代存在烧窑业。这也是在柬埔寨首次发现的大型窑址遗迹。担任此次发掘的年轻研究者撰写提交了博士论文。如各位所知，更大的发现当属斑蒂喀黛寺内的废佛。根据对废佛的研究，研究者提出了新的改写历史的观点。在吴哥本国史料方面，当时没有纸张，主要记录在用棕榈树叶制成的贝叶上，但遗憾的是，由于虫害和战乱这些史料都消失了。

地区间的交易与物流促进王朝的形成——得天独厚的立国条件

其次，亚洲地区之间的交易和物资流通有助于吴哥王朝的形成。柬埔寨与印度、中国交易，以澳盖港市为媒介，得到了古罗马的钱币、高价的珍品和物产以及精神价值体系。通过海上丝绸之路很早就开始的亚洲地区间的交易

和物流，与吴哥王朝的形成有着密切关系。尽管吴哥受到印度文化的影响，但在宗教仪礼、王权概念等方面按照自己的方式取舍、扩充、构建，最终形成了国王行动的价值基准（建设护国寺等）。在政治方面，他们彰显不太坚固的王权，为建立更加巩固的制度而强化祭政一体，使之转变成神秘性大增的华丽而过度的祭祀仪式，而最终提高了国王的神性。吴哥地区有连接外海与湄公河、洞里萨湖之间的物流干线，这也成为人员往来的路线，"舶商"也沿此路线来到吴哥。这帮助形成了"富贵真腊"的评价。阇耶跋摩七世将吴哥的版图向西扩展至与缅甸的接壤处，向北到达老挝的万象，并将马来半岛北部、越南南部的占婆纳入领土范围。至少在这个地理范围内，贸易圈形成。

再次，吴哥王朝在肥沃的扇形平原上发展成为内陆农业国家。从9世纪末开始，位于平原的吴哥地区持续开发农耕地，人口增加，开始都城建设。到12世纪前半叶，吴哥的人口增加至四五十万人，王朝建造了吴哥窟。为了维持如此大型的都市，大规模的集约型农业成为必要。因此，他们在都城周围建造了大型蓄水池，向大片稻田提供水源，收获供应吴哥窟建设者们的粮食。大型蓄水池同时还提供生活用水。吴哥成为了一个水利都城。

脆弱王权下的巨大伽蓝遗迹——本土化的印度文化

各地的农民被动员来为建造寺院服役，花费三十余年时间建造了吴哥窟。从上智大学调查团对吴哥窟西参道修复工程的经验来说，古代农业劳动者可能是在雨季正中时从事稻作劳动，旱季时建造寺院。雨季降水量最多的9月至10月初需要种田。印度教和佛教僧侣向被动员的农民宣传建造寺院的功德，即为现世利益服务以及轮回转生，劳作现场就发挥了能够实践这些说法的修行场所的功能，最终帮助建造大型伽蓝。

此外，建造吴哥窟是因为国主要借这个巨大的纪念建筑向当时的人们炫耀王权的力量，它也是一种警示。吴哥王朝的二十六位国王中，无论谁即位之后，都会立刻开展建造新寺院、都城和王宫的组合工程。无论如何，适合展现国王权力的宏大道具就是大寺院。每一位国王都竞相全力投入这套组合的建设当中。因此，国王的统治在制度上和组织上都没有得到保护，十分脆弱。也正因为如此，展示强大支配力的巨大纪念建筑就十分必要了。

最后，柬埔寨版的印度教和大乘佛教发挥着立国思想作用。印度文化进入东南亚各地，刺激了各地独具个性的固有文化。它被涂上了本土色彩后得以本地化，并被再创造出来。总体来说，外来文明在当地扎根，不断演变，在促进各地文化形成和发展的过程中发挥了"卤水"般的作用。最终的结果是，例如东南亚的王权，为了以自我的方式进行扩大解释以及拥护和强化自我，如拼接镶嵌般运用不同于外来文化原本的表现形式，发展成既像又不像的另一种样式。前文提到的"Devaraja"并非是印度神，而是把印度教与用梵语表示的本土守护神"神圣王"相结合，通过仪式粉饰、扩大并本地化从而创造出来。

吴哥王朝衰退的原因是什么？——立国思想无法发挥功能

吴哥王朝衰退的征兆始于 14 世纪后半叶，立国思想渐渐陷入功能不足的状态，其中的事情就是废佛运动，以及扎根于村落的上座部佛教的渗透。

上座部佛教向村民们宣扬通往极乐净土的道路，村民们皈依的同时也成为俘虏。赛代斯认为，以元朝军队进攻为直接契机，印度教和大乘佛教的立国思想崩溃，国王权威丧失。这也被当作 13 世纪的危机，与泰族兴起扩张的历史一并成为时代的分水岭。由此，上座部佛教和伊斯兰教进入吴哥。

但是，从经济史的脉络上看，至此的印度教、大乘佛教并没有适应交易和物流，因而导致更为世俗且在经济上更合理应对的上座部佛教和伊斯兰教时代的到来。这是最近的研究，具有说服力（石井米雄、樱井由躬雄的观点）。

此外，国王赠予的封地助长了地方独立的倾向。对吴哥的诸位国王而言，如何驾驭、掌控有实力的臣下，是建立长期安定政权的关键。当时的官僚体制建立在臣下享有土地的封地制基础上，作为报酬，高官获得州级单位的"封地"，而这成为臣从的基础。例如，战争中获得胜利的某位将军能够获得国王给予的土地。苏利耶跋摩一世向对其宣誓效忠的监察官们赠予封地，并保障他们的生活。被授予的土地可世袭继承。高官们自由买卖、捐赠、让渡属于他们的土地。然而，封地制导致土地的过度转让，促使有实力的地方官吏等建立独立地盘。这也可以说是促使吴哥王朝瓦解的一大内部要因。

第十章

与基督教欧洲的相遇

在东南亚大陆地区的传教活动

**传教与居民期待的
背离——福音的信号**

基督教在东南亚的传教活动，始于 16 世
纪中期左右。传教士们一到当地，便立即
以传教活动为媒介，开展各种地区性文化

活动。他们开设诊疗所，建造学校、职业介绍所、孤儿院等，传
播当时最新的各种技术与医学等。他们将《圣经》翻译成当地语
言，同时也学习该地区的传统文化，并承担起将之介绍给外国的
责任。此外，传教士通过各种活动，努力实现同当地居民的融合
与对话。在传教的过程中，传教士期待的是获得信徒，而当地居
民则对期求的异国物品怀有茫然的憧憬，两者之间频繁出现巨大
的差异与分歧。纠纷与反基督教行动不时出现。

尤其是在东南亚，对于传教士投放的福音信号，当地已有的宗教体系和该宗教立足的社会组织是如何应对、在接受或排斥基督教时又进行了怎样的理论武装？这些问题必须要进行深入考察。

对于各地区或者各民族社会的接受和排斥粗略把握的话，则当时既有向异质文化表示好感的人，也有为了利益而部分接受的人，还有以呆板的方式应对并对其抱有高压态度的人以及诉诸武力的人等。本章从基督教的传教活动考察近世的东南亚，明确欧洲、日本和东南亚当地相互联系的历史。

向传统村落传教的困难——在上座部佛教四国的初期传教

要探讨上座部佛教四国与基督教关系史，我们会发现在初期传教之际，以下特征显著：

一、传教初期有许多改宗者，但都是居住在山地高原地区和边境地区的少数民族人群，以及从其他地区迁移到都市的亚洲人或混血者。换句话说，初期的多数改宗者并不是居住于平原等地区并占大多数的缅甸人、泰人、柬埔寨人和老挝人。

二、传教士和牧师为建立地区性、民族性的教会，在这些上座部佛教圈创办教会学校，但在此学习的学生还是以少数民族或从其他地区而来的亚洲人为主。

三、伟大的文人传教士或文人牧师为了有利于传教，深刻理解当地的语言、社会和文化。例如，为越南语的拉丁字母化做出贡献的词典编写者亚历山大·陆德神父（Alexandre de Rhodes，1591—1660）、为之后越南阮朝的成立组建志愿兵并进行战斗的皮诺代牧（Pierre Joseph Georges Pigneau，1744—1799）、在暹罗拉玛四世（1851—1868 年在位）的允许下撰写泰语语法书等的帕尔戈瓦司教（Jean-Baptiste Pallegoix，1795—1861）、将一生都奉献给缅甸并编纂词典的贾德森牧师（Adoniram Judson，1788—1850)，以及出于爱国而利用熟练的柬埔寨语劝说柬埔寨国王签订与法国的保护条约的米歇尔主教等。他们能够流畅地使用当地语言，在传教方面发挥巨大的影响力。他们的著述即便现在也得到高度评价，是十分重要的当时"活生生"的资料。

四、自初期开始，传教活动依靠外国传教士之手经行，但在对社会阶层和出身敏感的东南亚世界，属于少数民族出身的神父和牧师的活动范围有限。而今，许多外国神父留在泰国，过着司教的生活，但其他三个国家则成为了社会主义国家，不允许外国神父的传教活动，其入境时会受到限制。

五、在东南亚的村落社会里，与日常生活融为一体的上座部佛教使僧侣照料村民从出生到死亡的各种宗教事宜，他们宣扬此生功德决定来世，展示以涅槃为目标的出家人修行场景。也就是说，他们向村民明确指出了如何"救赎"。加上基督教的传教活动从初期时就受到政治上的禁止，因此长期没能进入传统的村落，自始至终都是在周边区域和城市地区。

基督教传教士眼中的东南亚

最早到达柬埔寨的传教士 多明我会传教士加斯帕尔·达·克路士（Gaspar da Cruz，出生年月不详，1548年从里斯本出发，1569年回返里斯本）1555年从马六甲前往柬埔寨，开始传播最初的福音，但传教活动失败，没有取得任何成果，于1556年转而去了广东。达·克路士叙述了他从柬埔寨僧侣口中听到的传闻，包括柬埔寨有二十七处极乐净土（天国），包括跳蚤、虱子在内的所有生物在那里都能够轮回转生。

前往第一层极乐净土的是人，那里距离地面近，有食物和饮品，尤其还有充满魅力的天女。其上的第二层极乐净土十分广阔，到达此处的是僧侣。根据功绩大小，上升层次分为数档。作为回报，给"生活在酷暑大地的圣僧"以"凉风吹拂的休息的至福"。最上层是第三层的极乐净土。抛却所有欲望的人前往那里。他们和梵天神体内的生物一样，变成"像球一样的圆形身体"。柬埔寨人现在依然相信这三种极乐净土存在。与极乐净土并存的还有十三层地狱，根据罪孽的深重程度决定落入哪一层地狱。

继达·克路士之后，1583年，多明我会传教士卡尔顿和马蒂那也尝试在柬埔寨传教，但遭到僧侣们的强烈反对和妨碍，没有取得大的成果，于第二年离开。其后，多明我会又派遣了数名传教士来到柬埔寨。传教士安塞瓦多自1580年开始在柬埔寨当地居住的占族人、爪哇人、中国人、日本人以及葡萄牙商人中的基督教人士之间开展活动，十五年间使约五百人改宗。

克路士著《中国志》初版扉页　葡萄牙科英布拉大学综合大学图书馆藏

1585年，哲塔一世国王（1579—1595年在位）改变方针，承认基督教传教活动。同年8月，两名多明我会成员和四五名方济会成员从澳门来到这里。但是他们到达之后，国王改变了主意，传教士全部被流放。安塞瓦多神父好不容易留了下来。1593年，哲塔一世派使节赴马尼拉请求派遣传教士等，但这不过是为了准备与泰国大城王朝军的决战而请求军队的策略。大城军队于1594年攻陷了王朝都城洛韦。继承王位的波尼·安国王（1597—1599年在位）认可基督教的传教自由，向马六甲和果阿请求多明我会、耶稣会和方济会派遣传教士。这也是为了准备与大城决战而采取的外交战术。他真正的目的在于商量购买武器，或者至少说请求派遣援军。

日本基督教徒与17世纪的柬埔寨

1603 年，多明我会的伊尼戈·德·圣玛利亚、佩莱姆和科拉尔三名传教士从马尼拉到达柬埔寨，从国王那里得到自由传教和建造教会的许可。这一时期，许多传教士都尽力布道，不仅面向居住在当地的高棉人，还成为居住在此的葡萄牙人的司铎。

柬埔寨有著名的世界文化遗产吴哥窟。如前文所述，在其墙壁和石柱的一部分上确认了十四处在 17 世纪前半叶乘坐朱印船到达此地的日本人的墨书笔迹。

这一时期，德川家康于 1603 年开创江户幕府，颁发朱印状，日本与海外地区的往来频繁。东南亚各地出现了日本人聚集的城镇。当时吴哥王朝的后裔吉·哲塔二世（1618—1625 年在位）在金边以北三十一千米处建造了乌栋国都。根据岩生成一的《南洋日本人街研究》，当时的日本人街有两处，一处在现在的首都金边，另一处在洞里萨湖上游二十四千米河岸处的奔涅鲁（Ponhea Leu），而洞里萨湖位于通往国都的交通要路之上。这两处日本人街一共居住了三四百日本人。

参照《柬埔寨荷兰商馆日记》（1636）中记载的史实，居住在此地的日本人中，约一半人是天主教徒。他们热情地为葡萄牙人提供帮助。这里还建造了教会。当时，日本爆发岛原之乱（1637—1638），幕府也实行锁国（1639）措施，天主教徒们趁着夜色坐船逃离日本。这些侨居的日本基督徒引起了教会的关注，

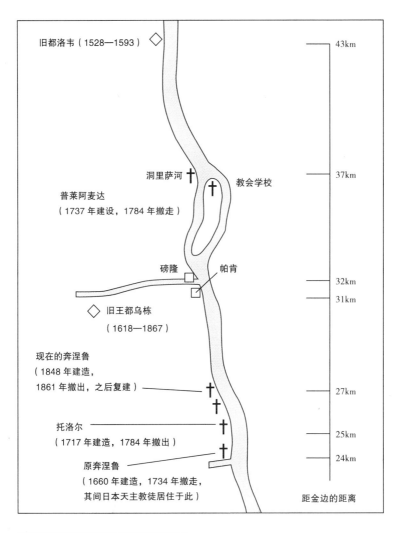

旧都洛韦（1528—1593）   43km

                                                    37km

洞里萨河   ✝
            ✝   教会学校

普莱阿麦达
（1737 年建设，1784 年撤走）

磅隆   帕肯
□   32km
         □   31km

◇   旧王都乌栋
   （1618—1867）

现在的奔涅鲁
（1848 年建造，
1861 年撤出，之后复建）   ✝   27km
                       ✝

托洛尔   ✝   25km
（1717 年建造，1784 年撤出） ✝

原奔涅鲁   24km
（1660 年建造，1734 年撤走，
其间日本天主教徒居住于此）

                                           距金边的距离

王朝都城乌栋近郊的天主教会和信徒的据点

耶稣会等教派努力向他们传教。1618 年，侨居的日本人代表还直接向澳门教会递诉，"我等七十名天主教徒，失去教父，深感悲叹"。

1660 年前后，葡萄牙人和混血的天主教信徒群体被荷兰新教徒从印度尼西亚的望加锡驱逐走，与主教一起逃至柬埔寨，定居于金边和金边以北二十四千米的奔涅鲁。现在该地区还有天主教信徒的墓地遗迹。1665 年，逃离迫害的越南基督教徒在金边对岸的湄公河东岸定居下来，建立了柬埔寨的最早的基督教徒群体。

1658 年，教皇亚历山大七世任命兰伯特·德·拉·莫特（Lambert de la Motte）等二人为印度尼西亚的代牧。兰伯特·德·拉·莫特将同行的希瓦尔尤神父派往越南南部的会安地区（1664）。希瓦尔尤成为逃离迫害而到达这里的三百多位日本人的司牧，并在那里传教，但他之后卷入迫害以及居民之间的斗争中，从而离开此地，在奔涅鲁向柬埔寨居民传教。由于不会说柬埔寨语，又没有找到很好的翻译，他再度回到了越南南部。

1682 年，拉罗代牧将一名巴黎外国传教会的神父和一名方济会的神父派遣到柬埔寨。日本耶稣会成员三箇依纳爵早在三年前已经住在柬埔寨，他会说柬埔寨语，帮助了这两名神父。传教士们被好意邀请进柬埔寨王宫。他们在奔涅鲁的葡萄牙居住区建造了教堂和医院，柬埔寨受洗者也逐渐增多，但是与柬埔寨国王敌对的越南暴徒烧毁了该居住区。

面向本土化的 18、19 世纪的传教活动——被混乱政治摆布

在 18 世纪前半叶，柬埔寨各基督教教派卷入葡萄牙国王与西班牙国王所拥有的教会保护权的争夺中，代牧的任命也受到影响，最终因内部纷争而分裂。

1750 年，受到暹罗（泰国）和越南人进攻柬埔寨的影响，二十五名欧洲传教士全部被从越南南部驱逐。1751 年，法国传教士皮埃尔来到柬埔寨，在王都乌栋附近培养基督教信徒的司牧和当地神父，并于 1771 年在该地区建立了十字架爱姊会支部，还编纂了高棉语祷告书和高棉语-拉丁语词典。

1775 年，法国人皮诺·德·贝尔内被任命为越南南部和柬埔寨的代牧。该神父曾与义勇军共同战斗，支援越南阮朝初代皇帝嘉隆帝（阮福映）。此时，暹罗加剧了对柬埔寨的侵略，接二连三地破坏侨居在柬埔寨的基督教徒社区。1790 年，约三百名柬埔寨信徒、数名十字架爱姊会的修女以及一名方济会神父逃到西北部的马德望。

19 世纪开始，逐渐衰弱的柬埔寨于 1841 年被越南阮朝吞并，但柬埔寨人的反越起义等奏效。1845 年安东国王（1847—1859年在位）从暹罗回国继承王位，再度建国。

1850 年，代牧区一分为二。勒费布尔神父成为越南南部的代牧，米歇尔神父成为柬埔寨（包括老挝）的代牧。他在安东国王的宫廷受到重用。国王的真正意图是利用他开辟与法国通商的路径，但是米歇尔拒绝成为政治活动的中介。1863 年，诺罗敦国王（Norodom）与法国签署了保护条约，允许天主教传教士自由活动以及建设神学院、学校、医院、修道院。1866 年，金边成为柬埔寨首都，同时，奔涅鲁的天主教徒得到了在帕肯（Phra Kruang）的土地，并在这一地区建立名为哈伦达或“普莱阿麦达”（意为“神圣之母”）的小教区。在马德望，信徒数量也得到回升。大部分信徒都是葡萄牙裔高棉人以及来自交趾支那的越南裔人群。米歇尔代牧以及数位传教士对没有扩大高棉人改宗一事感到不满，但 1857 年来到此地的帕洛神父积极传教，增加了柬埔寨信徒，并在金边南部湄公河沿岸建立起莫托库拉萨斯小教区。此外，1861—1865 年，在越南受到迫害的交趾支那的众多基督教徒来到此地，在金边近郊形成了三个社区。

1867 年，根据法国与暹罗之间的合约，暹罗（泰国）占据吴哥、马德望和穆鲁普雷（Mlu Prey），但在 1865—1867 年，柬埔寨国内爆发了反法运动。由于法国人的保护权与基督教保护联系在一起，所以暴动发展成对基督教会的迫害。到 19 世纪 70 年代，柬埔寨的基督教徒人数大约有两千八百人，其中大多数都是越南裔教徒。此外，柬埔寨在成为法国保护区之前，已经有少数中国人信徒。根据记载，1850 年在马德望有五名中国人接受洗礼，1860 年贡布省小教区二百名居民中也有数名中国信徒，而在磅湛附近也居住了八到十名中国信徒。

最早的高棉人神父叙阶——典礼中使用高棉语

第一次世界大战前夕，柬埔寨国内的基督教信徒大约有三万六千人。其中，有三千名左右柬埔寨人、三万两千五百名越南人和五百名中国人。担任司牧的是十三名外国传教士和几乎同等数量的越南神父。

1850年，米歇尔主教为了再度复兴十字架爱姊会，将四名女性送往越南南部。她们在那里完成修行之后，在奔涅鲁开设了修道院，但是1867年，由于越南爆发反法起义，修道院被烧毁，她们转移到了金边北部越南人的小教区。1906年，基督教学校修士会在马德望开设学校，但1910年依据当时的法律不得不关闭，而转移到金边。1911年，修士会开设了第二所学校，到1922年已经拥有了一千名学生。1919年，加尔默罗会修女（八位越南人和两位欧洲人）到达金边。该会迅速发展，并发展到东南亚各地。1952年，四名来自法国的本笃修道会会员在金边以南七十五千米的白马市建立修道院，不久就有越南人、中国人和柬埔寨人宣誓加入。

1957年11月，在金边的主教大教堂，天主教会首次为柬埔寨出身的神父授神职。虽然人数较少，但对包括高棉人在内的柬埔寨出身的神父授神职礼一直延续。根据第二次梵蒂冈大公会议的方针，1964年，天主教会组建了老挝—柬埔寨主教协议会，从1966年起开始在教会的典礼使用高棉语。1968年，柬埔寨代牧区分为金边代牧区（信徒三万两千人，神父二十人）、马德望监牧区（信徒一万人，神父八人）和贡布监牧区（信徒两人，神父十五人）三部分。1969 年，三教区的主教出版了基督教书籍，反省之前教会在人种、地理和文化领域缺乏行动的做法，告诉信徒教会希望在尊重柬埔寨习惯、习俗的同时力求从孤立存在的状态中脱离出来。

第十一章

作为祇园精舍的吴哥窟

五百年前日本与柬埔寨的交流

**16、17 世纪的
柬埔寨与日本**

建造了世界文化遗产吴哥窟等遗迹的吴哥王朝，在 1431 年左右被西部邻邦大城攻陷，存续了大约六百年的吴哥都城化为废墟。之后，王国的都城先后迁到西逊托、金边，1528 年迁移至洛韦，1618 年迁至乌栋，到 1867 年再度迁回金边并直到现在。

曾经的吴哥旧都城及附近的寺院、僧院被掩埋于茂密的丛林中，被这个世界遗忘。最近的研究确认：1546—1576 年，吴哥王朝的后代国王曾一度回到旧都城吴哥，修复都城，并奖励人们移居于此。恰好在同一时期，来到柬埔寨的欧洲传教士们也记载了旧都的景象。吴哥窟远离都城，没有被破坏，在王朝崩溃后变身为佛教（上座部佛教）寺院。作为佛教的圣地，附近的居民至今依然来此参拜。

那时的日本，历经丰臣秀吉统一全国（1590）和关原大战（1600）后，德川家康于1603年建立幕府。在这段时期，由于基督教传教和贸易活动等，许多外国人来到日本。外国与日本的往来兴盛，朱印船贸易中船舶前往各地。它们的目的地扩展到东南亚全境，并在那里建立了许多日本人居住的城镇。当时的日本人把东南亚地区当成了南天竺。

在吴哥窟的"十"字形中回廊的墙壁和石柱上，有十四处日本参拜者的墨书笔迹。能够判读出来的涂鸦年代在庆长十七年（1612）至宽永九年（1632）的二十年。在1970年柬埔寨内战开始之前，中回廊供奉了三百余尊近现代的大大小小的佛像。它是能让人感受到如千佛堂般庄严氛围的场所。

日本人至少参拜四次——十四例墨书笔迹　　日本最早研究吴哥窟中日本人墨书笔迹的是伊东忠太博士。1912年7月，明治天皇造访东京帝国大学之际，伊东忠太以"祇园精舍与吴哥窟"为题给天皇讲课。祇园精舍的绘图将在后文具体论述。在伊东忠太之后，20世纪30年代，黑板胜美、岩生成一和尾高鲜之助三位博士现场调查，并详述了调查结果。最新的调查是1958年2月清水润三访问吴哥窟所做的进一步的详细调查。本节与清水的报告相比，还有很大的差距。

残留在吴哥窟的日本人墨书，总共有十四例。十三例见于"十"字形回廊，另外一例在第一回廊内庭的北藏经屋南入口的墙壁上。这些墨书挑选石柱的平坦面，直接用笔写在上面。过去，石面上应该都涂上朱红色涂料，墨书则写在表面。墨书的位置方面，起笔距离地面高两米到两米五，文章的下端收尾在一米五左右的边缘。

根据推察，当时的人大概是站在小台子或梯子上书写的。幸运的是，因为是站在高处写的，参拜者用手触及不到，所以才能够留存后世。如果写在人们视线所及的高度，估计早就消失了。石柱宽四十厘米，所以这些文章多为三到四行的短文。长文只有一处，是森本右近太夫一房的笔迹。就像笔迹大多都有"日本""堺""肥后"等词一样，他们说明自己是日本人，标明居住地，署上书写者和同行者的姓名。不过，从这些实例中可以确认这些文字仍然都是随意涂写的。接下来，引用清水的报告，举出其中的十一例。

庆长十七年（1612），七月十四日，一例

年份不详，七月（日期不明），一例

年份不详（日期不明），四例

年份不详（日期不明），一例

宽永九年（1632），正月二十日，一例（森本右近太夫一房的

墨书）

宽永九年（1632），正月二十日（第一回廊内的内庭北经藏）

宽永九年（1632），十月十五日，一例

宽永九年（1632），正月（日不明），一例

除此之外，还有五例书写年代完全消失，无法判断。

分析这一结果可以看出，日本人参拜者在庆常十七年（1612）年七月十四日，宽永九年（1632）正月二十日和同年十月十五日来此三次。最后一行是宽永九年，但日期不详，从仅存的文字可以判断出"正月"的字样。所以，日本人至少来此参拜了四次。

乘坐朱印船雄飞的日本人　　这些来到柬埔寨的日本人出生于哪里呢？肥后的嘉右卫门尉因为持有安原屋的屋号，所以是一位商人。他应该是利用朱印船进行贸易买卖。根据清水的报告，同一墨书中一并记载了"肥后农某"和"肥前农孙左卫门尉"，两条汉字中的"农"是假名"の"。

从墨书中可以解读出的地名有"泉州堺""肥前"和"肥后"，虽然很难认，但还发现了好像是"大阪"字样的地名。日本渡海航行者大多出身于平户、长崎、肥前，堺和大阪的商人也很活跃。目前墨书的数量为十四例，其中也有剥落消失的地方，只能作为片段性记录。如果运用近来最先进的数码相机等，则可以期待解读出不清晰的墨书，找到新的发现。

东南亚：多文明世界的发现

　所谓朱印船是日本 16
世纪末至 17 世纪前半叶时，
持有海外出航许可，即朱
印状的贸易商船，文禄元年
（1592），丰臣秀吉首次颁发
朱印状。这种给商船颁发朱
印状，弹性管理贸易的方法
也被德川幕府继承，在庆长

朱印船　长崎的贸易商人荒木宗太郎得到德川秀
忠授予朱印状的私家船。长崎历史文化博物馆藏

六年（1601）至锁国的三十余年间，三百五六十艘朱印船前往东
南亚各地开展贸易活动。朱印船多使用七十至六百吨位的远洋
船，利用初冬的北风向南航行，利用初夏的南风返航。航行目的
有吕宋（菲律宾）、奔涅鲁（柬埔寨）、大城（泰国）、会安（越南
中都）、爪哇（印度尼西亚）、帕塔尼（马来半岛）等十九处以上。
商人们也在各地建立起日本人街，有约七千居民。

搭乘松浦藩商船的森本右近
太夫——加藤清正的重臣之子

日本人墨书年份明确的是庆长十七年
和宽永九年，而这恰好处于朱印船活
跃的时代，因此墨书作者大概是搭
乘朱印船的人。在庆长十七年的墨书中多处记载了"日本堺"，
作者应该是乘坐堺市商人船只集体旅行的人。在平户松浦藩任
职的森本右近太夫一房大概于宽永八年年末至宽永九年正月间
到达柬埔寨，很可能搭乘松浦藩商船。

森本右近太夫的墨书 在记录了出生于日本和姓名后，他写道："为抵御堂渡数千里之海上。为达夙愿，清万世娑婆浮世之思，在此奉佛四尊……"

朱印船除了搭载必需的船员之外，也载有不少搭乘便船的客商。他们在航行目的地独自贸易，与从朱印船卸下的商品没有直接关系。或许部分人利用到下一次出航的间隙，赴吴哥窟参拜吧。肥后国的安原屋嘉右卫门尉大概就是这些客商中的一员。一号墨书中的"同行九人"或许就表示类似的人们集体旅行来访此处。森本右近太夫的墨书如下：

> 宽永九年正月初来此。生国日本。肥州住民藤原朝臣森本右近太夫一房，为抵御堂（祇园精舍）渡数千里之海上。为达夙愿，清万世娑婆浮世之思，在此奉佛四尊。摄州西北池田之住人森本仪太夫，右实名一吉，善魂道仙士为娑婆。以此为书。尾州之国名谷之都。以此为书。
>
> 宽永九年正月廿日

森本右近太夫为了佛道修行和为父母积善而渡海远航，由此我们不能判断渡海者完全都是商人。出航者之中不仅有商人，还有不少武士。这一时期恰逢日本攻打朝鲜和关原之战等乱世，大名势力也激烈动荡。德川家开创幕府后，阻塞了一些人出人头地的道路，催生了很多浪人和未能实现抱负的武士。有人靠卖武艺成为东南亚当地首长的警卫员，甚至被任命为国王守卫队的指挥官。也有人厌倦乱世，赌上命运寻求新的天地。被大城国王颂昙王重用的山田长政就是代表性的例子。森本右近太夫感叹世事无常，可能是为了祈求安宁前往吴哥窟参拜吧。

此外，时常遭受悲惨镇压的基督教信徒为谋求安身之地，也避难到了东南亚。据说位于柬埔寨洞里萨河岸边的日本人街（奔涅鲁教会）就是日本信徒建造的。有段时间他们是移居日本人中的主流。渡航者以避难居住为目的，留驻时间长，也很有可能找机会去拜访吴哥窟。

发现森本右近太夫一房归国的事实

森本右近太夫参拜吴哥窟一年以后的宽永十年（1633），幕府禁止渡海航行的日本人归国。自宽永五年（1628）起，幕府就已经开始为搜查基督教徒而采取踏绘的措施。右近太夫在参拜吴哥窟之后到底是回国了，还是居住在柬埔寨当地的日本人街，此前并不清楚。

1993年，在右近太夫的第十四代孙森本谦三（冈山县津山市）的努力下，该家族发现了菩提寺和墓地，而且弄清了许多新的史实。墓位于京都的乘愿寺，有仪太夫父子的墓碑和排位。

墓碑上写有"月窗院殿光誉道悦居士"。

牌位上写着"月窗院殿光誉居士森本仪太夫，庆安四年（1651）六月十一日卒；月窗院殿应誉道感一信森本左太夫，延宝二年（1674）三月二十八日卒"。

细川藩家臣森本仪十郎在"嘉永二年（1849）四月二十五日扫墓、建墓"。

从内容来看，这里存在数个问题：一、墓碑和墓志上只刻着法名，并没有记载森本的名字。二、牌位中为什么出现了"左太夫"这　名称? 二、仪太夫和之后的第八代子孙仪十郎相隔了一百七十五年，为什么合葬并修建墓地?

右近太夫一房大概是在锁国前后的恐慌氛围中归国。当时加藤家被改易（1632），肥后（熊本）变成了细川藩。而且幕府加强镇压天主教，宽永十四年至十五年（1637—1638），肥前的岛原和肥后的天草爆发了打着天主教信仰旗号的农民起义。到宽永十二年（1635），幕府禁止日本船只下海，归国者也会遭受到死刑处罚。

任职于细川藩的森本家有必要隐瞒右近太夫渡海远航的经历，因为害怕牵扯到对森本一族渡海经历的调查以及是否是基督教徒。所以，右近太夫改名，在社会上隐藏身份。此外，森本家明显也对细川藩有所避讳。右近太夫和仪太夫一起移居到父亲的诞生地京都山崎附近。仪太夫 1563 年生于京都山崎，享年八十八岁。从这一史实的断章中可以窥见，当时渡海航行者由于锁国这项外交政策而害怕为世人所知，不得不隐瞒他们渡海航行的经历。

《甲子夜话》中显露的绘图秘密

提出疑问——《祇园精舍绘图》由谁完成？

水户市的彰考馆德川博物馆收藏了题名为"祇园精舍绘图"的吴哥窟平面图。该图画在长 68.45 厘米、宽 75 厘米的纸上，是一幅用墨表现建筑物、用青绿表现水、用黄色等表现雕像的华丽绘画。伊东忠太博士很早就认为这幅平面图绘的是吴哥窟。

祇园精舍原本指的是释尊（释迦牟尼，约公元前 566—前 486）修行的僧院。虽不知从何时起，但日本的渡海远航者在朱印船贸易之前就听说雄伟的吴哥窟寺院的传说，从很早他们就沿着湄公河逆流而上，渡过如大海般广阔的洞里萨湖，进入茂密树林深处。因此当时他们在地理上，感觉吴哥窟周边地区就是南天竺吧。

过去的日本人把吴哥窟误信为祇园精舍并非没有道理。把吴哥窟认成祇园精舍的肇始者也不是右近太夫和墨书作者，而应该是更早时代来到东南亚的日本航海者。

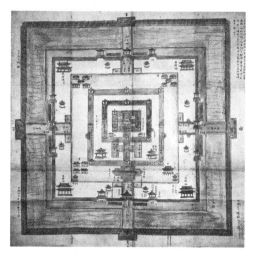

祇园精舍绘图 描绘吴哥窟的平面图。(财)水府明德会彰考馆德川博物馆藏

这幅平面图上盖有"此君堂藏本"的印章。此君堂指的是立原翠轩,即之后彰考馆的总裁、文政六年(1823)三月十四日以八十岁高龄过世。安永元年(1772),藤原忠寄在这幅平面图的背面题写注释,当时翠轩四十三岁。目前无法断言两者之间没有直接会面或书信往来。大概现存的《祇园精舍绘图》及关于由来的背面注释是翠轩请忠寄临摹并写就,进而保管在彰考馆德川博物馆中。它由藤原忠寄的祖父忠义摹写自长崎的某人(翻译?),因此至少经历了两次临摹。伊东博士介绍了关于该绘图的研究,很早就引起了法国研究者的注意,并刊登在诺尔·佩里(Noel Peri)的论文中。

《甲子夜话》是平户松浦藩藩主松浦静山的随笔集,于文政四年(1821)一月十七日甲子夜里起笔,到藩主去世的天保十二年(1841)六月结束,历经二十年。《甲子夜话》正篇第二十一卷有如下的一节内容:

东南亚:多文明世界的发现

（加藤）清正之臣森本仪大夫之子，称宇右卫门。仪大夫失去主家成为浪人之后，听闻宇右卫门讲述在天祥公（松浦镇信）之时屡次出海的笑谈等。此人曾远渡明朝，而且还到过天竺，据说在横渡彼国界的流沙河之际，所见之虾殊大，长达数尺。他由此登檀特山，游览祇园精舍，并亲自绘图记录伽蓝的样子并携带回国（其子孙如今在我家中，明确告知此事，然而今亦为临摹之物）。

上文记录了《祇园精舍绘图》。《甲子夜话》中提到的森本仪大夫之子宇右卫门和右近太夫一房是同一人。夹注里，松浦静山提到"其子孙如今在我家中，明确告知此事，然而今亦为临摹之物"，可以推测即便这不一定是原图，但摹本确实留于松浦家中。

另一方面，彰考馆的《祇园精舍绘图》的背面记录了这幅平面图的由来。概略起来可知，藤原忠寄的祖父忠义于正德五年（1715）在长崎临摹了某人所藏的绘图。这幅图虽然没有明确标示年号，但提到"大通事岛野兼了"奉三代将军德川家光（1623—1651年在位）之命，远渡天竺抵达祇园精舍，并画下平面图。但 17 世纪 30 年代正是锁国政策终于具体实施之时，这样的远航能成行吗？右近太夫一房留下墨书是在 1632 年，比这还晚会如何？在幕府转而实施彻底的严格锁国政策、岛原之乱爆发的时候，是否还有这样远航的可能性呢？岛野兼了是否真的去到了天竺？关于此次渡海航行的事实还有许多疑问。此外，与藤原忠义见面的长崎某人到底是谁？莫非就是任职于松浦家的森本家族子孙中的一员，而名字没有被明确写出来可能是忠义隐藏了姓名？

《甲子夜话》提出了几个有意思的问题。第一，从《甲子夜话》中我们可以明确得知，右近太夫一房在完成参拜的夙愿后回国，继续在松浦家任职；第二，关于岛野兼了这个人是否最终作为翻译去过长崎，研究者查找了诸多史料，但都没有发现他的名字；第三，藤原忠义和藤原忠寄两人是谁？在被认为是岛野兼了所作的《祇园精舍绘图》的背面注释上出现了藤原忠义和忠寄。他们大概是长崎奉行或类似的职务，但其他史料中从未见到这两人的名字。不管怎么说，他们可能担任町年寄或御用役等，是拥有土地之人。

第四，在祇园精舍的平面图的右下方，有"由此通往檀特山（祇园精舍，即吴哥窟）之道"的注记。在《甲子夜话》中也有宇右卫门（右近太夫）"由此登檀特山，游览祇园精舍"的记载，但绘图的背面注释却没有。《甲子夜话》中明确记有"亲自绘图记录伽蓝的样子并携带回国"。加上最近发现的墓地，我们可以判明右近太夫一房归国事实和去世年份（1674）。因而，《甲子夜话》是值得信赖的记录，记载了被证实的史实。而比较分析平面图的右下注记和背面注释，藤原忠义和藤原忠寄两个名字都很奇怪，那么此处提到的岛野兼了很可能并不是实际存在的人，是伪造的假名。

东南亚：多文明世界的发现

考察森本家史料——探问历史之谜

因此，以下疑问浮出水面。如何证明这些问题，成了今后的课题。这些也带来了新史料或者新的考察结果。

一、最新在京都乘愿寺发现了右近太夫的卒年（1674）和其父仪太夫的卒年（1654），墓碑和牌位的发现证实了诸如右近太夫回到日本等之前无法了解到的史实。

二、为什么京都乘愿寺墓碑中没有俗名"森本"二字呢？通常墓碑中一定会记上埋葬者的俗名。乘愿寺牌位中所记的"森本左太夫"和"森本右近太夫"应为同一人。

三、我们能够像"左太夫"和"右近太夫"一样，证明作为参考的《熊本森本家法名帖》中所记"右京之助一为（一俊）"即是"右近太夫"吗？

四、是否可以认为《细川家侍帖》中"曾祖父右近太夫"之名是因为害怕惹上渡海远航的嫌疑而有意抹去呢？

五、细川家家臣森本仪十郎为什么在1849年前往京都，重建"仪太夫"和"左太夫"的墓地并将其合葬呢？

六、考察《甲子夜话》中所述的史料，宇右卫门（右近太夫）赴吴哥窟参拜，归国之后依然在松浦藩为官。从"亲自绘图记录并携带回国"的记载来看，《祇园精舍绘图》的作者是右近太夫吗？

七、背面注释写有藤原忠义和藤原忠寄二人的名字，但无法得知他们的出身，在此记载的翻译岛野兼了的出身也不清楚。这些名字是伪名吗？那又是谁的伪名？

八、祇园精舍绘图正面右下角的记述与《甲子夜话》的记述相同，这又意味着什么？他们与《甲子夜话》中出现的宇右卫门的关联愈发浓厚了。

通过佛教与柬埔寨交流——锁国时代的处世之术

右近太夫赴吴哥窟参拜，因此之后遇到了各种事件。虽然无法明确事件的全貌，但可以大致判明概要：

一、日本实施锁国政策，进行严厉管制，因此右京大夫有必要隐瞒海外远航经历。

二、右近太夫自己有可能遭到了踏绘等社会性制裁。

三、如果被人得知有海外远航经历的话，会给在松浦藩当官的右近太夫、在熊本当官的森本一族以及主家细川家等带来麻烦。

四、因而，右近太夫改名，在去世之时也没用俗名埋葬。子孙也把右近太夫这一实际存在的人物从谱系中抹去，不在其墓碑上刻上森本的姓，并且隐藏了他远航的经历。

五、尽管如此，19世纪20年代的《甲子夜话》提到并记载了他远航至吴哥窟的事实。最近后人也发现了仪太夫和右近太夫的墓地。

六、森本家直系子孙于1849年重新修造墓碑和牌位（依旧使用改后的名字）。此时是右近太夫死后的一百七十五年，也是锁国政策实施后两百余年，以前的政策大概已经失效。

七、如果岛野兼了是伪名，那么祇园精舍绘图的制作者是右近太夫吗? 绘图正面右下角的注和《甲子夜话》中的同一记载是否可以证实呢?

总之，吴哥窟残存的日本人墨书，可以证明 17 世纪的日本与柬埔寨之间具有商业活动和频繁的人员往来。日本人的墨书到底传达了什么? 我们虽然无法了解真实的内容，但他们大概深信当时的柬埔寨就是祇园精舍的国度，通过参拜以求信仰上的安宁。他们对其敬仰有加，在商业活动之外，以佛教为共同基础的交流也在存续，墨书笔迹也是唯一能够证明这一事实的记录。探讨 17 世纪日本和柬埔寨的关系史，是为了再度确认东南亚人与日本人同处一个时代，也是将东南亚史与日本史结合起来的尝试。

第十二章

来自东南亚的信息

从战后的发展时期走向全球化时代

点燃独立之火的万隆会议　东南亚是横亘在中国和印度之间的辽阔中间区域。"东南亚"名称最早出现在19世纪前半叶的书籍名称中。日本在1919年的小学地理教科书中首次使用了"东南亚"（据樱井由躬雄）一词。20世纪40年代后，英国在二战期间也使用"东南亚"这一名称［1943年8月在锡兰，即斯里兰卡设置了东南亚司令部（South East Asia Command）］。由此，东南亚作为一个地理上的划分为人所认知。从这一名称的形成过程思考，"东南亚"的地理划分有特别的意义。此前的东南亚作为整体区域，在很长时间里并没有以如今的"东南亚"这一整体形态被其他世界认识。之前这里都是被冠以宗主国的国名称呼，例如荷属东印度（印度尼西亚），英属缅甸、马来、新加坡、文莱，法属印度支那（包括越南、老挝、柬埔寨和广州湾），西班牙及美属（1898 年起）菲律宾。

这一状况的原因在于，东南亚虽是独立完整的区域，但在地理上横亘在中国和印度之间，被隐藏在这两片广阔地域的阴影之下了。一部分地区被称为"外印度"，包含在印度世界之中，与中国接壤的地区则归入"华南"地区的概念之中。

到 20 世纪 50 年代，东南亚的许多国家独立，人们对这一区域的自然、社会、文化方面的调查和研究取得进步，作为既非印度也非中国的统一而独特的东南亚，首次在政治、经济和文化方面得到世界的认识。

为什么这一统一区域长年不被接壤的中国和印度认识呢？从世界史的脉络思考，中国传统上将东南亚理解为"南蛮"。日本在 16 世纪末开始的朱印船贸易时代称其为"南洋"。到江户时代，东南亚在地理上似乎被认为是"南天竺"。第二次世界大战期间，日本称其为"南方""南海"。从地理形成意义的模糊性考虑，这是因为东南亚自身对外部世界只展示部分性，全体区域很少整合起来向外界发出信息吧。东南亚很少给其他地区带来巨大影响，也很少向外部世界发出东南亚在此的独自文化信号、在东南亚发生的世界史性大事件、大量输出东南亚特产等。

笔者早在 20 世纪 60 年代就前往东南亚，约五十年间置身其中，在第一线关注各国政治独立性和区域经济自立性。我也是

东南亚：多文明世界的发现

一名东南亚研究的学者，最关心的是新生独立国家柬埔寨，研究它从独立到现在的诸问题。二战胜利后，除了泰国，东南亚地区逐渐觉醒并开展政治活动。越南为寻求完全独立战斗到1975年。美国与越南的战争受到世界的关注。这些政治行动唤起了世界舆论，即便在60年代东西冷战时期，南北越南、老挝、柬埔寨的彻底独立问题，印度尼西亚的"930事件"（1965），缅甸奈温政权的军事政变（1962）等都在向世界宣布东南亚在政治上的独立性，向全世界展现其意气风发的样子。

从战乱时代走向全球化

1955年4月，作为东南亚政治行动前哨战的万隆会议召开，这也是亚非人民寻求从当时世界的压制中解放出来的希望会议。这次史上首次亚非新兴独立国家的首脑会议，有包括日本在内的二十九个国家元首、首相参加。日本方面出席的是高碕达之助。会议中围绕决议内容产生了分歧，但在尼赫鲁、苏加诺、周恩来等人的努力下，最终达成了包括和平共处十项原则在内的决议。这一原则贯串反对帝国主义、反对殖民主义的理念及促进民族独立的方针。和平共处十项原则也被称为"万隆十项原则"，被纳入首次亚非会议的《最后公报》。

进入20世纪60年代，在冷战格局下，东南亚地区以越南战争和之后的柬埔寨内乱为代表的战乱持续。战火波及平民，出现了逃避战火的贫困村民们的悲惨身影。

万隆会议 1955年4月，在印度尼西亚的万隆

概括性地列举东南亚的政治发展事件则如下：20世纪70年代至90年代，越南战争促使南北越最终统一、老挝内战结束、围绕柬埔寨内乱中越间出现小规模战争、经过之后的和平工作柬埔寨王国再度建立。

于是，结合20世纪70年代"从战场走向市场"的呼声，东南亚各国乘着全球化的浪潮向经济高速发展迈进。例如，沿海的红树林区域成为海虾养殖地，日本为了寻求廉价劳动力而在东南亚各地建立工场，日本的青年人也为体验经济型旅行蜂拥而至。

日本为了谋求丰富的天然资源而打入东南亚市场，急速增加投资。他们以工业园区的方式在各地建立工场，并将工业制品运往日本，在泡沫经济中也大量在当地购置原材料。许多之前未动用的林地，转眼间变成了荒山秃岭并被弃置一旁。当地的经济发展伴随着严重的自然环境破坏。

虽然东南亚各地接受着全球化的浪潮，但自古以来的农村社会依旧存续。进入都市近郊的外资工场不断招揽邻近地区的村

东南亚：多文明世界的发现

民成为劳动者。东南亚作为低价实惠的度假胜地，大量吸引来自世界的观光客到此旅游。

前景难控的东南亚诸国 如何从现代史上理解东南亚世界呢？在此，我想概观并再次考察东南亚从政治独立到亚洲金融危机的发展历程。在描绘东南亚兴亡史时，我们往往按照世界史发展的脉络，横向把握古代、中世、近世、近现代各个时代的历史，但是从东南亚史的发展脉络上看，我们可以认识到许多自身历史的固有性、特有的地域理论和多文化深化发展史等。它要求我们在现代史的发展中提出要直面的课题，弄清迄今为止的民族关系史和国际政治形势，并力求针对此课题明确提出解释或指出某种方向性。换成普通说法，即从历史中学习经验和教训。东南亚在 20 世纪 50 年代至 1975 年，克服了国内外的障碍，最终完成独立，但除了泰国，其他各国基本上原封不动地延续了殖民地时代的状况。当时各国的目标在于摆脱殖民地化，建设国民国家，而实质上的基本路线是摆脱殖民地化经济，并走向国民经济。

各国经历国内外激烈的斗争之后最终独立。然而，越南和老挝到 1975 年，柬埔寨再次启程则到了 1993 年。独立之后的各国国内涌现出各类新的问题，为寻求政治和社会的安定，他们不断摸索尝试。缅甸的军事政权原封不动地留存下来。东南亚各国在建国过程中品尝到的苦恼，是如何避开东西两大阵营的抗争和对立，并构建起地区内政治、经济的自立性。各国虽然在民族、社会、文化上存在差异，政治独立过程也各有不同，但是在经历共通的痛苦和苦恼的过程中，于1967年8月组建了"东南亚国家联盟"（ASEAN，东盟）。东南亚整体历史上首次团结聚集到一把伞之下。

其后，原加盟国为印度尼西亚、马来西亚、菲律宾、新加坡和泰国五国的东盟扩展至东南亚全境，到1984年1月，文莱也加入其中。希望寻求更幸福未来的东南亚各地区人们，以东盟为中心，努力促进相互理解并达成信赖，确立睦邻友好关系具体化，并全力解决民主化和人权问题等。作为东南亚地区唯一的多国家间合作体，东盟的存在感急速增强。尤其是始于1994年的东盟地区论坛（ARF），成为冷战之后太平洋地区多国间安全保障协议的平台。1999年4月，东南亚十个国家再次集结。之后又组建了东盟10+3（中日韩），并取得了东亚峰会的主动权。

现在的东南亚，除了东盟十国之外，又增加了2002年实现独立的东帝汶。除了自近代就维持独立的泰国之外，其他国家都是从旧宗主国的统治下获得独立。从这个意义上看，独立意味着用自己的双手建设一个没有束缚的新国家，而基本条件之一就是实现人的尊严。

然而，仅仅独立未必就能够解决所有问题。我想通过以下四点指出各个民族和国家在应有状态上存在的问题。

第一，实现独立的国家在国际社会上该如何掌控立国之舵？

在理想层面，国家拥有强有力的中央集权，同时也允许地方大幅度自治，然而，实际上各国少数民族问题尖锐，甚至导致了试图分裂的独立战争。尤其是菲律宾的摩洛民族解放阵线，至今仍然没有停止战斗。

第二，各国必须消除不公和贫困，进行和平的国家建设。此外，为了提高人们的生活水平，满足人们的欲求，国家有必要在生产领域协调发展国内经济。问题就在于如何开展。在世界经济发展的脉络下，东南亚各国面对经济自主和开展相互合作等许多经济难题，其发展历经千辛万苦，总是难以一帆风顺。

众所周知，小国国内市场狭小，为了发展经济就需要跨越国境进行国际间合作和调整。这最终促使各国组建了东盟，创造出相互依存和协商体制，不断克服各国间的利益冲突。从结论上看，是否以持续稳定的生活为发展目标、让居民们在生活中感受到多少幸福感关系到联盟的成败。

第三，包括教育在内的新的民族文化创造问题。这关系到民族认同。到现在为止，成为传统文化宝库的文化遗产、舞蹈、民间故事、民谣等，传承了多样的精神价值体系，必须要加以保护。同时，21世纪的新民族文化，在发扬东南亚独特性的同时，还必须拥有能够处理外国异文化和新价值体系的民族宽容性和深刻性。教育关系到在义务教育的高等教育课程中能否培养出可以做出世界贡献的后备人才。

第四，确立真正意义上的自由也是重要的问题。自由不仅是

苏哈托总统宣布辞职 1998 年 5 月，雅加达

政治性的，同时也必须是社会性的。不要忘记，政治的目的在于保证"人"具有基本的人权。这一点大家都明白，但人不只是靠米饭和面包生活。独立之后，经过数十年发展，接受教育的人口增加，为追求生活水平的提高，各国人民提出了许多要求。人们还关注政治并谋求经济改革。这些人们举起民主化和人权问题，组成反对开发独裁的抵抗力量。最终，他们批判违反社会正义的大规模开发，作为开发独裁之一的印度尼西亚的苏哈托政权也于 1998 年倒台。

东盟将走向何方

1997 年 7 月，亚洲金融危机从泰国开始爆发。其原因众多，但最主要的原因还是亚洲经济脆弱、金融体系不发达。之后，东南亚各国基于这次苦痛的经验，按照市场机制，果断采取货币贬值等措施。虽然进展缓慢，但经济逐渐得以恢复。

特别是 20 世纪 80 年代，东南亚各国在全球化浪潮下发生

东南亚：多文明世界的发现

了激烈的社会变化，环境破
坏也日益扩大。同时，社会
阶层和地区间的差距也在扩
大。2007 年，东盟在成立
四十周年之际，通过了《东
盟宪章》，提出了地域共同体
的未来发展方向。

然而，各国虽提出民主
化与人权，但国内问题却成
为牵绊发展的因素，实际上
国内的诸种矛盾爆发出来。

荣获诺贝尔和平奖的尤努斯教授　2006 年 12 月，
挪威奥斯陆

政治体制方面，越南是共产党一党专政，新加坡等国是议院内阁
制，泰国是君主立宪制，印尼是总统制，缅甸是军政府统治。再
加上，诸如泰国、菲律宾、印尼等国的政治局势混乱，缅甸的
军事政权和飓风灾害问题，马来西亚的政权主导者交替等问题，
让我们还是无法看到面向未来的明朗化展望。

进入 21 世纪，受到中国和印度经济、政治的影响，东盟作
为新的地区共同体应该如何发展再度成为热议。围绕东盟的美
国、日本、中国、印度和韩国等国家希望强化与东盟间的合作，
其未来则与东盟立足于适应自身的经济成长和政治安定，如何取
得符合东盟的主导权相关。

尽管东盟中数种政治体制并存而且经济上的贫富差距依然

很大，但多样的民族、宗教、文化得到相互承认。作为历史上首次的共同体，东盟将东南亚聚集起来，并步调一致向前迈进。今后东盟如何积累作为共同体的实际成就值得关注。

阻止贫富差距扩大的尝试——乡村银行

相对来看，东南亚各地越发向着全球化发展，而这也破坏了当地延绵存续着的传统社会，强行将其逐渐纳入世界经济体系之中。这并非从容不迫之事。这种全球化和日本一样，赢家与输家的差距不断扩大。为了使差距不再扩大，国家需要建立安全保障体系。在此，我想介绍曾荣获2006年诺贝尔和平奖的孟加拉国的穆罕穆德·尤努斯教授的贡献。他是一位投身于根除贫富差距和贫困的经济学者。

尤努斯教授了解到孟加拉国每年因飓风遭受巨大损失、飓风之后出现饥荒、与贫困斗争的农村女性的故事后，认识到自己的经济学研究对于解决实际问题竟如此无力。于是，从1976年起，他开始以农村女性为对象，发放无担保小额贷款。获得贷款的女性从事一些新的小买卖，例如饲养小猪并扩大养殖等，到期之前返还贷款。尤努斯在1983年成立了乡村银行，此后在小额贷款之下，约五百万女性和她们的家族脱离了贫困。现在有六十多个国家都建立了这种小额贷款银行。

当前的混沌世界经济呈现出弱肉强食样态，东南亚由于前途不明而没有朝气。之所以这样说是因为东盟十国虽然团结合作，但却没有向心力，各国政府都全力满足人民理所应当的要求，但却无法站稳脚跟。在这一系列的情况之中，农村银行这类活动引人注目。

东南亚之于日本

国际贡献来自超越肤色与语言的信赖关系

在此，我想再度思考东南亚对日本人来说是怎样的地区。请各位回忆太平洋战争时代。1940 年 7 月，作为美化侵略中国和东南亚各国的宣传口号，日本提出了建设"大东亚共荣圈"。简而言之，其名目暂且不说，但目的并不是为了歌颂亚洲的团结性，而是为了同美国、英国、荷兰作战之际确保资源供给。实际上，旧日本军在东南亚当地为了自我生存，掠夺物资和人力资源，给许多人带去了痛苦甚至死亡。

作为其中的典型事例，随军慰安妇等问题至今依然在世界舆论中被批判，并被追究战争责任。二战结束，除了业已独立的泰国之外，东南亚国家最终相继完成了独立。

战后日本与缅甸就战争赔偿问题进行谈判，于 1954 年解决。其后，日本又相继同菲律宾、印尼、南越缔结赔偿协定，取得形式上的解决。日本的赔偿是对曾经给东南亚民众带来的痛苦道歉，同时也是对战时损害的补偿。然而，通过赔偿协定，日本再次开展了事实上的经济活动，实际上积极获得丰富的天然资源并开拓具有魅力的市场。尤其在60年代至70年代，赔偿结束之后，日本正式开始了以通商为名的经济活动。

日本继续开拓本国产品在东南亚的销路，并在当地建立工场。因为是以经济合作的名义，所以原本补偿战争损失的道歉感消失了。而且，随着时间流逝，日本人逐渐忘却了对东南亚人民的战争责任和罪责意识。

20世纪70年代，顺应投资自由化，日本在东南亚各地建造工场，并把产品出口到日本和世界各地。此时正逢日本经济高度成长时期（1955—1973），生产和雇用人员持续增大，到1968年，日本成为国民生产总值位居世界第二位的国家，日本人所到之处几乎无人可敌。

当时的日本人作为"经济动物"，在东南亚不是大肆挥霍钞票、为所欲为吗？我们不是完全忘却了过去给东南亚地区带来巨大损失的事实了吗？我想介绍以下能够作为参考的采访记录。

石泽先生断言说"思想上的开国，看起来根本做不到"。到泰国去的日本学生见到旱厕，平静地说出"哇，泰国还真是十分落后的国家啊"。在缅甸的技术工作者们也毫不掩饰地质问政府要员"这个国家什么时候才能够达到日本的经济水平"，从而惹怒对方。

　　　　　　　　　东南亚：多文明世界的发现

"日本人只会以经济为尺度判断外国、外国人。除了金钱和物质之外不懂得其他事物的价值。他们虽然关注实现经济发展的欧美，但在亚洲国家则以金钱衡量任何事情。因此，他们就没想要了解别国的历史与文化吧？"

"追赶""超越"，自明治维新以来，日本就力图成为与欧美并列的强国。最终，日本实现了经济上的成功。日本是出色的国家——这种自我满足不知从何时开始促生了唯"日本"史观，不知不觉之中加深了对日本人以外的、尤其是亚洲人的歧视和排斥感。

我能够想到的事例有很多。一方面日本将东南亚来的外出务工者拒之门外，另一方面农村人找不到媳妇，就到菲律宾进行"搜寻新娘旅行"。他们欢呼被绑架的三井物产马尼拉分店店长若王子被救出时，并没有想当地的居民是以什么样的眼光看待这件事。

四十年前，我们在宪法前言中高声宣称，"我们致力于维护和平，在希望从世界上永远消除专制与奴役、压迫与偏见的国际社会中，占有一席名誉地位"。这项精神的内容与当今世界，尤其是亚洲人们对日本所抱有的印象之间的落差，绝对不算小吧。

（1987 年 5 月 5 日《朝日新闻》，记者山下靖典）

原日本士兵 S 氏的眼泪

前文已述，笔者自 1961 年起前往柬埔寨。此后，我调查了分散在东南亚各地的大大小小的遗迹。这是一场背着旅行背包，住廉价旅店，换乘巴士的调查。下车后还要雇用牛车，探寻到丛林里的遗迹。

那次是去泰国东北部的四色菊市近郊，在调查完吴哥时代的小型遗迹之后，我路过一个小村落的集市。村民告诉我附近"有日本人"，向他打听了住所后，傍晚时到了日本人的住处。S 氏已经年逾五十，原本是日本士兵。军队计划在战后立刻从缅甸战线经由泰国回国。士兵们白天躲避在树荫下，夜晚开始行程。S 氏当时身患重度疟疾，途中晕倒，被当地华裔泰国人一家相救。因为在战后十六年间没有说过一句日语，S 氏已经完全忘记日语怎么说，但还能够听懂。他家在日本秋田，家乡还有亲戚。和他聊到深夜，我才回到街区的廉价旅店。

第二天要离开当地，所以再次登门道别。他家以采树脂为生。一大早 S 氏便已起床，站在干栏式房屋楼梯的下面。我们再次相会。S 氏仿佛回忆起日语，只言片语地用日语做了自我介绍。当我问道回日本之后要不要告诉他的亲戚他一切安好，他说希望绝对不要这么做。他几度称如今在这里的生活很幸福，希望不再相见，泪水挂满两颊。我没有想到在泰国山村能够遇到日本人。这里依然有战争时期留下的伤痕，历经十六年仍隐隐作痛。也因此，我明白真正意义上的日本的谢罪并没有结束。我依然无法忘记原日本士兵 S 氏的眼泪。

　　　　　　　东南亚：多文明世界的发现

**国际合作始于相互信赖——
学习"智慧的遗产"**

我与柬埔寨扯上关系，已经约有五十年，但这里仍有我要学习的"智慧的遗产"和"生活文化"。这里充满了在日本无法知道的柬埔寨的生活智慧和对自然的感悟等。在柬埔寨，我也一定亲身讲述着日本的"智慧"（例如日本的历史和日常生活的样貌等）。要说何为柬埔寨的"智慧"，实际上很简单，例如，在不同于日本的雨季旱季交替的自然环境条件下，尽管贫穷，但在当地生活着的人们却拥有柔和优美的生活文化和感性认识，以及为人着想的人际关系等。这样的事例不胜枚举。他们在物质上绝不丰富，但内心富有。

交谈两国间彼此共通或相异的日常生活中的"智慧"也非常有意义。归根到底，对于我们来说重要的是，超越亚洲的人种、肤色和语言的壁垒，在各个层级建构起没有国境的信赖关系。

这种基本的信赖关系从作为"人"的相互认同、相互尊敬开始。没有电、没有自来水、没有冰箱，并不代表文化滞后、"智慧"水平低下。从这一意义上看，我投身吴哥窟研究，同时也尊重东南亚各地的文化与社会，反复进行平等的对话。

另外，我持续十七年参加培养柬埔寨人才（保护官等）的现场实习。在此过程中的 2001 年，考古组从地下发掘了约八百年前的二百七十四尊佛像，被称为世纪大发现。2007 年 11 月，我们为了在当地展览这些佛像，在日本永旺集团的支持下建造了"西哈努克·永旺博物馆"。永旺集团和我们在当日把博物馆捐赠给了柬埔寨王国政府。通过研究吴哥窟，我们尊敬并学习"柬埔寨"。吴哥文明的这些伟大的佛像令人折服，也展示了在大约一千年前的时代里人们的生活状态等。这种国际协助和贡献的重要之处在于，它建立起极其单纯的基于相互信赖的人际合作关系。最重要的是要站在与对方平等的立场上展开对话。

笔者也想在此指出，日本人当中也有人因为经济优势而过于自负，并没有对别国文化和生活的敬意。归根到底，日本人通过勤劳创造出了经济上的优势，但过于强调经济优势的价值与着重点，所有的价值判断标准都在于金钱的有无。我们应该重视自泡沫经济破裂开始的、那些被我们忘却的重要事情。

迫使日本修正亚洲观的中国与印度

自明治时代以来，日本作为亚洲强国令世界瞩目。它与欧美争夺霸权，追赶超越，加入第二次世界大战，最终战败。

这背后有着"脱亚入欧"的夙愿。战后，日本从美国引入资本主义和民主主义，实现了快速复兴和奇迹般的经济发展，一跃成为世界第二的经济大国。

亚洲最早举办奥林匹克运动会的城市是东京（1964），继而有首尔（1988）和北京（2008）。日本在首尔奥运会中获得的奖牌数与韩国拉开了巨大的差距。在 1988 年之前，日本是亚洲唯一举办过奥运会的国家，日本人也炫耀自己是亚洲的大国。

然而，20 世纪 90 年代初期，泡沫经济崩溃，日本经济长时间持续低迷不振。正如"失去的十年"这一代表性的表述，日本陷入丧失信心的处境。而其原因是没有解决长期的通货紧缩、巨额的不良债券等与金融和企业实体相关联的种种问题。

用数字追寻日本发展的足迹，则1994年，日本的国内生产总值（GDP）在世界上占据17.9%，在经济合作与发展组织（OECD）加盟国中处于第二位，人均GDP也处于世界第二位。然而，到2006年，日本的比例下降到8.1%，大约只有1994年的一半，2006年的人均GDP也下降至世界第18位。

20世纪90年代的同一时期，亚洲新兴工业经济地区（ANIES/新加坡、中国香港、中国台湾、韩国）经济迅速发展，此后中国、印度崛起，使我们必须改变之前日本在亚洲世界中处于优势地位的观点。

尤其是1997年的亚洲金融危机，彻底颠覆了日本经济的优势。而且，在全球化进一步发展的时代，如何同东南亚各国展开合作成为当今日本的一大课题。日本站在一个大的分叉路口。换句话说，日本人必须再度思考日本至今在亚洲所起到的作用，而在思考在亚洲的定位时，人们对沿用以往方式是否可行的不安感增加。包括中国、印度在内的亚洲各国，迫使日本修正其亚洲观，回归亚洲的意识再度成为日本探讨的焦点。

日本的经济援助确实对亚洲经济发展做出了巨大的贡献，同时也获得了自我满足。但在今天的日本社会中也开始浮现出对这种同亚洲各国交流的方式的不安感。

在现实的亚洲世界里，日本陷入某种被剩下的状态，曾经以经济为背景的实力也消失了。进入 21 世纪，中国、韩国的力量逐渐在东南亚崛起，日本重新审视调整自己的作用和相互关系。

在再度考察东南亚历史的时代，仍然原封不动地看待至今为止的东南亚兴亡史就可以了吗？如今，日本的经济发展有限，高度成长之梦已难再实现。在全球化世界的新浪潮当中，我们需要再次思考、探讨自身在亚洲世界中的作用。事实上，日本在增强同亚洲各国的一体感的同时，亚洲各国也要求日本做出大转变。（《亚洲之中的日本人》，邱淑婷，《UP》，2008 年 7 月号）

东南亚兴亡史的结构性问题点——日本研究者的问题点
上述言论从东南亚研究者的立场出发，论及了诸多课题，多少有些不谈自己的研究活动，而是偏向评论家的样子。日本的东南亚研究者选取大至政治、经济问题，小至各地区祭祀礼仪作为研究对象，不断推进基于现场调查的深入且广泛的研究。这样的调查是对珍贵历史的解明，是文化研究的手工作业，对这种踏实的努力应给予高度评价。此外，它也关系到培育启发当地的年轻研究者。

包括笔者在内，东南亚的研究大都有"只见树木不见森林"的倾向。研究者虽然通晓自己研究对象的领域，但却不了解其他地区的情况。这里面也存在结构性的问题。尽管各国在地域上拥有共通的基础，但却走上各自的历史道路。

我的研究课题在东南亚世界这个大框架中、在亚洲甚至在地球范围之中处于何种位置，研究有何种意义呢？我自己如"灯下黑"般，需要有自我的反省。随着研究进步，研究领域逐渐扩大，进行比较探讨后可以确定研究课题的位置。然而，这些研究课题中还有很多没有跟探明东南亚兴亡史的全貌联系起来。

这样的东南亚史研究脉络中，不是存在结构性的巨大壁垒吗？正如之前所述，东南亚地区在民族、语言、生活文化、本土习俗与信仰等几乎所有领域互相不同，多彩、深邃、广泛，每一个都有固有性和独特性。各个地区和村落也不相同，因为前述的多样性社会超越了时间并存续下来。因此，作为一种思考方法，这要求研究者借助以往东南亚史学中没有触及的相邻诸学科的方法论和手法攻破研究中的难题，例如借助文化人类学、形成地区史基础的生态学、包含日常生活在内的自然环境学、扎实研究物质文化的考古学、农业中的地区技术发展史等。

从历史来看，东南亚土地广阔但人口较少，可以说是地广人稀。再进一步说，这里有追求更好的生活时也无须掠夺他国的广阔区域，人们拥有与之相应的可享受的物质性充足感。事实上，一个人的研究几乎不可能囊括东南亚全境和全部课题。介绍东南亚史需要详细地介绍迄今为止东南亚各国、各民族、各地区的史实，而把握、研究整个东南亚史是过于庞大的课题，几乎不可能做到。研究者至少要熟知主要民族的语言。正因为如此，至今为止描述东南亚史时都成了各个国家的历史。而最终，如果不详述拥有不同历史的各国史，就无法明确东南亚世界的全貌。

一言以蔽之，东南亚世界建立在复杂多样的坚实的框架之上，把它看作一个地区来并然有序又通俗易懂地整合是件十分困难的工作。东南亚史研究原来是所谓的殖民地学的一部分，在日本学界则属于东洋史领域。直言不讳地说，它属于后发的研究领域。1967年，研究者等创立了组织化的"东南亚史学会"（2006年改称"东南亚学会"），与东盟成立同年。

当时的东南亚研究都是与殖民地统治密切相关的政策内容。到了20世纪70年代，年轻的地区研究者从新的视角出发，批判性地理解已有的东南亚史观，不断摸索方法论。他们还利用迄今为止不为人所知的一些当地史料等，系统整合一些无界限化的新地区研究，进行理论建构。

东南亚充满生的喜悦——向东南亚学习

如前文所述，描述东南亚史成为了各国史、各民族史，而在史料批判等相互关联的方面，史实的确认十分艰难。就连出身东南亚的研究者，也有不少研究邻国或东盟诸国中一国的历史与文化。

接下来介绍丰田财团的活动事例，看看认识东南亚的历史有多么困难。1995年开始的"东南亚研究地区交流项目"（SEASREP）是从东南亚的居民不太了解邻国历史和文化、缺乏

东南亚：多文明世界的发现

问题意识出发的项目。这种现象最大的原因是过去殖民地时代，东南亚人被强制研究宗主国的历史和文化吧。丰田的一项目让东南亚的研究者赴邻国考察，直接学习该国的语言，进而研究历史和文化。

例如，该项目派遣六名泰国本科学生到菲律宾大学交流，让他们直接接受菲律宾学者在历史、文化等方面的讲解，访问菲律宾各地，希望创造出学生交流的平台。东南亚世界依然存续着固有的历史、文化等壁垒，在地区一体化的共通想法、现实的交流以及试图了解邻居的努力等方面都存在欠缺。他们并没有努力去更好地了解邻邦。拥有共通的生活基础却走出不同历史道路是导致这一问题的一大原因。

因此，东盟十国的研究者们对邻国的历史、对邻国的理解也没有进步，只不过是不自主地知道一些而已。事实上，这种状态延续到现在。

以我的遗迹研究为例，1985 年开始的"亚洲文化遗产再发现项目"（21 世纪文化财团资助）以日本、泰国、印尼、缅甸四国遗迹现场的研究者为中心，让他们互相访问遗迹并举行探讨研讨会。来自泰国的素可泰研究学者和印尼的婆罗浮屠遗迹保存修复者的八位成员一同前往缅甸的蒲甘遗迹，而这是双方的首次交流。他们相互探讨了在遗迹保存和修复过程中共同遇到的雨水、菌类、植物等问题，十分有意义。大会成果用英文刊行（*Cultural Heritage in Asia*, Vol.1—7,1987—1992, Sophia University），并创造了东南亚文化部长机构（SPAFA）就遗迹问题进行交流的契机。像这样的东南亚各国同人也尚不了解的历史和文化堆积如山。

由于篇幅所限，许多方面无法涉及，但从东南亚史中我们能够学到的东西很多。第一，尽管存在问题，但当地人们将"东南亚"这一同名异质的多文明世界统合于"东盟"之中。我们需要将这一事实放到21世纪的脉络中解读，学习其意义；第二，如后文所述，我们置身于当今激烈动荡的社会当中，从东南亚有益于人的生活以及文化的内在中可以学到某些东西；第三，面对带有异质思想或文化的人们，我们要学习东南亚分栖共存生态的诀窍；第四，我们需要以谦虚的姿态向被认为是贫困、落后的文化和生活环境学习（桃木至朗，2009年）；第五，从与自我相异的地区文化的形成发展以及立足于雨季和旱季的地区文化中获得启发，寻求新思想的诱发和唤起；第六，学习他们在与严酷的热带自然下共存发展的日常生活中安置各种信仰，作为精神食粮的生活体系；第七，东南亚按照自身的发展方式对外来异质文化灵活改造。这种融会贯通的能力和方法论值得借鉴。此外，我们还要学习建设吴哥窟等巨大伽蓝的能量的积攒和喷发。这些启示不胜枚举。我认为有必要将东南亚史和日本史联系在一起，进而以敏锐的洞察力看清其在世界史中的位置。我期待东南亚史的复权。

东南亚是一处世外桃源。我经常访问柬埔寨，能够感受到

东南亚：多文明世界的发现

那里充满了生的喜悦，人们意气昂扬。他们在物质上贫困，但为何还会有如此的精神风貌呢？因为人们的心里充实。换而言之，人类本来的思考方式作用健全，使他们直面浩大的自然并和谐相处，在各自的生活中得到满足。这是理所当然的事情。上座部佛教成了心灵的栖息地，他们是获得了精神上安宁的人们。

我每年都带日本学生前往柬埔寨的遗迹现场考察，希望他们务必要体验当地人的和蔼与体贴，也希望他们意识到只有物质上的富有并非幸福。这些学生之间的个人交流，会成为未来日本和东南亚交流的纽带，也会成为架起日本和亚洲各国交流的桥梁吧。

术语译注

哇扬皮影偶戏（Wayang Kulit）

一种独特的戏剧形式，常见于印尼的爪哇岛和巴厘岛，是印尼哇扬剧场中最著名的一种。戏剧内容主要取材于《罗摩衍那》和《摩诃婆罗多》两大印度史诗。哇扬皮影偶戏于 2003 年被联合国教科文组织列为人类非物质文化遗产。

凯卡克猴舞（Kecak Dance）

印度尼西亚巴厘岛特有的舞蹈，故事取自《罗摩衍那》中罗摩与公主的爱情故事。舞蹈无音乐伴奏，而是由男子组成"合唱团"，吟唱模仿猴群发出"恰克—阿—恰克—阿—恰克"的声音。

满者伯夷（Majapahit）

13 世纪时东爪哇的一个印度教王国，位于今日泗水的西南，《元史》称为麻喏巴歇，《明史》称为满者伯夷。1293—1500 年，满者伯夷王国曾统治马来半岛南部、婆罗洲、苏门答腊和巴厘岛。1350—1389 年，哈亚·乌鲁克（Hayam

Wuruk）国王在位时期势力达于巅峰，领土范围甚至远至泰国南部、菲律宾、东帝汶。

开花爷爷

日本民间故事中的人物，讲述了一位善良的老爷爷在小狗的指引下挖出财宝，并使枯木开花的故事。

澳盖（Oc Eo）

扶南国的港口，遗址位于现在的越南安江省瑞山县。

贵霜

1—3世纪时期的古代中亚国家，鼎盛时期疆域自塔吉克至里海、阿富汗及恒河流域。《汉书》记载，匈奴击败大月氏后，大月氏南下征服大夏，将其分为五部分，由五位翕侯统治。约1世纪，贵霜翕侯丘就却统一五部落，建立贵霜国。

下缅甸

也称外缅甸，指缅甸南部靠近孟加拉湾的区域，包括伊洛瓦底江三角洲（伊洛瓦底省、勃固省和仰光省）及沿海地区（包括若开邦、孟邦和德林达依），以仰光为中心。

骠人

缅甸地区的古民族，早在缅族之前就居住于此。唐史中已有《骠国传》，记载其人自号"突罗朱"。骠人很早就有了文字，并建立国家，骠国前期（1—5世纪）以毗湿奴城为中心，后期（6—9世纪）以室利差呾罗为中心。9世纪时南诏打败骠国，劫掠众多骠人，从此骠国衰退，渐渐淡出历史。

上缅甸

亦称真缅甸，指缅甸中北部，包括曼德勒省及其周边地区（今曼德勒省、实皆省和马圭省）、克钦邦和掸邦。

佛统府（Nakhon Pathom）

泰国最古老的城市，古时非常繁荣，是佛教最早传入泰国的地方。其名字源自于巴利文的"Nagara Pathama"，意为"第一个城市"。

那烂陀寺

古代中印度佛教最高学府和学术中心。寺庙规模宏大，藏书丰富，学者辈出，最盛时有上万僧人学者聚集于此。玄奘、义净远赴印度时即在此学习佛法。

巨港

地名，中国史书亦称"巴林冯"或"旧港"。

朱罗

又名注辇，1—13 世纪时的印度半岛古国，疆域在今泰米尔纳德邦。朱罗国最早起源于高韦里河流域，以欧赖宇尔（Urayur）为国都。其统治者们曾经征服印度半岛南部，吞并斯里兰卡，并占领了马尔代夫，甚至还成功地入侵马来群岛。13世纪朱罗国力衰退，随着潘地亚的崛起而最终灭亡。

上座部佛教

又称南传佛教，以八正道为根本。南传上座部佛教坚持释尊住世时的原始教法，只尊崇佛、法、僧三宝，传诵与尊奉巴利语律、经、论三藏，依照八圣道、戒定慧、四念处等方法禅修，大多数人致力于断除烦恼、解脱生死、证悟涅槃。现流行于东南亚的缅甸、泰国、斯里兰卡、柬埔寨、老挝、越南南部、中国云南边境等地区。

大寺派

又称摩诃毗诃罗住部，早期斯里兰卡上座部佛教的正统派。相传公元前 3 世纪由阿育王之子摩哂陀长老创建。公元前 1 世纪左右，上座部佛教僧团发生分裂，主张摩哂陀长老正统的僧团称大寺派，另一派占据无畏山寺，则称无畏山寺派。大寺派坚持上座部教义与仪轨，传入缅甸、泰国、高棉、寮国等地区，被奉为正统的上座部佛教。1165 年，锡兰王波洛卡摩婆诃一世定大寺派为国教。16 世纪渐趋衰微。

《马可·波罗游记》

威尼斯商人、冒险家马可·波罗（1254—1324）关于东游沿途见闻的一部著作，介绍了中亚、西亚、东南亚等地区许多国家的情况，尤其是重点记述了在中国的见闻，激起了西方人对东方的向往。

信诃沙里

1222—1292 年存在于东爪哇的一个王国，忽必烈遣使要求其归降，但被拒绝，于 1292 年被元朝海军所灭。信诃沙里国王克塔纳伽拉的女婿罗登·韦查耶创立起满者伯夷王国，打退了元军，统一爪哇。

素可泰

1238—1438 年，泰国历史上的首个王朝，中国史籍称为暹罗国。首都素可泰位于曼谷以北四百多千米处。一般认为，1238 年两名泰人将领坤邦钢陶及坤帕满成功独立，建立素可泰王朝，坤邦钢陶被拥立为印拉第王（King Sri Intratit），成为首任泰王。至兰甘亨国王时势力最盛，此后衰退，于 1349 年被罗斛国所灭。

勃固

孟族独立国的古都，《明史》中称为"古刺"，14—16 世纪曾是缅甸全国的佛教中心。

字喃

越南的民族文字，13 世纪仿照汉字创造。在越南语改用拉丁字母后被废除。

澜沧王国

1353 年由法昂建立，是老挝历史上第一个统一王朝，国都川铜，后改名为琅勃拉邦。"澜沧"（LaneXang）为音译，老挝语意为"百万大象"。澜沧王国为明朝属国，在嘉靖时期称"南掌"。18 世纪左右，澜沧王国分裂为琅勃拉邦王国、占巴塞王国、万象王国三个小王国。

大城（Ayutthaya）

又称阿育陀耶或阿瑜陀耶，1351—1767 年的一个泰人王国，首都为大城（阿育陀耶，今天的大城府）。大城王国取代了素可泰王国，打败了吴哥，征服大片土地，于 1767 年亡于缅甸的大规模入侵。

掸人（Shan）

缅甸的民族之一，另有少数分布在泰国，讲掸语，多信奉上座部佛教。主要从事农业，手工纺织业较发达。

来兴府（Tak）

亦称哒府，是泰国北方的一个府（相当于省）。西边紧邻缅甸，是北部的主要交通运输中心。

美索

泰国来兴府下的一个郡，位于泰缅边境，隔湄公河与缅甸相望。

伊本·白图泰（1304—1368？）

阿拉伯旅行家。1346年来到中国，先后访问过泉州、广州、杭州以及元大都。返回摩洛哥后将游历记录成《伊本·白图泰游记》。该书被翻译成多种文字。

皎克西

位于缅甸曼德勒省的一个小镇，主要生产芒果、洋葱以及姜黄等农产品。

曼德勒

位于缅甸中部伊洛瓦底江畔，曼德勒省省会、缅甸第二大城市、缅甸最后一个王朝雍籍牙王朝的都城，因背靠曼德勒山而得名。曼德勒的巴利语名称意为"多宝之城"，因缅甸历史上著名古都阿瓦在其近郊，所以华侨称其为瓦城。曼德勒是缅甸华人的主要聚居地，所以也称作华城。

阿瓦（1364—1555）

掸族先民在伊洛瓦底江中下游地区建立的古代王国。由夺取蒲甘王朝政权的"掸族三兄弟"后裔德多明帕耶于1364年在阿瓦城（今缅甸德达乌县境内）建立，1527年被同为掸族的麓川王室代替，1555年被缅族的东吁王朝消灭。

东吁

缅甸南部城市，在仰光以北二百六十千米，锡当河右岸，地处交通要道。1531
年莽瑞体建立东吁国，中国史籍称其为洞吾、东胡、底兀剌。

莽瑞体（Tabinshwehti，1516—1550）

缅甸东吁王朝君主（1530—1550），明吉瑜的继承者。在他与莽应龙的任内，东
吁王朝再次统一了缅甸。1550年，在外出狩猎时被孟族卫士所杀。

莽应龙（Bayinnaung，1517—1581）

缅甸东吁王朝的统治者之一，莽瑞体的继承者，1551—1558年间在位。在位期
间，将掸邦、老挝与泰国并入缅甸领土。曾编制律书法典，统一度量衡，发展冶
铁、炼铜等手工业，对当时经济文化有发展，但因征战频繁，人民遭受深重灾难。

马六甲苏丹王国（Kesultanan Melayu Melaka）

1402年由拜里米苏拉在马来亚半岛所建立的王国，明史中称为满剌加国，其王
城即今天的马六甲市。全盛时期的国土范围覆盖泰国南部至苏门答腊西南部。
1511年，葡萄牙殖民者侵略，并在1528年殖民马六甲，直接导致灭亡。其后，
王国的法定继承者苏丹阿拉乌丁沙二世在今柔佛地区建立了柔佛苏丹王国。

帕萨河（Pa Sak River）

湄南河下游最大的一条支流，河流由南向北，在大城附近汇入湄南河。

华富里河（Lopburi River）

湄南河支流，因流经华富里而得名。

颂昙王（Songtham，1590—1628）

大城王国第二十四代国王，杀掉前国王即位，在任时雇佣外国军队作战，甚至包括六百日本雇佣兵。

贡榜王朝（Konbaung Dynasty，1752—1885）

缅甸最后的王朝，为雍籍牙创立，因此也称为雍籍牙王朝。贡榜王朝不但统一了全缅甸，还四处扩张疆土，多次和清朝发生战争。19世纪中期，南缅甸受到大英帝国侵略，爆发三次英缅战争。1885年缅甸被英国占领，贡榜王朝覆灭。

雍籍牙（Alaungpaya，1714—1760）

缅甸贡榜王朝的建立者，1753—1760年在位，统治期间为缅甸的复兴采取了一系列的措施，推行法治，下令编著各种缅文法典，兴修水利，发展农业。生前四处征战，除阿拉干外，基本实现了缅甸的统一。

郑信（1734—1782）

泰国吞武里王朝建立者，又称吞武里大帝、郑昭、披耶达。大城王朝灭亡后，郑信以东南沿海地区为基地，组织抵抗缅军，光复大城，迁都吞武里，并被拥立为王，史称吞武里王朝。随后他消灭了各地的割据势力，统一暹罗全境，是泰国人心目中五位伟大的"大帝"之一。

拉玛一世（1737—1809）

泰国曼谷王朝第一代国王，1782—1809年间在位，原名通銮。郑信死后，拉玛一世迁都曼谷，向清朝进贡时自称是郑信之子郑华，清朝封其为暹罗国王。

淡目国（Demak，1478—1586）

印度尼西亚第一个伊斯兰教王国，旧译"宾塔腊"。位于爪哇岛东北部。该地区原为信奉印度教的满者伯夷王国的领地，15 世纪前期伊斯兰教传入，该地的商业贵族及封建领主改宗。

苏菲主义（Sufism）

伊斯兰教中的神秘主义，具有很强的禁欲主义倾向，宣扬与神的神秘合一。

《纪年》《丹南》

泰语的史书，其中《纪年》一定使用泰语，记载的是帝王史，而《丹南》使用泰语或巴利文，是在佛教史的框架内讲述历史。

新山

马来西亚柔佛州的首府，国内第二大城市，也是欧亚大陆最南端的城市。新山与新加坡隔着柔佛海峡相对。

《鲍林条约》（Bowring Treaty）

1855 年英国驻香港总督鲍林代表英国政府与暹罗（今泰国）签订的不平等条约，又称《英暹条约》。条约包括领事裁判权、关税、自由贸易、自由开矿等一系列规定，破坏了泰国的主权和领土完整。从此，泰国沦为半殖民地国家。

糖棕

棕榈科糖棕属植物，学名 *Borassus flabellifer*（L.）。叶子为扇形，可作书写之用。

拘萨罗国（Kosala）

亦译为憍萨罗国，都城为舍卫城，印度列国时代的十六强国之一。拘萨罗位于现在印度的北方邦，据《阿含经》等记载，公元前6世纪势力最强，征服各小国。公元前5世纪因为与摩揭陀国长期交战而衰弱，公元前4世纪被摩揭陀国所灭。

马德望（Battambang）

柬埔寨马德望省首府，国内第二大城市。马德望省与泰国接壤，土壤肥沃，交通便利，号称"柬埔寨的粮仓"。

布意孚（Charles Emile Bouillevaux，1823—1913）

法国传教士，在《1848—1856年印度支那旅行记，安南与柬埔寨》中介绍了吴哥遗迹，但未引起人们注意。

暹粒市（Siem Reap）

位于柬埔寨西北，洞里萨湖北岸，暹粒省的首府。古迹吴哥窟、吴哥城等位于暹粒市北郊。人口大约十四万，大部分信奉佛教。

交趾支那

南圻，指越南南部、柬埔寨东南方的地区。法国殖民地时代，该地的法语名称是"交趾支那"（Cochinchine），首府是西贡，与中圻、北圻一起作为法属时期越南的三大地域。交趾是中国古代对越南的称呼。

圣剑寺（Preah Khan）

建于12世纪阇耶跋摩七世时期的主要庙宇，紧邻吴哥城东北方。相传该寺是阇耶跋摩七世为纪念他父亲而修建，供奉观世音菩萨。圣剑寺中，佛教圣殿的四周是连续的长方形画廊，周围则环绕一些后续的建筑。

比粒寺（Pre Rup）

亦称变身塔，建于961年或962年，作为罗贞陀罗跋摩二世的护国寺庙。它是一座混合了砖块、红土和砂岩结构的庙山型寺院。比粒寺是进行火葬仪式的地方，是古代皇族火化变身的地点。

孟－高棉语族

南亚语系四个语族中包括语言最多、使用人数最多、地理分布最广的语族，分布于从印度东北部到柬埔寨和越南等东南亚许多地区。主要语言有越南语、高棉语、孟语、巴拿语、帕科语、克木语、佤语、德昂语（原称崩龙）、塞当语、奇劳语、比尔语、布朗语等。

安德烈·马尔罗（André Malraux，1901—1976）

法国小说家、评论家。1923年携第一任夫人游历远东，盗走女神像，案发后被捕。1945—1946年间担任新闻部长，1958年起担任法国总统国务部长，后兼任文化部长。曾先后发表了《王家大道》《人的境况》《希望》《反回忆录》等著作。

女王宫（Banteay Srei，即"女人的城堡"之意）

又译为女皇宫、班蒂斯蕾，是吴哥遗迹中最重要的建筑群之一。位于柬埔寨暹粒省，供奉着婆罗门教三大天神之一的湿婆。自罗贞陀罗跋摩二世的967年开始建造，至阇耶跋摩五世的1002年完成。该寺以朱色砂岩构成，充满精致的浮雕，有"吴哥艺术宝石"之称。

班蒂色玛寺（Banteay Samré）

柬埔寨吴哥遗址群的一个寺院遗址，位于东巴莱的东侧。12世纪中期，苏耶跋摩二世仿照吴哥窟的样式建造，属于印度教寺院。

伊奢那跋摩一世

7世纪初真腊时期的统治者。在他统治时期，真腊国力上升，领土扩大。他建立了以自己名字命名的伊奢那城，将之作为真腊的都城。在外交方面，与中南半岛上一些较为强大的国家保持良好关系，尤其是与林邑。到伊奢那跋摩一世去世时，真腊已成为威震东南亚的国家。

罗洛遗址（Roluos Group）

9世纪时因陀罗跋摩一世的杰作，包括神牛寺、巴孔寺等。阇耶跋摩二世建都诃里诃罗洛耶，即现在的罗洛地区。

东湄本寺

柬埔寨吴哥古迹之一，在东巴莱中央。建设于罗贞陀罗跋摩二世统治时期。建筑有三层台阶，其上有双子塔。现今东巴莱已经干涸，寺台显得特别高。

巴孔寺（Bakong）

因陀罗跋摩一世修建的护国寺庙，代表着神山。巴孔寺也是目前所知吴哥王朝第一座用砂岩石块代替红砖的寺庙，顶端舍利塔仍然保留了传统砖造的形式。在苏利耶跋摩二世时期被加以扩建，与吴哥窟的中心塔属于同一风格。

吉美亚洲艺术博物馆

简称吉美博物馆，是一座位于法国巴黎的亚洲艺术博物馆，创办于1879年，是亚洲地区之外最大的亚洲艺术收藏地址之一，其中高棉艺术（6—13世纪）、阿富汗犍陀罗文化（2—7世纪）、敦煌艺术（8—10世纪）、中国陶瓷器等最为著称。

巴肯寺（Phnom Bakheng）

柬埔寨吴哥古迹中供奉湿婆的印度教寺庙，9世纪时耶输跋摩一世建都吴哥后在巴肯山上建立。寺内有一百零八座宝塔，《岛夷志略》称其为"百塔洲"。

巴普昂寺（Phnom Baphuon）

11世纪中叶优陀耶迭多跋摩二世建立的献给湿婆神的国寺，位于吴哥城内，巴戎寺西北。巴普昂寺建造在三层平台之上，台基高三十四米，底层平台长一百二十米、宽一百米。《诸蕃志》《真腊风土记》中对其皆有记载。

荔枝山（Phnom Kulen）

位于吴哥窟东北三十千米处，被高棉人认为是圣山，对佛教徒和印度教徒有特别的宗教含义。802年，阇耶跋摩二世在此即位，宣布摆脱爪哇王国统治而独立，建立了吴哥王朝。吴哥时期的碑文中称此地为"大因陀罗之山"。

楼陀罗（Rudra）

意为"狂吼""咆哮"，印度神话中司风暴、狩猎、死亡和自然界之神，被视为破坏神湿婆的早期形态或别称。有善恶双重特性，暴怒时会伤害人畜，但又擅长以草药来给人治病。也被认为是湿婆的前生。

洞里萨湖（Tonlé Sap）

又名金边湖，周达观称之为"淡洋"，位于柬埔寨境内西部，是东南亚最大的淡水湖。目前环湖的大城市除金边市以外，还有马德望市、菩萨市、暹粒市、磅通市和磅清扬市。

崩密列（Beng Mealea）

意为"莲池"，是一座位于吴哥窟以东约四十千米的寺院，世界遗产之一。崩密列损毁严重，推测其规模超过吴哥窟。建造时间是吴哥窟建造之前的 11 世纪末至 12 世纪初，和吴哥窟风格相近，因此也被称为"东部的吴哥窟"。

皇家浴池（Srah Srang）

位于吴哥的一座人工湖，在斑蒂喀黛寺东门的对面。建造于 10 世纪中叶，并在阇耶跋摩七世（12 世纪晚期或 13 世纪早期）时改修，东西长七百米，南北宽三百米。

涅盘寺（Neak Pean）

名字直译是"盘蛇"。12 世纪后半叶，由阇耶跋摩七世建造的佛教寺院。寺院位于水池的正中央，两条蛇盘踞在寺院基座之上。

瓦普寺（Wat Phou）

又译为华普寺，Wat Phou 意为"山寺"。位于老挝南部，是由高棉人建造的印度教寺院遗址群，世界文化遗产之一。

帕侬蓝寺（Prasat Phanom Rung）

位于帕侬蓝，是泰国境内规模最大、保存最好的高棉风格的古代遗址。帕侬蓝寺在高棉语中的意思是"建在高山上的寺庙"。

呵叻高原（Khorat Plateau）

也称呵叻盆地，位于泰国东北部依善地区。西有碧差汶山脉和栋帕耶费山，南有山甘烹山脉及扁担山脉，东北部有普潘山脉。雨量较少，不宜种植水稻。

塔普伦寺（Ta Prohm）

又译塔布茏寺，是柬埔寨吴哥古迹的一座古寺庙建筑，位于吴哥城东约一千米处。塔普伦寺兴建于1186年，是阇耶跋摩七世为纪念其母兴建，殿内供奉"智慧女神"，传说是依据阇耶跋摩七世的母亲形象而塑造雕刻。

扁担山脉（Dangrek Mountains）

泰国和柬埔寨的边界山脉。

柏威夏寺（Prasat Preah Vihear）

世界文化遗产之一，位于柬埔寨和泰国边境的古代高棉印度教寺庙，建于9—12世纪，祭祀湿婆神。两国对此庙的归属有争议，目前该寺处于柬埔寨柏威夏省的实际管辖之下。

因陀罗补罗（Indrapura）

占婆联邦中阿摩罗波胝的首府，意思是"因陀罗之城"。875—1000年，因陀罗补罗是占婆的首都，被中国史料称作"旧州"。该城遗址位于今日越南广南省升平县东阳村附近，距离岘港市不远。

性力派（saktam）

沙克达教，又译为飒刻昙系、夏克提派、提毗派，印度教的一个支派，专门崇拜印度教圣母沙克提（sakti）。该派同湿婆派、毗湿奴派并立为印度教三大派。

论（Sastra）

梵语，意思是"论""学"，多出现在密教、印度教、佛教等书籍、名称中。

Raja（罗阇）

梵语中指代君王或贵族的称号，可译为"王"。

往世书（Purana）

一类古印度文献的总称，内容多样，包括宇宙论、神谱、帝王世系和宗教活动。通常为问答式诗歌体，其基本内容是不同人物联系起来的一些故事。往世书又分大往世书和小往世书，传统上认为各有十八种，但实际上有很多。

阿若憍陈如尊者（梵名 Kaundinya）

佛陀于鹿苑初转法轮时所度五比丘之一，是佛陀最初之弟子，排在"五百罗汉"之首。

神牛寺（Preah Ko）

因陀罗跋摩一世在位期间修建，用来纪念王室成员并供奉湿婆。寺内由六座砖塔组成，塔基雕刻有复杂且精美的图案。

茶胶寺（Ta Keo）

又名塔高寺，是阇耶跋摩五世修建并献给湿婆神的寺庙，也是第一座完全使用砂岩修建的吴哥寺庙，但未建成。

东京（dong Kinh）

越南首都河内的旧称。法国控制越南北部以后，也用"东京"代指整个越南北部地区。

周萨神庙（ChauSay Tevoda）

坐落于吴哥城东侧，正北面为塔玛侬寺。它于12世纪修建，是吴哥窟时期的印度教寺庙。

伐楼拿（Varuna）

印度教吠陀时代神话中的神灵，象征神权。他是天界的统治者，维持宇宙法则和道德律法，领导众阿底梯耶（Aditya）。

摩伽罗（Makara）

玄奘译为摩竭。印度神话中的海兽，恒河女神及伐楼拿的坐骑，也是印度教中代表爱与欲望的神祇伽摩的标志。

罗斛国（Lavo）

12世纪孟族人在今泰国南部素攀武里一带建立国家，以罗斛（今华富里）得名。撰于1225年的《诸蕃志》把罗斛列为真腊的属国之一。此后，真腊逐渐衰落，罗斛乘机独立。

《岛夷志略》

原作《岛夷志》，元代汪大渊所著记述海外诸国见闻的著作。共一卷，一百余篇纪略，涉及东西两洋周边两百多个国家和地区，是研究古代亚非等地区历史地理的重要著作。《四库全书总目》称"大渊此书，则皆亲历而手记之，究非空谈无征者比"。

搅拌乳海

印度教中的创世神话。印度神话中神仙也有生老病死，众神居住的宇宙中心里，最高山须弥山四周被宇宙海乳海包围，而乳海中蕴藏着可以让众神长生不老的甘露。于是善神（提婆）和恶神（阿修罗）约定一起，以须弥山为杵搅拌乳海，获取甘露。

豆蔻山脉（Cardamom Mountains）

柬埔寨西南部的一条山脉，西北—东南走向，延伸至泰国境内，最高点奥拉山海拔一千七百余米，也是柬埔寨的最高峰。

癞王台阶（Terrace of the Leper King）

建于 12 世纪末阇耶跋摩七世时期的一个"U"形平台，被认为是当时的皇家火葬场所在地。顶端供奉印度教中的死神阎魔，但因为变色及外表布上青苔，令人联想到麻风病，而被认为是染上麻风病的耶输跋摩一世。原件藏于金边国家博物馆。

大风子油

大风子科植物大风子榨出的油，能治麻风病。

寺子屋教育

日本江户时代的民间教育制度。当时为庶民开设的初等教育机构一般设立在寺院，因此称为"寺子屋"。武士、僧侣、医生等人担任教师，教授学生读、写、算数等。

奎师那（Krishna）

黑天，是印度教诸神中最广受崇拜的一位神祇，被视为毗湿奴的第八个化身，是诸神之首，世界之主。

阿朱那（Arjuna）

印度史诗《摩诃婆罗多》中的英雄之一，般度族五兄弟之一。《摩诃婆罗多》中的重要部分《薄伽梵歌》便是阿朱那与化身为车夫的黑天进行的对话。

罗摩（Rama）

阿逾陀国王子，史诗《罗摩衍那》的主人公，是印度传说中的伟大英雄。人们认为他是毗湿奴的化身，在民间很受崇敬。

阿格尼（Agni）

梵语"烈火"之意。骑着山羊的阿格尼是印度早期吠陀神话中的火神，也是掌管西南方的守护者。阿格尼也广泛出现在中亚地区神话里，但大都是以火神的形象出现。

《喜金刚本续》（Hevajra Tantra）

佛教密宗无上瑜伽部母续最为重要的经典之一。形成年代约为7世纪后半期至8世纪前半期。此经以喜金刚及其明妃无我天女（Nairātmyā）为中心，组成曼荼罗。

圣皮度寺（Preah Pithu）

位于吴哥城巴戎寺以北。建立于12世纪初期，由五个祠堂组成，寺内有印度教相关的浮雕、雕像、佛像等。1992年与吴哥的其他遗迹一同被列入世界文化遗产。

方济各·沙勿略（Francois Xavier, 1506—1552）

西班牙籍天主教传教士，耶稣会最早的会士之一，最早将天主教信仰传播到马六甲和日本，1551 年从日本搭乘葡萄牙商船抵达中国广州的上川岛，但因明朝实行海禁而无法进入内地，染病后在此地去世。天主教会称其为"历史上最伟大的传教士"。

亚力山大·陆德（Alexandre de Rhodes, 1591—1660）

出身法国的耶稣会传教士，中文名罗历山。17 世纪初远赴中国澳门、东南亚的交趾支那等地传教，对日后越南天主教的发展产生了深厚的影响。陆德神父还是一位具有相当造诣的语言学家，编写了《安南语—葡萄牙语—拉丁语词典》，创造出越南语拉丁化拼音文本。此外，他还留下了一批有关安南、中国和远东的著作，例如《东京王国史》《有关交趾支那王国传信事业发展的记述》等。

皮诺（1744—1799）

全名皮埃尔·约瑟夫·乔治·皮诺（Pierre Joseph Georges Pigneau），常以皮诺·德·贝尔内（Pigneau de Béhaine）或皮埃尔·皮诺克斯（Pierre Pigneaux）的名字出现在西方文献中，在越南则多使用"百多禄"的名字。他是活跃在东南半岛地区的法国天主教传教士，亦是阮朝开国皇帝世祖嘉隆帝阮福映的重臣。

阿多尼兰·贾德森（Adoniram Judson, 1788—1850）

又译为亚道尼岚·耶德逊，美国派往缅甸的最早的基督新教传教士，在缅甸传教长达四十年。贾德森将《圣经》翻译成缅甸语，并在当地建立了数座浸礼教会。

多明我会

又译为道明会、布道兄弟会。会士均披黑色斗篷，因此称为"黑衣修士"，天主

　　　　　　　　　　　　　东南亚：多文明世界的发现

教托钵修会的主要派别之一。1215 年在法国由多明我创建，崇尚清贫，以说教形式致力于传教，在圣经学和教育方面都有所贡献。

岛原之乱（1637—1638）

江户初期爆发的日本历史上最大的一次起义，因发生地在岛原、天草地区，也被称为"岛原、天草之乱"。起义的直接原因是藩主横征暴敛，百姓不堪重负，但之后基督教徒成为反抗的主力。该起义被镇压后，幕府流放葡萄牙人，开启了所谓"锁国体制"。

加尔默罗会

中世纪天主教四大托钵修会之一。12 世纪中叶创建于巴勒斯坦的加尔默罗山，并因此得名。13 世纪被认可为修道会，会士须持"听命""神贫""贞洁""静默""斋戒"等会规，16 世纪改革后，另成立加尔默罗赤脚会。

本笃修道会

天主教隐修院修会之一，529 年由意大利人圣本笃创立。圣本笃制定了严格的会规，成为西欧、北欧隐修的主要规章。其中要求修士发绝财、绝色、绝意"三愿"，每日必须按时进经堂诵经，余暇时从事各种劳动等。该修会的修士和修女多为学者和教师，继罗马帝国衰落之后，在保存古代学术方面发挥重要作用。

踏绘

日本江户时代鉴定基督徒的一种做法。幕府禁止基督教，令怀疑对象用脚踩基督或圣母像，以区分是否是基督教徒。最初踩踏之物是纸质的画像，但因易损坏，后来也出现木雕或金属雕像。该政策自宽永五年（1628）前后开始实行，安政五年（1858）废除。

诺尔·佩里（Noel Peri，1865—1922）

法国人，20世纪初著名的日本和印支关系学家。1889年作为传教士来到日本，创办了天主教杂志《天地人》，从事能乐研究、音乐教育等工作，并将《枕草子》等著作翻译成法语。

天祥公

即松浦镇信（1549—1614），肥前平户藩的第二十四代藩主。因其敬仰文天祥，故号天祥公。他在关原之战中加入东军。德川幕府时期，在平户兴建了荷兰、英国商馆，奠定了平户港贸易的基础。

经济动物（economic animal）

20世纪60年代中期，国际社会中讽刺日本及日本人的用语。1960年末巴基斯坦外交部长布托首次使用，形容他们只追求经济利益。

主要人物小传

吴哥王朝和柬埔寨相关者

苏利耶跋摩二世（Suryavarman II，约 1113—1150 年在位）

谥号波罗摩毗湿奴罗伽（Paramavishnuloka），笃信毗湿奴，建造了巨大伽蓝吴哥窟。他"统合两个王国"，掌握实权，在帝师迪瓦卡拉班智达辅佐下即位。他建造大量寺院，同时开展积极的外交活动，远征占婆和大越国（越南）。

陀罗尼因陀罗跋摩二世（Dharanindravarman II，约 1150—1165 年在位）

谥号马哈波罗摩因陀罗帕达，佛教徒。阇耶跋摩七世之父。据传在堂兄弟苏利耶跋摩二世之后继承王位，在耶输跋摩二世上台前一直执掌大权（1165 年逝世）。未发现证明其在位的碑文。他建造了崩密列寺、磅斯外的大圣剑寺等佛教寺院。

阇耶跋摩七世（Jayavarman VII，1181—1219 年左右在位）

谥号马哈波罗摩萨乌塔帕达，笃信佛教，是热忱的佛教徒。他击退占婆军队，在 1181 年正式掌握权力。1190 年起，频繁发动对外远征，1203 年，将占婆纳入所属领土。他建设了塔普伦寺、圣剑寺、吴哥城和护国寺院巴戎寺，在吴哥城以外还修造了一百零二所义诊机构、一百二十一所驿站、洞里萨湖北部全区域的桥梁堤坝以及满欣寺（泰国靠近缅甸的过境附近）。他在位时期，带来了贸易的活跃与繁荣。

周达观（约1264—1346）

奉元世祖忽必烈之命出使柬埔寨。中国人。1296—1297年约一年间留驻柬埔寨，归国之后撰写了见闻录《真腊风土记》。该书详细记述了当时柬埔寨的人物、风土、物产、语言、历法等，是研究吴哥王朝的第一手史料。

迭戈·德·科托（Diego de Couto，1543—1616）

驻葡萄牙印度领地的编年史作家。写有1585—1588年驻留吴哥的嘉布遣会修士的编年史。该书原定于1614年出版，但之后不见踪迹，1954年由C. G. 博库萨发现并在学会上发表。

安赞一世（Chan Reachea，1529—1567年在位）

后吴哥时代的国王，以建造洛韦（Longvek）国都闻名。在吴哥窟的北回廊和东回廊北侧部分的墙壁上追加浮雕。

哲塔一世（Satha，1579—1595年在位）

安赞一世之孙。在位时期时常居住于吴哥。"修复"吴哥窟和巴肯寺。此外，为请求派遣军对抗大城军队，接受葡萄牙和西班牙的传教士。

森本右近太夫一房（？—1674）

在平户松浦藩任职的武士，1632年（宽永九年）造访吴哥窟，在柱面上留下了墨书。墨书大意是说为父亲仪太夫积修行、为亡母来生祈福而到寺院供奉四尊佛像。归国后继续供职于松浦藩，但因为政府的锁国政策而改名森本佐太夫，隐藏了渡海远航的经历。后来和其父仪太夫一并移居到京都山崎附近，最终在此地过世。

安东王（Ang Duong，1847—1860 年在位）

从曼谷王宫回国后，与暹罗军队一同对抗越南阮朝的军队。他向暹罗、越南两国请求和平，于 1847 年即位。安东王承认两国对柬埔寨共同享有宗主权。其王族颁布了《柬埔寨王国宪法》。

诺罗敦·西哈努克（Norodom Sihanouk，1922—2012）

柬埔寨前国王。系诺罗敦和西索瓦两大王族的后裔，1941 年即位。通过 1945 年的"三九政变"掌握全权，1953 年柬埔寨实现完全独立。1955 年让位与其父，作为政治家组建"人民社会同盟"并担任主席，依然控制实权。在位十五年间，西哈努克推行佛教社会主义和外交中立政策，维持和平。1970 年，亲美派将军朗诺发动军事政变，西哈努克下台。柬埔寨主导权被掌握在红色高棉政府手中时，他被软禁于王宫。1979 年，越南军进攻柬埔寨之前逃脱，流亡中国、法国，开展和平谈判活动。之后他成为最高国民评议会议长。在联合国柬埔寨暂定统治机构（UNTAC）的协助下，1993 年柬埔寨恢复君主制，西哈努克再度复位为国王。2004 年让位于诺罗敦·西哈莫尼。

波尔布特（Pol Pot, 1928—1998）

本名为桑洛（Saloth Sar），出身磅同省的农民家庭。1949 年获得国费奖学金留学法国。1953 年回国，之后成为通过红色高棉夺取政权的理论指导者，是大屠杀的首谋。柬埔寨实现和平之后，波尔布特在权力斗争中失败，在泰国附近的村落逝世。

东南亚地区的相关者

法显（约339—420）

中国求法僧。从长安经由陆路前往印度、斯里兰卡，收集大量经典。由海路途经东南亚回到中国，著有《佛国记》。

义净（635—713）

中国求法僧。671—695年，经由海路往返于印度与中国。归途中长期驻留于三佛齐，记录了该地佛教盛行的情况，著有《南海寄归内法传》《大唐西域求法高僧传》。

印拉第王（Sri Inthraditaya，约1239—1259年在位）

泰国素可泰王朝的建立者。直至13世纪，素可泰依然是吴哥王国的一个地方据点。泰族的地方首领赶走了高棉官员，获得独立。作为首领之一的坤邦钢陶即位成为素可泰第一代国王，号印拉第王。

兰甘亨大帝（Ramakhamhaeng，1279—1298/1316年在位）

泰国素可泰王国的第三代国王。印拉第王的第三个儿子。根据1292年的泰语碑文（兰甘亨碑文）记载，他在位期间征讨各地，北至老挝的琅勃拉邦、万象，南到现在泰国的洛坤府（马来半岛中部），西迄印度洋海岸，构建了广大的版图，但有人怀疑该碑文为伪作。

苏利亚旺萨王（Soulinya Vongsa，1613—1694，1637—1694年在位）

老挝澜沧王国的国王。治世长达五十七年，是澜沧王国历代国王中统治年限最长的君主，给澜沧王国带来了安定和繁荣。其统治时期也是老挝古典文学代表作品

（《信赛》《占巴塞史记》）诞生的时代。由于没有留下继承人而过世，之后澜沧王国围绕王位继承权而爆发斗争，在18世纪初分裂为万象、琅勃拉邦和占巴塞三个王国。

山田长政（？—1630左右）

取得泰国大城王朝颂昙王的信任而在大城担任高官。曾在日本沼津从事轿夫工作，1612年左右赴大城。1621年，成为日本人义勇队队长。1628年，取得大城国最高的官位。颂昙王去世之后，卷入争夺王位继承战纷争，在政治斗争中失败并被地方行政长官驱逐，之后被政敌毒杀。

吴哥王朝的研究者

亨利·穆奥（Henri Mouhot，1826—1861）

法国博物学者。在英国所藏暹罗相关资料的启发下，开始了实地调查计划。他自费进行了四次探险旅行，在老挝探险途中因过劳成疾而过世。调查笔记出版发行后，他被誉为吴哥的"发现者"。不过，穆奥在书中明确声称自己并非第一个发现者。

阿道夫·巴斯蒂安（Adolf Bastian，1826—1905）

德国的地理学者、民俗学者。阿道夫也是一位大旅行家，留下大量的纪行文章，并曾到吴哥地区进行踏勘。他描绘了大量的遗迹地图，首次指出遗迹中留存下来的碑文的重要性，但没有能够解读。

杜达尔·德·拉格雷（Doudart de Lagrée，1823—1868）

法国海军大尉。1863年赴柬埔寨。为了让诺罗敦一世接受保护条约而开展外交活动，并在条约缔结之后负责监督条约的执行。1866—1868年，沿着湄公河溯流而上，为开拓通商之路调查。由于瀑布和浅滩所阻，放弃了原本沿湄公河溯流而上的计划。该调查也成为法属印度支那开端的一部分。他和调查队成员弗朗西斯·加尔尼埃（F. Garnier）共同撰写了调查报告《印度支那探险旅行》。

路易斯·德拉波特（Louis Delaporte，1842—1925）

法国人。以画家身份参加了德·拉格雷率领的调查队，被吴哥遗迹深深打动。他调查了吴哥遗迹，将雕像和浮雕带回法国。德拉波特留下了许多素描，竭力向法国介绍高棉文化。

让·戈迈耶（Jean Commaille，1868—1916）

吴哥遗迹的首任遗迹保护官，法国人。1898年首次访问吴哥。1908年成为遗迹保护官。作为首任保护官，他住在吴哥窟参道附近的用稻草修葺的小房子里。1916年，在吴哥窟附近的路上被人杀害。

亨利·马夏尔（Henri Marchal，1876—1970）

吴哥遗迹第二任保护官，法国人。1906年造访吴哥。戈迈耶死后，由他接任遗迹保护官。他使用了"原物重建法"修复女王宫的建筑，并将这一方法运用到修复其他的寺院工程中。

乔治·赛代斯（Geoge Coedès，1886—1969）

法国东方学研究的泰斗。1911年起成为法国远东学院研究生，历任泰国国立图书馆馆长（1917—1926）、法国远东学院院长（1929—1947），之后成为法兰西学院教授、法兰西学士院会员。赛代斯解读东南亚诸国的碑文、写本等，尤其专注于柬埔寨吴哥王朝的碑文，向人们揭示了堕罗钵底、素可泰、三佛齐等各个王国的存在。

菲利普·斯特恩（Philippe Stern，1895—1979）

法国美术史学家。以法国的印度支那美术馆、吉美亚州艺术博物馆为研究场所。1927 年，他撰写了《吴哥时代的巴戎寺和高棉美术的变革》，对高棉美术的编年展开研究。

亨利·帕门蒂尔（Henri Parmentier，1871—1949）

法国考古学者。帕门蒂尔多次赴吴哥考察，代理遗迹保护官职能。他富有精力地进行了现场调查。

维克托·戈路波（Victor Goloubew，1878—1945）

法国远东学院的考古学者，俄国贵族出身。1930 年规划实施对吴哥地方的航空调查，发现最初的吴哥都城耶输陀罗补罗以及中心寺院巴肯寺。

贝尔纳-菲利普·格罗利埃（Bernard-Philippe Groslier，1926—1986）

法国人。考古学、历史学泰斗，吴哥遗迹保存局的高级顾问。1970 年，在柬埔寨内战中，格罗利埃与柬埔寨解放军交涉，继续巡查遗迹，但遭到解放军士兵枪击而身受重伤。其后在与后遗症做斗争中继续进行吴哥研究，但因伤情恶化于1986 年去世。格罗利埃的主要业绩有提出吴哥"水利都城论"等。

雅克·德马尔（Jacques Dumarcay，1926—）

法国建筑学家，作为法国远东学院保存修复专家开展大量研究，尤其是发现了西巴莱湖小岛湄本寺的"水位计"痕迹。作为顾问，他参加爪哇中部的婆罗浮屠遗迹的修复工程。现已从法国远东学院退休，但还承担后续人才的培养工作。

埃蒂安·艾莫尼尔（Etienne Aymonier, 1844—1929）

法国人。印度支那殖民地政府的行政官。自 19 世纪 70 年代起开始收集碑文，与法国本土的研究者合作，奠定了吴哥碑文研究的基础。三卷本《柬埔寨》（1900—1903）广泛收集资料，叙述了当时的遗迹和风土情况，现在仍有很多地方值得参考。

参考文献

在此列举与本书内容相关参考文献中的可以买到的书籍（日语），欧洲语言的文献仅限于在本书中直接提到的资料。

东南亚相关的全体历史

青柳洋治先生退休纪念论文集编集委员会编，《地域的多样性和考古学——东南亚及其周边》，雄山阁，2007 年。

秋道智弥编，《图录湄公河的世界——历史与生态》，弘文堂，2007 年。

安东尼·瑞德，《大航海时代的东南亚》（上、下），平野秀秋、田中优子译，法政大学出版局，1997—2002 年（原著：Anthony Reid, *Southeast Asia in the Age of Commerce 1450–1680*, Yale University Press, 1993）。

生田滋，《大航海时代与摩鹿加群岛——葡萄牙、西班牙、德纳第王国和丁字贸易》，中公新书，1998 年。

池端雪浦编，《东南亚史 2　岛屿地区》（新版世界各国史 6），山川出版社，1999 年。

池端雪浦等编，《岩波讲座东南亚史》全 9 卷 + 别卷，岩波书店，2001—2003 年。

石井米雄，《泰国近世史研究序说》，岩波书店，1999 年。

石井米雄、辛岛升、和田久德编，《东南亚世界的历史位相》，东京大学出版社，1992 年。

石井米雄、樱井由躬雄，《东南亚世界的形成》（视觉版世界的历史 12），讲谈社，

1985 年。

石井米雄、樱井由躬雄编，《东南亚史 1 大陆地区》(新版世界各国史 5)，山川
　　出版社，1999 年。

石泽良昭、生田滋，《东南亚的传统和发展》(世界的历史 13)，中央公论社，
　　1998 年。

石泽良昭、桦山纮一，《东洋之心 西洋之心》，亚欧大陆旅行社，2002 年。

石田干之助，《南海相关的中国史料》，生活社，1945 年。

今永清二，《东南亚的伊斯兰教》，溪水社，2000 年。

岩生成一，《南洋日本人街研究》，岩波书店，1966 年。

大野彻编，《东南亚大陆的语言》，大学书林，1987 年。

大林太良编，《东南亚的民族和历史》(民族的世界史 6)，山川出版社，1984 年。

小仓贞男，《朱印船时代的日本人——消失的东南亚日本人街之谜》，中公新书，
　　1989 年。

加藤刚，《演变的东南亚社会——民族、宗教、文化的动态》，湄公，2004 年。

北原淳，《东南亚的社会学——家族、农村、都市》，世界思想社，1989 年。

仓泽爱子编，《东南亚史中的日本占领》，早稻田大学出版部，1997 年。

克利福德·格尔茨，《尼加拉——19 世纪巴厘剧场国家》，小泉润二译，美篇书
　　房，1990 年。

肥塚隆编，《世界美术大全集 东洋编第 12 卷 东南亚》，小学馆，2001 年。

斋藤照子，《东南亚的农村社会》，山川出版社，2008 年。

坂井隆等，《东南亚的考古学》(世界的考古学 8)，同成社，1998 年。

樱井由躬雄，《东南亚的历史》，放送大学教育振兴会，2002 年。

樱井由躬雄，《前近代的东南亚》，放送大学教育振兴会，2006 年。

樱井由躬雄等，《东南亚》(地域中的世界史 4)，朝日新闻社，1993 年。

上智大学亚洲文化研究所编，《新版 入门东南亚研究》，湄公，1999 年。

乔治·赛代斯，《印度支那文明史》，辛岛升、内田晶子、樱井由躬雄译，美篇书

房，1969 年（第 2 版，1980 年）。

新谷忠彦，《泰族讲述的历史——〈赛威王纪〉〈温普·斯坡王纪〉》，雄山阁，
　　2008 年。

杉原薰，《亚洲间贸易的形成与构造》，密涅瓦书房，1996 年。

杉本直治郎，《东南亚史研究　第 1》，严南堂书店，1968 年。

高谷好一，《东南亚的自然和土地利用》，劲草书房，1985 年。

千原大五郎，《东南亚的印度教、佛教建筑》，鹿岛出版会，1982 年。

鹤见良行，《海道的社会史——东南亚多岛海的人们》，朝日新闻社，1987 年。

鹤见良行、山口文宪，《越境的东南亚》，平凡社，1986 年。

寺田勇文编，《东南亚的基督教》，美篱书房，2002 年。

长泽和俊，《海上丝绸之路史——四千年的东西交易》，中央公论社，1989 年。

永积洋子，《朱印船》，吉川弘文馆，2001 年。

长谷部乐尔，《东洋陶瓷史研究》，中央公论美术出版，2006 年。

早濑晋三，《海域伊斯兰社会的历史——棉兰老岛·人种史学》，岩波书店，2003 年。

早濑晋三，《与未来对话的历史》，法政大学出版局，2008 年。

早濑晋三，《漫游作为历史空间的海域》，法政大学出版局，2008 年。

早濑晋三，《未完成的菲律宾革命与殖民地化》，山川出版社，2009 年。

弘末雅士，《东南亚的港口世界——地域社会的形成与世界秩序》，岩波书店，
　　2004 年。

藤田和子，《季风·亚洲的水与社会环境》，世界思想社，2002 年。

本尼迪克特·安德森，《想象的共同体——民族主义的起源和流行》增补版，白
　　石纱绫、白石隆译，NTT 出版，1997 年。

村井吉敬，《从苏拉威西岛的海边》，同文馆出版，1987 年。

桃木至朗，《作为历史世界的东南亚》，山川出版社，1996 年。

桃木至朗，《读懂的历史、有趣的历史、有用的历史——以历史学与历史教育再生
　　为目标》，大阪大学出版会，2009 年。

桃木至朗编，《海域亚洲史研究入门》，岩波书店，2008 年。

森弘之，《印度尼西亚社会与革命》，森弘之先生论文集刊行会，2000 年。

家岛彦一，《海域所见的历史——连接印度洋与地中海的交流史》，名古屋大学出
　　版会，2006 年。

山崎元一、石泽良昭，《南亚世界、东南亚世界的形成与展开——15 世纪》(岩
　　波讲座世界历史 6)，岩波书店，1999 年。

山田宪太郎，《东亚香料史研究》，中央公论美术出版，1976 年。

山本达郎编，《东南亚权力构造的历史考察》，竹内书店，1969 年。

山本信人等，《东南亚政治学——地域、国家、社会、人的多重推动力》，成文堂，
　　1997 年。

黎成魁(Le Thanh-Khoi)，《东南亚史》，石泽良昭译，白水社，1970 年。

尼古拉斯·克罗姆(N.J. Krom)，《印度尼西亚古代史》，有吉严编译，天理南方
　　文化研究会监修，天理教道友社，1985 年。

Wolters, O.W., *History, Culture, and Region in southeast Asian Perspectives*,
　　Singapore, 1982.

事典

石井米雄、吉川利治编《泰国事典》(了解东南亚系列)，石井米雄监修，同朋舍
　　出版，1993 年。

京都大学东南亚研究中心编，《事典东南亚——风土、生态、环境》，弘文堂，
　　1997 年。

樱井由躬雄、桃木至朗编，《越南事典》(了解东南亚系列)，石井米雄监修，同
　　朋舍出版，1999 年。

铃木静夫、早濑晋三编，《菲律宾事典》(了解东南亚系列)，石井米雄监修，同
　　朋舍出版，1992 年。

土屋健治、加藤刚、深见纯生编，《印度尼西亚事典》(了解东南亚系列)，石井

米雄监修，同朋舍出版，1991 年。

桃木至朗等编，《新版了解东南亚事典》，石井米雄等监修，平凡社，2008 年。

柬埔寨·吴哥王朝的历史

青柳洋治、佐佐木达夫编，《塔尼窑址的研究——柬埔寨古窑的调查》，联合出
　　版，2007 年。

石泽良昭，《古代柬埔寨史研究》，国书刊行会，1982 年。

石泽良昭，《吴哥窟——大伽蓝与文明之谜》，讲谈社，1996 年。

石泽良昭，《行走在吴哥的王道》，田村仁摄影，淡交社，1999 年。

石泽良昭，《通往吴哥窟之道——高棉人建造的世界遗产》，内山澄夫摄影，
　　JTB，2000 年。

石泽良昭，《从吴哥发来的信息》，山川出版社，2002 年。

石泽良昭，《吴哥·国王们的物语——从碑文、挖掘成果解读》，日本放送出版协
　　会，2005 年。

石泽良昭，《吴哥的佛像》，大村次乡摄影，日本放送出版协会，2007 年。

石泽良昭编，《文化遗产的保存与环境》（讲座·文明与环境 12），朝仓书店，
　　1995 年。

石泽良昭编，《有趣的亚洲考古学》，连合出版，1997 年。

石泽良昭编，《解读吴哥窟》，连合出版，2005 年。

远藤宣雄，《遗迹工程学的方法——如何灵活运用历史、文化资源》，鹿岛出版会，
　　2001 年。

片桐正夫编，《吴哥遗迹的建筑学》（吴哥窟的解明 3），石泽良昭监修，连合出版，
　　2001 年。

北川香子，《柬埔寨史的再考》，连合出版，2006 年。

笹川秀夫，《吴哥的近代——殖民地时期柬埔寨的文化与政治》，中央公论新社，
　　2006 年。

让·德尔夫特（Jean Delvert），《柬埔寨的农民——自然、社会、文化》，及川浩吉译、石泽良昭监修，风响社，2002年。

让·波义塞利尔（Jean Boisselier），《高棉的雕像》，石泽良昭、中岛节子译，连合出版，1986年。

田畑幸嗣，《高棉陶器的研究》，雄山阁，2008年。

坪井善明编，《吴哥遗迹与社会文化发展》（吴哥窟的解明4），石泽良昭监修，连合出版，2001年。

东京国立博物馆等编，《吴哥窟与高棉美术的1000年展》，朝日新闻社，1997年。

中尾芳治编，《吴哥遗迹的考古学》（吴哥窟的解明1），石泽良昭监修，连合出版，2000年。

布列洛·达基昂斯，《吴哥窟的时代——国家的力量、人民的生活》，石泽良昭、中岛节子译，连合出版，2008年。

贝尔纳·菲利普·格罗利埃，《西欧眼中的吴哥——水利都城吴哥的繁荣与没落》，石泽良昭、中岛节子译，连合出版，1997年。

盛合禧夫编，《吴哥遗迹的地质学》（吴哥窟的解明2），石泽良昭监修，连合出版，2000年。

路易·德拉波特（Louis Delaporte），《吴哥踏查行》，三宅一郎译，平凡社，1970年。

Briggs, Lawrence Palmer, *The Ancient Khmer Empire*, First published in 1951, Bangkok, 1999.

Dagens, Bruno. *Les Khmers*, Paris, 2003.

Groslier, B.P., "La Cite Hydraulique Angkorienne: Exploitation ou Surexploitation du Sul?," *BEFEO*, 66, 1979, pp. 161–202.

史料（碑文·汉籍）

小川博编，《中国人的南方见闻录——瀛涯胜览》，马欢撰，吉川弘文馆，

东南亚：多文明世界的发现

1998 年。

坂本恭章译，上田广美编，《柬埔寨 国王的编年史》，Nava Rataneyya 编纂，明石书店，2006 年。

周达观著，和田久德译注，《真腊风土记——吴哥时期的柬埔寨》，平凡社，1989 年。

藤善真澄译注，《诸蕃志》，赵汝适撰，关西大学出版部，1991 年。

Barth, Auguste and Abel Bergaine, *Inscriptions sanscrites de Campa et du Cambodge*, 2fasc, Paris, 1885.

Coedes, George. *Inscriptions du Cambodge*, 8vols, Hanoi–Paris, 1937–1966.

Jacques, Claude, "Supplement au Tome VIII des inscriptions du Cambodge", *BEFEO*, 63, 1971, pp. 177–194.

历史年表

西历	东南亚	世界和日本
公元前 2000 年后半期	金属器文化出现	
公元前 500 年左右	早期金属器文化波及东南亚岛屿地区，越南北部（东山文化）和泰国东北部开始使用铁器	公元前 5 世纪，佛教成立 弥生时代开始 公元前 268—前 232 年，阿育王建立帝国。佛教传播至斯里兰卡 前 221 年，秦始皇统一中国
公元前 214 年	秦始皇征服华南，设置三郡	
公元前 111—前 109 年	汉武帝出兵南方	
约公元前 2—约公元 1 年	利用海路，使者往来于汉朝与黄支国（印度的康契普腊姆）之间	1 世纪，利用阿拉伯的季风进行的航海到达南印度
116 年	大秦国王安敦（罗马皇帝 Marcus Aurelius Antoninus）的使者到达日南郡	
2 世纪末	占族人在越南中部自立（占婆，即林邑）。扶南兴盛	
3 世纪	湄南河下游地区的堕罗钵底国兴起（—7 世纪）	3 世纪前半期，邪马台国与中国通好
229 年	吴国使者康泰、朱应到达扶南	
4 世纪后半叶	越南中部的武景碑文（东南亚最古老的梵语碑文）	320 年，印度笈多帝国兴起

年代	东南亚相关事件	其他地区事件
4 世纪末左右	婆罗门桥陈陈如（Kaundinya）继承扶南王位，施行"天竺之法"	375 年，日耳曼民族大迁徙（持续了大约两百年）
5 世纪左右	东南亚各地受到印度的影响	
412 年	中国求法僧法显，从印度经东南亚回到中国	
5 世纪初	婆罗洲（加里曼丹岛）的古代碑文（岛屿地区最古老的梵语碑文）	
6—7 世纪	扶南衰退，取而代之的湄南河流域的堕罗钵底和下缅甸的直通等繁荣兴盛，孟族文化扩大	552 年，佛教传入日本 589 年，隋统一中国 593 年，圣德太子摄政
7 世纪初	真腊勃兴［8 世纪分为陆真腊（柬埔寨至泰国东北部）和水真腊（湄公河下游）］	604 年，圣德太子制定《宪法十七条》
611 年	爪哇中部的 Sojomerto 碑文（最古老的马来语文） 柬埔寨出现了吴哥博全碑文（最古老的高棉语碑文）	618 年，唐朝兴起 622 年，希吉来（穆罕默德迁都麦地那），伊斯兰势力扩大 645 年，大化改新
671—694 年	义净乘坐斯波船往返于印度，留驻于室利佛逝	
679 年	唐朝设置安南都护府	710 年，日本迁都平城京
770 年左右	中部爪哇夏连特拉兴起，建设婆罗浮屠（～820 年左右）	794 年，日本迁都平安京 800 年，查理大帝成为西罗马皇帝

802年	阇耶跋摩二世即位仪式	
832年	骠国（卑谬）遭受南诏国进攻而灭亡	
9世纪中叶	中国史料中出现了三佛齐（室利佛逝）的记载。缅甸人开始在上缅甸地区定居	
9世纪末	耶输跋摩一世建设耶输输陀罗补罗	905年，《古今和歌集》撰成
		10世纪，日本实行摄关政治。出现国风文化，武士
929年	爪哇的古马塔兰（谏义里）东迁，爪哇东部时代开始	960年，宋朝兴起
10世纪后半叶—11世纪前半叶	三佛齐、占城等地贸易繁荣。阿拉伯商人活跃、中国商人登场	11世纪初，紫式部撰成《源氏物语》
1009年	越南李朝成立（—1225年）	
1017年	南印度朱罗远征室利佛逝，1025年再次攻击	
1019年	在艾尔朗卡（Airlangga）国王的带领下，爪哇地区的王国实现复兴	1096—1270年，十字军东征。西欧世界扩大
1044—1077年	蒲甘王国阿奴律陀（Anawratha）王统治	
1112年	缅甸的妙齐提碑文（最古老的缅语碑文）	1124年，日本中尊寺金色堂建立

12世纪前半叶	上座部佛教（大寺派）从斯里兰卡传播到蒲甘王国，并渗透至大陆地区各地 苏利耶跋摩二世建设吴哥窟	
1177—1181年	占婆占领吴哥	
1181—约1220年	阇耶跋摩七世统治吴哥，占领占婆（1203—1220），远征西方，建设吴哥王城等，吴哥最后的黄金时代	1192年，镰仓幕府建立 1206年，蒙古帝国兴起。北印度伊斯兰王朝兴起
1220年	越南陈朝建立（—1400年）	
1220年左右	最初的泰人独立国成立	
1222年	爪哇信诃沙里王朝成立（—1292年）	1258年，蒙古的旭烈兀占领巴格达，阿拔斯王朝灭亡 1271—1368年，中国进入元朝时代 1274、1281年，元朝远征日本（文永弘安之役）
1282—1300年	元朝远征东南亚各地，攻击占婆（1282—1284），陈朝大越（1284—1288），蒲甘（1287/1300）	
1292年	素可泰的兰甘亨碑文（最古老的泰文碑文？）	
1293年	满者伯夷王朝取代信诃沙里王朝，走向兴盛	
1296年	元朝的周达观造访真腊。泰国北部建设清迈（兰那泰王国）	
1330年	加查玛达（Gajah Mada）就任满者伯夷宰相（—1364年，迎来印度—爪哇势力的黄金时代	

年代	东南亚事件	相关事件
1345—1346年	伊本·白图泰经过苏木都剌往返中国	1333年，镰仓幕府灭亡 1336—1573年，日本进入室町幕府时代，与明朝进行勘合贸易
1351年	大城王国建国	14世纪中叶，蒙古帝国解体。黑死病等横扫亚欧大陆东西地区，造成大混乱
1352年	大城王国攻击柬埔寨所属的东北泰地区	
1353年	澜沧王国建立	
1364年	阿瓦王国建立（—1555年）	
1365年	《德萨瓦纳纳》（Desawarnana）（爪哇语宫廷诗）	1368年，明朝兴起。实行海禁，国家垄断贸易
1371年左右	在大城王国攻击下，吴哥都城沦落	1398年，金阁寺建成
1401—1406年	满者伯夷发生王位继承战争	15世纪，香料需求增大。琉球王国因中转贸易而繁荣
1405—1433年	明郑和七次下南洋，作为补给基地的海港国家马六甲繁荣兴盛	
1428年	大越黎朝成立（—1789年），推行小中华国家体制	
1431年	大城王国围攻吴哥	
1458年	大城王国吞并素可泰	1453年，奥斯曼帝国灭亡拜占庭帝国
1442—1487年	兰纳王国的提洛卡拉王国王，促进内陆贸易，建立了黄金时代	

1448—1488年	大城王国的博隆泰洛卡那（Borom Trailokanat）国王，健全萨克迪纳（Sakdina）等法制，官制	1467—1477年，应仁之乱
15世纪中叶	因为向印度洋地区输出香料，伊斯兰化的马六甲成为世界交易的中心，繁荣发展；岛屿地区开始伊斯兰化	
1470年	柬埔寨承认大城王国的宗主权	
1471年	大越黎朝攻击占婆	1489年，银阁寺建成；1492年，哥伦布到达西印度群岛；1498年，达伽马沿海路到达印度
16世纪初	《亚扎底律征战史》（最古老的缅甸王朝史）	1510年，葡萄牙占领果阿；1517年，奥斯曼帝国灭亡埃及的马穆鲁克王朝，成为伊斯兰世界的中心，开始宗教改革
16世纪前半叶	岛屿地区各地伊斯兰化	
1521年	麦哲伦死于菲律宾宿雾岛的拉布拉布	阿兹特克帝国灭亡
1526年左右	爪哇西部的万丹王国建国	莫卧儿帝国兴起（—1858年）
		1532年，印加帝国灭亡；1534年，耶稣会成立
1539年	东吁王国国王莽瑞体初将固设为都城	

1551—1588年	东吁王国国王莽应龙统治。统一上、下缅甸，远征清迈、大城、万象	1557年，明朝阶段性地放缓海禁政策
1560年	澜沧王国从琅勃拉邦迁都到万象	
1565年	西班牙开始将菲律宾殖民地化	
1580年左右	森纳帕提（Suta Wijaya Senapati）在中部爪哇建立马塔兰苏丹国（Saltanah Mataram）	1580年，西班牙葡萄牙合并（—1640年）
		1581年，荷兰独立宣言（1648年，《乌得勒支条约》承认） 1588年，英国击败西班牙无敌舰队
1590—1605年	大城王国在纳黎萱国王率领下实现复兴（后大城时代），成为国际性的贸易城市，繁荣兴盛	1590年，丰臣秀吉统一日本
1592年	黎朝夺回河内。莫氏逃到高平（为掌握黎朝的实权，郑氏和阮氏对立）	
1599年	反东吁王国势力兴起，勃固陷落	
17世纪前半叶	东南亚各地的南洋日本人街繁荣	1600年，英国东印度公司成立。日本爆发关东原大战 1602年，荷兰东印度公司成立 1603年，江户幕府建立
1618—1625年	柬埔寨的哲塔二世建设乌栋新国都。海外贸易繁荣	
1623年	黎朝进攻柬埔寨普利安哥（现在的胡志明市近郊） 印尼安汶岛大屠杀事件，英国从岛屿地区撤退	

年代	东南亚	世界
1637—1694 年	澜沧王国在苏利亚旺萨王（Sourigna Vongsa）的统治下达到繁盛顶峰	1639 年，日本完成锁国
1641 年	荷兰占领马六甲	1644 年，清统治中国 1652—1674 年，英荷战争
1658 年	南明永历帝逃至缅甸	1662—1683 年，台湾出现郑氏政权
1666 年	荷兰征服望加锡	
1680 年	《纪年》[最古老的阿缅陀耶（暹罗）帝王编年史]	
17 世纪 80 年代	荷兰在老岛屿地区的支配权扩大	1683 年，第二次维也纳之围失败，奥斯曼帝国衰退
1688 年	大城王朝政变，放弃了亲法政策	英国光荣革命。建立议会政治 1689 年，英法第二次百年战争。在北美、印度等地展开殖民地争夺战（—1815 年）
1692 年	越南中部的安南王国（阮氏）将占婆的残余势力（宾童龙国）变为属国	
18 世纪初	澜沧王国分裂成万象和琅勃拉邦。其后，又分立出了占巴塞王国，老挝进入三国时代	
1752 年	孟族人攻陷阿瓦，东吁王国灭亡	18 世纪中期，英国开始"工业革命"
1767 年	缅甸军发动进攻，大城王国灭亡	1776 年，美利坚合众国发表独立宣言

1777 年	荷兰确立起在爪哇岛全境的统治权	
1780—1784 年，第四次英荷战争		
1782 年	却克里废黜郑信，开创拉达那哥欣（Rattanakosin）王朝（拉玛一世，在位至 1809 年）	
1789 年，法国大革命爆发		
1794 年	大城王国合并柬埔寨的马德望、暹粒、诗梳风三州	
1799 年	荷兰东印度公司解散	
1799—1815 年，拿破仑战争		
1802 年	阮朝建立，国号"越南"	
1814—1815 年，维也纳会议		
1819 年	英国占领柬埔寨［加上槟城、马六甲，英国建立起海峡殖民地（1826 年）］	
1820 年	阮朝明命帝即位（一 1841 年）。以中国为模板发展中央集权，使用国号大南（1838 年）	
1823 年，美国发表"门罗宣言"		
1824 年	英荷（伦敦）条约签署，确定了英国占领马来半岛、荷兰领有苏门答腊岛等势力范围 第一次英缅战争爆发（一 1826 年）	
1828 年	万象王国被暹罗军队占领并灭亡	

年份	事件	世界大事
		1830年，七月革命。比利时从荷兰独立
1832年	暹罗与越南围绕控制湄公河流域老挝人和柬埔寨而发生争端	
		1839—1876年，土耳其的坦志麦特改革（恩惠改革）的近代化失败
		1840—1842年，鸦片战争，中国被迫开国，华侨激增
		1848年，法国二月革命，德国三月革命。《共产党宣言》发表
		1850—1864年，太平天国运动
1852年	第二次英缅战争	
1855年	暹罗与英国签订《鲍林条约》，废止王室垄断贸易	
		1857—1859年，印度民族起义
1858年	法国拿破仑三世开始侵略越南，占领交趾支那	1858年，英国东印度公司解散
19世纪60—80年代	中国黑旗军、黄旗军、和人（haw）从北部进攻越南	
1863年	柬埔寨的诺罗敦国王接受法国的保护，沦为保护国，并迁都到金边（1867年）	
1868年	暹罗的拉玛五世（朱拉隆功）即位，推进近代化进程	明治维新

		1869年，苏伊士运河开通，围绕其支配权，英国开始实行帝国主义政策
		1876年，《江华岛条约》签订，日本开始侵略朝鲜
1873—1912年	苏门答腊的亚齐战争	
1883年	法国的李威利（Riviere）被黑旗军杀害。法国对越南实行保护国化《顺化条约》，翌年第二次《顺化条约》	
1884—1885年	中法战争，签署《天津条约》，清朝放弃对越南的宗主权，黑旗军撤退	
1885年	第三次英缅战争，贡榜王国灭亡	印度召开第一次国民大会
1887年	法属印度支那联邦（法印）成立	
1888年	英国将文莱、北婆罗洲（沙巴）、沙捞越（布鲁克王国）纳入保护领地	
		1889年，日本颁布《大日本帝国宪法》
		1890年，俾斯麦被要免，德国开始推行帝国主义政策
1893年	法国和暹罗之间发生河口坡事件，之后将湄公河东岸（老挝）纳入保护领地	
		1894—1895年，中日甲午战争

1896 年	《英法协定》确定暹罗为缓冲地带。联合马来诸州成立	
1898 年	菲律宾革命开始。菲律宾发表独立宣言，西班牙和美国签订《巴黎条约》，菲律宾成为美国领地，经过美菲战争，菲律宾为美国所统治	中国戊戌变法失败 美西战争 1899—1901 年，中国义和团运动 1904 年，日俄战争（—1905 年） 1905 年，俄国第一次革命
1909 年	根据英国、暹罗之间的协定，吉打州等四州成为英国的保护领地（非联合诸州）	1910 年，日韩合并 1911 年，辛亥革命。第二年，中华民国成立 1914 年，第一次世界大战爆发（—1918 年）
1917 年	暹罗作为同盟国，参加第一次世界大战	俄国革命
1918—1921 年	在越南、老挝国境出现孟族（苗）人起义	1919 年，朝鲜"三一独立运动"，中国"五四运动"。共产国际成立，协助各国组建共产党。《凡尔赛条约》签订
1920 年	印尼共产党成立（亚洲最早的共产党）	国际联盟成立 1921 年，中国共产党成立 1922 年，苏维埃社会主义联邦（苏联）成立

1925 年	胡志明在广州组建越南青年革命同志会	苏联进入斯大林政时期（—1953 年）
1927 年	暹罗修改与欧美各国签订的不平等条约	
1930 年	英属马来亚与菲律宾组建共产党 越南共产党成立	1929—1930 年，世界经济危机
1932 年	暹罗人民党发动立宪革命	
1935 年	改定的缅甸统治法公布	1933 年，希特勒政权成立，日德退出国际联盟 1936—1939 年，西班牙内战
1937 年	暹罗废除治外法权，缅甸、印度分离	日本侵华战争开始（—1945 年）
1939 年	缅甸共产党成立，暹罗改名为泰国	第二次世界大战爆发（—1945 年）
1940 年	日本占领法属印度支那北部	
1941 年	越南独立同盟会（越盟）成立，日本进驻法属印度支那南部	
1941—1942 年	日军占领中南半岛各地，实行军政统治。与泰国缔结同盟条约	
1943 年	缅甸独立（巴莫政权），菲律宾独立	

1945 年	3 月，日本发动 "法印处理（明号作战）"。8 月，日本无条件投降。印度尼西亚共和国发表独立宣言。9 月，越南民主共和国发表独立宣言	《波茨坦公告》。美国向日本投下原子弹，日本投降。联合国成立
1946 年	第一次印度支那战争（—1954 年）。马来亚联合成立，菲律宾共和国独立	东西冷战开始
		1947 年，《日本国宪法》施行
1948 年	缅甸联邦独立。马来亚联邦成立	以色列共和国成立 朝鲜半岛南北分裂
1949 年	越南、柬埔寨王国、老挝王国从法国联盟中独立。印度尼西亚联邦共和国独立（第二年解散，作为单一的印度尼西亚共和国再度成立）	北大西洋公约组织（NATO）成立。德国东西分裂 中华人民共和国成立
		1950—1953 年，朝鲜战争
1951 年	印度支那共产党改组，越南成立劳动党	《旧金山约》签订，日美签署《日美安保条约》
1954 年	SEATO（东南亚公约组织）成立（1977 年解散）。日本与缅甸签订和平条约，赔偿协定 [《日泰特别日元问题协定》（1955 年）、菲律宾（1956 年）、印度尼西亚（1958 年）、南越（1959 年）同日本达成赔偿协定。日本给予柬埔寨、老挝等地无偿经济技术支持（1959—1977 年）]	

1955 年	第一届非会会议在万隆举办。会议采取了和平共处十项原则。吴庭艳在美国支持下成为越南共和国（南越）总统（—1963 年），并拒绝南北统一的选举	《华沙条约》签订，并成立机构 日本 "55 年体制" 成立
		1956 年，苏联批判斯大林。匈牙利动乱
1957 年	马来亚联邦从英国独立	
1959 年	新加坡自治政府成立	古巴革命
1960 年	南越解放民族战线成立	中苏矛盾公开化 日本安保条约斗争和国民收入倍增计划 "非洲年"（十七个国家独立）
1962 年	缅甸奈温发动政变，进入军政府执政阶段	古巴导弹危机
1963 年	马来亚联邦中的新加坡、北婆罗洲、沙捞越联合在一起。马来西亚成立	
1964 年	东京湾事件	
1965 年	美国直接军事介入越南 新加坡从马来西亚独立	
		1966 年，中国 "文化大革命"（—1976 年）
1967 年	东南亚国家联盟成立	欧洲共同体（EC）成立
1970 年	柬埔寨朗诺发动政变，西哈努克逃亡北京	

1971 年	东盟外长会议召开，发表《东南亚中立宣言》	美元危机。中国加入联合国，中美开始往来
1973 年	《巴黎和平协定》签署，美军从越南撤退	1972 年，美国返还冲绳给日本。中日邦交正常化 第一次石油危机
1975 年	柬埔寨、越南全境"解放"。越南战争结束。老挝人民民主共和国成立	
1976 年	民主柬埔寨、越南社会主义共和国成立。越南劳动党改称越南共产党。泰国发生"流血星期天"（10 月 6 日）事件	毛泽东逝世
1977—1979 年	柬埔寨红色高棉政权倒台，韩桑林政权成立	1978 年，第二次石油危机
1979 年	中越战争	中美两国建交。伊朗革命。苏联入侵阿富汗
1982 年	反越南三派成立民主柬埔寨联合政府	
1984 年	文莱达鲁萨兰国独立，并加入东盟	
1986 年	越南采取刷新（Doi Moi）政策，老挝采取新经济机构，采取市场经济化，对外开放路线	
		1989 年，昭和天皇驾崩 柏林墙倒塌 冷战终结
1990 年	缅甸总选举，国民民主联盟（NLD）获得压倒性胜利，但军事政权无视选举结果	东西德国统一

1991 年	关于柬埔寨问题的《巴黎和平协定》签订	海湾战争 苏联解体
1992 年	东盟各国缔结为自由贸易地区（AFTA）	日本自卫队作为联合国维和行动部队前往柬埔寨
1993 年	西哈努克国王建立新柬埔寨王国	日本"55 年体制"解体 以色列和巴勒斯坦解放组织相互承认
1994 年	作为地区安全保障会议的平台，东盟地区论坛（ARF）第一次会议召开	
1996 年	第一届亚欧会议在曼谷召开	
1997 年	泰国发生货币危机。波及东南亚各国 老挝、缅甸加盟东盟	香港回归中国
1998 年	波尔布特去世	
1999 年	柬埔寨加盟东盟。实现"ASEAN—10"体制 东帝汶居民投票，独立派胜利。印度尼西亚合并派引发骚乱。联合国暂时监管	欧盟采用欧元单一货币。北约开始轰炸南斯拉夫 澳门回归中国
		2000 年，韩国和朝鲜举行南北首脑会谈
		2001 年，美国发生恐怖袭击事件（9·11）
2002 年	东帝汶独立	美军进攻阿富汗
		2003 年，美军进攻伊拉克，萨达姆政权倒台

2004 年	以帕塔尼为中心，泰国南部爆发穆斯林居民武装冲突 苏门答腊海上发生地震，以亚齐为中心，泰国、马来西亚、缅甸等地等印度洋沿岸遭受海啸袭击
2005 年	缅甸发表迁都内比都（原来在仰光）的声明
2006 年	柬埔寨成立有关红色高棉的特别法庭。泰国他信政权 以色列进攻黎巴嫩 因政变倒台。印度尼西亚爪哇岛中部发生地震
2008 年	强热带气旋袭来缅甸